高等职业教育金融类经典系列教材

商业银行
公司存款与结算业务

主　编　唐　敏　马丽斌
副主编　周卫华　许　鑫　马冠群
参　编　李祥飞　陈维国

北京理工大学出版社
BEIJING INSTITUTE OF TECHNOLOGY PRESS

版权专有　侵权必究

图书在版编目（CIP）数据

商业银行公司存款与结算业务 / 唐敏，马丽斌主编. -- 北京：北京理工大学出版社，2022.7

ISBN 978-7-5763-1520-2

Ⅰ.①商… Ⅱ.①唐… ②马… Ⅲ.①商业银行—银行业务—高等学校—教材 Ⅳ.①F830.33

中国版本图书馆 CIP 数据核字 (2022) 第 128434 号

出版发行 / 北京理工大学出版社有限责任公司
社　　址 / 北京市海淀区中关村南大街5号
邮　　编 / 100081
电　　话 /（010）68914775（总编室）
　　　　　（010）82562903（教材售后服务热线）
　　　　　（010）68944723（其他图书服务热线）
网　　址 / http：//www.bitpress.com.cn
经　　销 / 全国各地新华书店
印　　刷 / 河北盛世彩捷印刷有限公司
开　　本 / 787毫米×1092毫米　1/16
印　　张 / 16　　　　　　　　　　　　　　　　责任编辑 / 孟祥雪
字　　数 / 358千字　　　　　　　　　　　　　　文案编辑 / 孟祥雪
版　　次 / 2022年7月第1版　2022年7月第1次印刷　责任校对 / 周瑞红
定　　价 / 49.80元　　　　　　　　　　　　　　责任印制 / 施胜娟

图书出现印装质量问题，请拨打售后服务热线，本社负责调换

前　言

随着科技的迅猛发展和全球经济一体化的不断加强，作为国民经济体系神经中枢的商业银行在向轻型化、数字化、综合化、国际化、集约化转型，对于从业人员的需求逐渐转向复合型、专业型和创新型。

为适应现代金融服务业需要，实现学校教学与企业工作良性对接，同时紧跟高职院校"三教"改革步伐，将岗位素质融入课程，巩固和深化学生业务操作方法，体现学生本位，提升学生业务操作技能，我们编写了《商业银行公司存款与结算业务》这本教材。

本教材基于"岗位—工作内容—职业技能—课程知识目标"的设计思路，以商业银行公司业务岗位的业务流程为线索来设计，体现"以市场需求为导向，以能力为本位"的职教特色，突出应用，加强实践，以案说法、以案示警，学校教师与企业专家共同合作，课程结构综合化、模块化、案例化、场景化。

一是任务驱动、突出实用性。依据商业银行公司柜员业务处理工作规范，基于工作过程，按照掌握基本规定、熟悉业务处理、注意风险提示来构建系列学习内容与业务活动，形成理论够用、实践强化、风险警示的职业教育改革特色。

二是课程思政融入专业教学。通过情景模拟、案例分析、挑错等形式，以案说法、以案示警，引领学生具备严守秘密的银行从业人员职业操守和行为守法、业务合规、履职遵纪的行业规范，树立维护国家金融安全、保护客户合法权益的良好品质。

三是业务强化实效性。本教材的编写团队一直紧跟商业银行公司业务发展动态，查阅了大量的新业务制度规范，及时将商业银行公司业务里的新知识、新规定、新技术、新方法融入教材中，所有的操作全部采用最新的操作规范。

四是课程结构综合化、模块化、案例化、场景化。本教材分为公司业务知识认知、账户和存款、公司结算、票据业务、现金管理五个模块，囊括了现代商业银行公司业务的基本知识，以扼要文字说明"相关规定"，以简明的流程图展现"业务处理流程"，通过情景模拟、案例分析等形式总结业务操作风险点。

五是编写主体体现双元融合。本教材的编写过程中，邮政储蓄银行河北分行公司业务部周卫华总经理给予了整体指导，邮政储蓄银行云南楚雄州分行许鑫副行长对内容进行了审核把关，同时周总经理和许行长为本书的编写提供了大量的资料素材，并参与了相关模块的编写工作。

本教材由石家庄邮电职业技术学院唐敏、马丽斌担任主编，周卫华、许鑫、马冠群担任副主编，参加编写的还有李祥飞、陈维国。具体编写分工为：唐敏负责分模块一、分模块二、分模块四，马丽斌负责分模块三，许鑫负责分模块五，马冠群负责分模块七、分模块九，李祥飞负责分模块十，唐敏和马丽斌共同编写了分模块六，周卫华和陈维国共同编写了分模块八。全书由唐敏、马丽斌负责统稿。教材在编写过程中得到了许多金融行业专家的悉心指导与北京理工大学出版社的领导和编辑的大力支持，在此表示衷心感谢！

金融科技发展日新月异，商业银行业务在不断创新与转型，相关制度规定与业务处理流程也随之有所改变，资料收集与业务介绍很难做到齐全，由于编者水平有限，书中内容肯定存在不足和差异，疏漏在所难免，在此敬请各位读者见谅，欢迎多提宝贵意见。

编　者

目 录

模块一 公司业务知识认知 1

分模块一 认识公司业务 1
【分模块概述】 1
【分模块目标】 1
【知识地图】 1
子模块 1 初识公司业务 2
子模块 2 了解公司业务系统 5

模块二 账户和存款 11

分模块二 单位结算账户管理 11
【分模块目标】 11
【知识地图】 12
子模块 1 区别各类单位人民币结算账户 13
子模块 2 理解单位人民币结算账户管理基本规定 18
子模块 3 开立单位人民币结算账户 24
子模块 4 变更单位人民币结算账户 38
子模块 5 撤销单位人民币结算账户 44

分模块三 其他单位账户管理 52
【分模块概述】 52
【分模块目标】 52
【知识地图】 52
子模块 1 管理单位人民币定期存款账户 53
子模块 2 管理单位人民币通知存款账户 58
子模块 3 管理单位保证金账户 62
子模块 4 管理单位协定存款账户 68

分模块四 单位账户其他业务管理 73
【分模块概述】 73
【分模块目标】 73
【知识地图】 73
子模块 1 协助查询、冻结、扣划单位存款 74

子模块 2　熟知存款证实书/定期存单管理 81
　　子模块 3　熟知久悬户管理 85
　　子模块 4　熟知账户年检管理 90
　　子模块 5　了解其他业务管理规定 93

分模块五　客户预留印鉴管理与档案管理 101
　　【分模块概述】 101
　　【分模块目标】 101
　　【知识地图】 101
　　子模块 1　管理客户预留印鉴 102
　　子模块 2　熟知档案管理 107

模块三　公司结算 111

分模块六　三票 111
　　【分模块概述】 111
　　【分模块目标】 111
　　【知识地图】 112
　　子模块 1　初识三票 113
　　子模块 2　填制与审核票据和结算凭证 122
　　子模块 3　熟知票据相关规定 128
　　子模块 4　熟悉票据结算业务处理 141
　　子模块 5　理解票据权利 150
　　子模块 6　理解同城票据交换 157

分模块七　结算三方式 161
　　【分模块概述】 161
　　【项目目标】 161
　　【知识地图】 161
　　子模块 1　熟悉汇兑业务 162
　　子模块 2　熟悉委托收款业务 172
　　子模块 3　熟悉托收承付业务 179

模块四　票据业务 191

分模块八　票据承兑与贴现 191
　　【分模块概述】 191
　　【分模块目标】 191
　　【知识地图】 191
　　子模块 1　熟悉票据承兑 192
　　子模块 2　熟悉票据贴现 205

子模块 3　熟悉票据转贴现 211

　分模块九　电子汇票业务 214
　　【分模块概述】 214
　　【分模块目标】 214
　　【知识地图】 214
　　子模块 1　认识电子商业汇票 215
　　子模块 2　理解相关票据行为 218
　　子模块 3　了解电子票据业务流程与案例 224

第五模块　现金管理 229

　分模块十　现金管理业务 229
　　【分模块概述】 229
　　【分模块目标】 229
　　【知识地图】 229
　　子模块 1　初识现金管理业务 230
　　子模块 2　了解现金管理业务的主要内容、服务对象与申请条件 232
　　子模块 3　熟知现金管理业务相关规定 234

模块一　公司业务知识认知

分模块一　认识公司业务

【分模块概述】

银行经营中素来流传有"无零售不稳、无对公不强、无同业不富"的说法。个人、公司、机构是商业银行经营的三大客户群体、三大业务板块、三大经营支柱。本模块在于帮助学习者认识商业银行公司业务，了解公司业务的特点及支撑公司业务运行的相关系统，能够根据银行的报表数据分析该行公司业务的发展，理解其战略定位，认同银行文化，树立银行文化自信，为后续相关内容的学习奠定基础。

【分模块目标】

知识目标：掌握公司业务的含义；
　　　　　了解公司业务的特点；
　　　　　了解支撑公司业务运行的相关系统。
技能目标：能够根据银行的报表数据分析该行公司业务的发展。
素质目标：理解银行公司业务经营战略及其定位；
　　　　　认同银行文化，树立银行文化自信。

【知识地图】

模块一　公司业务知识认知 → 分模块一　认识公司业务 → 子模块1　初识公司业务
　　　　　　　　　　　　　　　　　　　　　　　　　→ 子模块2　了解公司业务系统

子模块 1　初识公司业务

【知识准备】

1.1.1　公司业务的含义

公司业务是商业银行面向单位客户提供的存款、结算、贷款、理财、咨询等全方位的本外币金融服务，是现代商业银行业务的重要组成部分，是商业银行主要的利润来源，是银行尤其是大型银行的常青树业务。

1.1.2　公司业务的主要产品和服务

1．负债类业务（存款）

对公存款是企事业单位、个体经营者和机关团体等单位在银行的账户存款总和；对公存款业务是商业银行负债类业务的重要组成部分，是商业银行的主要筹资来源。它主要包括：

（1）单位活期存款，即四类结算账户（基本户、一般户、专用户、临时户）。

（2）单位定期存款。可分为 3 个月、6 个月、1 年、2 年、3 年、5 年。

（3）单位通知存款，如 1 天、7 天。

（4）单位大额存单。

（5）单位保证金存款。

（6）单位协定存款。

2．中间业务（收取手续费）

（1）支付结算业务（三票、一卡、三方式）：支付结算业务是银行发展的基石、主要业务产品、主要收入来源，体现了基本的客户关系。

（2）代理业务（代理收付、代理保险、代理基金、基金托管）。

（3）表外业务（银行承兑汇票、保函、信用证）。

3．资产类业务（贷款）

（1）流动资金贷款、法人账户透支业务：解决流动资金不足。

（2）贴现类（银行承兑汇票、商业承兑汇票）。

（3）固定资产贷款：用于解决固定投资不足。

（4）项目融资：用于建造一个或一组大型生产装置、基础设施、房地产项目或其他项目，包括对在建或已建项目的再融资。

【学习测试】

1. 以中国工商银行为例,请同学们根据表 1-1、表 1-2 和表 1-3 分析一下公司业务在中国工商银行的各业务中处于什么地位?为什么要发展公司业务?

表 1-1　按产品类型划分的存款平均成本分析

项目		2020 年			2019 年		
		平均余额/百万元	利息支出/百万元	平均付息率/%	平均余额/百万元	利息支出/百万元	平均付息率/%
公司存款	定期	4 757 009	111 977	2.35	4 506 960	106 580	2.36
	活期	6 787 204	53 752	0.79	6 417 558	49 299	0.77
	小计	11 544 213	165 729	1.44	10 924 518	155 879	1.43
个人存款	定期	5 723 692	167 153	2.92	5 175 228	139 533	2.70
	活期	4 509 984	17 243	0.38	3 866 882	15 399	0.40
	小计	10 233 676	184 396	1.80	9 042 110	154 932	1.71
境外业务		892 484	14 048	1.57	880 418	20 255	2.30
存款总额		22 670 373	364 173	1.61	20 847 046	331 066	1.59

资料来源:《中国工商银行股份有限公司 2020 年度报告》。

表 1-2　按业务类型划分的贷款结构

项目	2020 年 12 月 31 日		2019 年 12 月 31 日	
	金额/百万元	占比/%	金额/百万元	占比/%
公司类贷款	11 102 733	59.6	9 955 821	59.4
票据贴现	406 296	2.2	421 874	2.5
个人贷款	7 115 279	38.2	6 383 624	38.1
合计	18 624 308	100.0	16 761 319	100.0

资料来源:《中国工商银行股份有限公司 2020 年度报告》。

表 1-3　营业收入

项目	2020 年		2019 年	
	金额/百万元	占比/%	金额/百万元	占比/%
营业收入	882 655	100.0	855 428	100.0
公司金融业务	403 371	45.7	386 413	45.2
个人金融业务	373 154	42.3	360 397	42.1
资金业务	102 191	11.6	103 617	12.1
其他	3 949	0.4	5 001	0.6

资料来源:《中国工商银行股份有限公司 2020 年度报告》。

2. 三票、一卡、三方式分别是指什么?
3. 公司业务的特点是什么?

【学习评价】

1. （1）通过分析表 1-1 按产品类型划分的存款平均成本分析，你得到的结论是：
_____
_____
_____

（2）通过分析表 1-2 按业务类型划分的贷款结构分析，你得到的结论是：_____
_____
_____
_____

（3）通过分析表 1-3 营业收入分析，你得到的结论是：_____
_____
_____
_____

（4）公司业务在工商银行各业务中的地位：_____
_____
_____
_____

（5）为什么发展公司业务？_____
_____
_____
_____

2. 三票是指：_____，一卡是指：_____，三方式是指：_____
3. 公司业务的特点是：_____
_____
_____
_____

【能力拓展】

请同学们选取一家商业银行，阅读其年报，了解其企业文化和整体发展战略，明确公司业务在该行战略中处于什么地位（建议从规模占比、收入占比、利润占比、从业人员等方面来分析），了解该行公司业务的产品和服务。请把了解的结果写在下面。

子模块 2　了解公司业务系统

【知识准备】

1.2.1　中国现代化支付系统

中国现代化支付系统是中国人民银行按照我国支付清算需要，利用现代化计算机技术和通信网络自主开发建设的，能够高效、安全地处理各银行办理的异地、同城各种支付业务及其资金清算和货币市场交易的资金清算的应用系统。它是各银行和货币市场的公共支付清算平台，是中国人民银行发挥其金融服务职能的核心支持系统。中国人民银行通过建设现代化支付系统，将逐步形成一个以中国现代化支付系统为核心，商业银行行内系统为基础，各地同城票据交换所并存，支撑多种支付工具的应用和满足社会各种经济活动支付需要的中国支付清算体系。如果说银行、支付机构是资金流动的"毛细血管"，那么中国人民银行支付系统就是连接社会经济活动及其资金流动的"大动脉"和"金融高速公路"。

1. 大额实时支付系统（HVPS）

大额实时支付系统简称大额支付系统是中国人民银行按照我国支付清算需要，利用现代计算机技术和通信网络开发建设，处理同城和异地跨行之间和行内的大额贷记及紧急小额贷记支付业务、中国人民银行系统的贷记支付业务以及即时转账业务等的应用系统。建立大额支付系统的目的是给银行和广大企事业单位以及金融市场提供快速、高效、安全的支付清算服务，防范支付风险。

按照《中国人民银行办公厅关于调整大额支付系统和人民币跨境支付系统运行时间有关事项的通知》有关规定，大额支付系统在法定工作日受理业务时间为前一自然日 20:30 至当日 17:15，每日清算窗口时间为 17:15 至 17:30，具体时间以中国人民银行规定为准。每个法定节假日前一日 20:30 至当日 8:30 为特殊工作日，仅受理人民币跨境支付系统参与者发起的注资及资金拆借业务。中国人民银行根据管理需要可以调整运行工作日及运行时间。

大额支付系统处理下列支付业务：
（1）规定金额起点以上的跨行贷记支付业务；
（2）规定金额起点以下的紧急跨行贷记支付业务；
（3）商业银行行内需要通过大额支付系统处理的贷记支付业务；
（4）特许参与者发起的即时转账业务；
（5）城市商业银行汇票资金的移存和兑付资金的汇划业务；
（6）中国人民银行会计营业部门、国库部门发起的贷记支付业务及内容转账业务；
（7）中国人民银行规定的其他支付清算业务。

大额支付系统采用支付指令实时传输、逐笔实时处理、全额清算资金的处理方式。大额支付业务优先级次：

（1）大额特急汇兑业务，仅适用于救灾、战备款项。

（2）大额紧急汇兑业务，汇款人要求的加急汇款业务，没有金额起点限制。

（3）大额普通汇兑业务，根据《清算总中心关于优化支付系统部分业务处理渠道的通知》（银办发〔2019〕115号）有关要求，汇款金额起点为100万元，低于起点金额的跨行普通汇款业务需通过小额支付系统办理。

大额支付系统是我国重要的核心支付系统，作为我国跨行资金运动的"大动脉"，大额支付系统实现了与国家金库会计核算系统、中央债券综合业务系统、外汇交易及同业拆借系统、银行卡系统、城市商业银行汇票处理系统等的连接，并通过中央银行会计集中核算系统为银行业金融机构和金融市场提供中央银行货币的最终结算服务，成为中国人民银行发挥金融服务职能的核心系统。

2. 小额批量支付系统（BEPS）

小额批量支付系统（简称小额支付系统）主要处理同城和异地纸凭证截留的借记支付业务和小额贷记支付业务，支付指令批量发送，轧差净额清算资金，旨在为社会提供低成本、大业务量的支付清算服务。小额支付系统实行7×24小时连续运行，能支撑多种支付工具的使用，满足社会多样化的支付清算需求，成为银行业金融机构跨行支付清算和业务创新的安全高效的平台。

小额支付系统处理下列支付业务：

（1）规定金额起点以下的跨行贷记支付业务。

（2）定期向指定的付款人开户银行发起的批量收款业务，如水、电费。

（3）定期向指定的收款人开户银行发起的批量付款业务，如代付工资、保险金。

（4）中国人民银行会计营业部门、国库部门发起的贷记支付业务及内容转账业务。

（5）中国人民银行规定的其他支付清算业务。

小额批量支付系统与大额实时支付系统实现了功能互补，处理的业务种类齐全，不仅可以处理小额汇兑、委托收款等传统的借、贷记业务，还可以处理财税库行横向联网、跨行通存通兑、支票圈存和支票截留等业务，公用事业费的收取等定期借记业务，工资、政府福利津贴、养老金和保险金的发放等定期贷记业务。小额批量支付系统实行"全天候"服务，可以对网上支付、电话支付等服务提供支持，满足法定节假日支付活动的需要，便于公众的日常支付，也有助于银行业金融机构拓展各类中间业务，改进支付结算服务。

3. 全国支票影像交换系统

全国支票影像交换系统是运用影像技术将实物支票截留，转换为支票影像信息（支票影像信息包括支票影像及其电子清算信息），通过计算机及网络将支票影像信息传递至出票人开户银行提示付款的业务处理系统。建设全国支票影像交换系统，实现支票全国通用，是中国人民银行适应社会经济发展需要、满足社会公众日常支付需要的重要举措。

全国支票影像交换系统主要处理银行业金融机构跨行和行内支票影像信息交换，其资金清算通过小额批量支付系统处理。支票影像业务的处理分为影像信息交换和业务回执处理两个阶段，即支票提出银行通过全国支票影像交换系统将支票影像信息发送至支票提入行提示付款；提入行通过小额支付系统向提出行发送回执完成付款。系统参与者包括办理支票结算业务的银行业金融机构和票据交换所。全国支票影像交换系统实行7×24小时运行制度。中国人民银行可以根据管理需要调整系统的运行时间。全国支票影像交换系统变革了支票清算模式，提高了支票清算效率，创造了支票在全国范围互通使用的条件，为减少现金使用，便利企事业单位和个人的异地支付活动提供了重要支撑。

4. 境内外币支付系统（CFXPS）

境内外币支付系统是为我国境内银行业机构和外币清算机构提供外币支付服务的实时全额支付系统，是我国第一个支持多币种运营的外币系统，于2008年4月28日投产。该系统以清算处理中心为核心，由直接参与机构等单一法人集中接入，由代理结算银行进行银行间外币资金结算。清算处理中心负责外币支付指令的接收、存储、清分、转发，并将参与者支付指令逐笔实时清算后，分币种、分场次将结算指令提交结算银行结算。结算银行是中国人民银行指定或授权的商业银行，为直接参与机构开立外币结算账户，负责直接参与机构之间的外币资金结算。目前，开通了港币、英镑、欧元、日元、加拿大元、澳大利亚元、瑞士法郎和美元8种货币支付业务，满足了国内对多种币种支付的需求，提高了结算效率和信息安全性。

5. 电子商业汇票系统

电子商业汇票系统是由中国人民银行批准建立的，依托网络和计算机技术，接收、登记、转发电子商业汇票数据电文，提供与电子商业汇票货币给付、资金清算行为相关服务并提供纸质商业汇票登记查询和商业汇票公开报价服务的综合性业务处理平台。电子商业汇票系统的建成运行是我国金融信息化、电子化进程中的又一个重要里程碑，标志着中国现代化支付体系基本建成，标志着我国商业票据业务进入电子化时代，会对促进电子商务和票据市场发展产生深远影响。

电子商业汇票系统由一个核心功能模块（即电子商业汇票业务处理）和两个辅助功能模块（纸质商业汇票登记查询和商业汇票转贴现公开报价）组成。电子商业汇票业务处理功能模块是电子商业汇票系统的核心模块，通过该模块可为各行客户签发的电子商业汇票实行集中登记存储，并提供互联互通的流通转让平台，实现电子商业汇票出票、承兑、背书、保证、提示付款、追索等业务流程的电子化。同时，与银行、财务公司行内系统及中国人民银行的现代化支付系统连接，可实现电子商业汇票贴现、转贴现、再贴现等融资交易和提示付款的即时转账结算，同步完成票据融资交易的交割，实现票款对付（DVP）。纸质商业汇票登记查询模块是系统参与者必须参加的模块，能够为纸质商业汇票承兑、贴现、转贴现、再贴现、质押、质押解除、挂失止付等票据行为提供登记查询服务，实现纸质商业汇票票面信息的集中登记存储，便于纸质商业汇票的贴现、质押业务查询。商业汇票转贴现公开报价模块能够实现电子商业汇票和纸质商业汇票转贴现公开报价，为银行、财务公司进行询价交易提供信息。目前，商业汇票转贴现公开报价模块暂不开通。

6. 网上支付跨行清算系统（IBPS）

网上支付跨行清算系统作为第二代支付系统的核心业务子系统，主要支持网上支付等新兴电子支付业务的跨行（同行）资金汇划处理。网上支付跨行清算系统采取实时传输及回应机制，可处理跨行支付、跨行账户信息查询以及在线签约等业务。客户通过商业银行的网上银行可以足不出户办理多项跨行业务，并可及时了解业务的最终处理结果。

网上支付跨行清算系统的建成运行，为广大企事业单位和消费者主要带来三个方面的好处：一是提高跨行支付效率，客户可以方便、及时地办理跨行转账、信用卡跨行还款等业务；二是便于财富管理，通过与银行签订协议，客户依托一家银行的网上银行，即可查询在其他银行的账户信息，实现"一站式"财富管理；三是拓展电子商务的业务范围，客户可依托一个银行账户方便地办理公用事业缴费、网络购物等业务，便于日常生产生活，客观上也可支持并促进我国电子商务的快速发展。

1.2.2　银行业金融机构行内支付系统

银行业金融机构行内支付系统作为银行业金融机构综合业务处理系统的重要组成部分，是银行内部资金往来与资金清算的渠道，是银行拓展支付服务市场，提升市场竞争能力的重要设施，在支付系统中居于基础地位。

以××银行为例，××银行公司业务系统是指××银行为开办对公存款、对公结算等公司业务的需要，利用现代计算机技术和通信网络开发建设的，负责全行公司业务交易的统一处理，集中存储公司业务交易数据，是其核心业务系统，如图1-1所示。

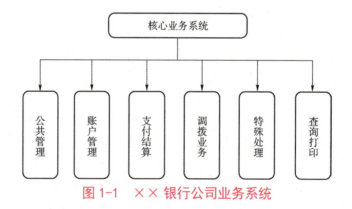

图1-1　××银行公司业务系统

1.2.3　同城票据交换所

票据交换所是指从事银行之间支票清算的服务性机构。商业银行在每天营业中都要收付若干张支票，收进、付出资金。其中，有大批结算业务的收付双方不在同一商业银行开户，需要通过票据交换所转给有关银行。同城既指狭义的同城，即同一城市，也指广义的同城，即规定的区域，如长三角区域，具体由中国人民银行各地分支行规定。票据交换所进行清算时，各银行不需要带足全部支票所载的结算资金，只需带上收入不足以弥补支出的差额。这样，既减少了清点、交接货币资金的麻烦，又提高了结算效率，加快了结算速度，还可减少银行的资金占用。

【学习测试】

1. 什么是支付系统？支付系统主要包括哪些？
2. 大额支付系统的主要特点是什么？
3. 小额支付系统的主要特点是什么？
4. 说明支付系统、支付工具和银行账户三者之间的关系。

【学习评价】

1. 支付系统是：_____

   支付系统的核心是：_____

   支付系统的基础是：_____

   支付系统的重要组成部分有：_____

2. 大额支付系统的主要特点是：_____

3. 小额支付系统的主要特点是：_____

4. 支付系统、支付工具和银行账户三者之间的关系是：_____

【能力拓展】

请你列举出一些社会化支付服务组织。

请把分模块一的主要内容在本页通过思维导图的形式呈现出来。

模块二　账户和存款

单位账户是指境内的机关、团体、部队、企事业单位、其他组织及境外机构（统称单位）在银行开立的用于办理资金收付结算或者获取利息的存款账户。此处所称的企业指境内依法设立的企业法人、非法人企业及个体工商户。

单位账户按货币种类分为人民币账户和外币账户。单位人民币账户是指单位存放或者收付人民币货币资金的账户；单位外币账户是指单位存放或者收付人民币以外的其他币种货币资金的账户。

单位账户按照功能分为单位结算账户和单位非结算账户。单位结算账户是指单位用于现金存取、转账结算、投资、理财、存管、托管等用途的账户；单位非结算账户是指单位用于储蓄、担保等非结算用途的账户。

分模块二　单位结算账户管理

本模块主要介绍单位人民币结算账户管理规定与操作流程，通过该模块的学习，掌握单位人民币结算账户各类的含义与基本规定，具备依规开展客户信息建立、修改及查询的业务处理能力，能够根据单位客户的需求依规进行账户开立、变更、撤销等业务，具备严守秘密的银行从业人员职业操守和行为守法、业务合规、履职遵纪的行业规范，树立维护国家金融安全、保护客户合法权益的良好品质。

【分模块目标】

知识目标：掌握单位人民币结算账户各类的含义与基本规定。
技能目标：能够进行客户信息建立、修改及查询；
　　　　　能够办理单位人民币结算账户的开立、变更与撤销等业务。
素质目标：树立维护国家金融安全、保护客户合法权益的良好品质；
　　　　　具备严守秘密的银行从业人员职业操守；
　　　　　具备行为守法、业务合规、履职遵纪的行业规范。

【知识地图】

```
模块二 账户和存款 ── 分模块二 单位结算账户管理
                    ├── 子模块1 区别各类单位人民币结算账户
                    ├── 子模块2 理解单位人民币结算账户管理基本规定
                    ├── 子模块3 开立单位人民币结算账户
                    ├── 子模块4 变更单位人民币结算账户
                    └── 子模块5 撤销单位人民币结算账户
```

子模块 1　区别各类单位人民币结算账户

【知识准备】

单位人民币结算账户是指以单位名称开立的、用于办理资金收付结算的人民币活期存款账户。单位人民币结算账户按用途分为基本存款账户、一般存款账户、专用存款账户、临时存款账户。

2.1.1　基本存款账户

基本存款账户是存款人因办理日常转账结算和现金收付需要开立的银行结算账户，是存款人的主办账户。单位存款人只能选择一家商业银行的一个营业机构开立一个基本存款账户，用于各种转账结算和现金收付。单位客户基本存款账户开户行不得为其开立一般存款账户。单位客户从其基本存款账户开户行取得的贷款，通过其基本存款账户核算。

下列存款人，可以申请开立基本存款账户：

（1）企业法人。
（2）非法人企业。
（3）机关、事业单位。
（4）团级(含)以上军队、武警部队及分散执勤的支（分）队。
（5）社会团体、按照《中华人民共和国工会法》成立的具有社会团体法人资格的工会组织。
（6）民办非企业组织。
（7）异地常设机构。
（8）外国驻华机构。
（9）个体工商户。
（10）居民委员会、村民委员会、社区委员会。
（11）单位设立的独立核算的附属机构（食堂、幼儿园、招待所）。
（12）其他组织。

其中，单位设立的独立核算的附属机构，仅指单位附属独立核算的食堂、招待所、幼儿园。其他组织是指按照现行的法律法规规定可以成立的组织，如业主委员会、村民小组等组织。

2.1.2　一般存款账户

一般存款账户是存款人因借款或其他结算需要，在基本存款账户开户银行以外的营业机构开立的银行结算账户。该账户可以办理现金缴存，但不得办理现金支取，且在同一个网点只能开一个一般存款账户。根据一般存款账户的实际用途，可以进一步细分为借款类一般存款账户、贴现转存类一般存款账户和其他结算类一般存款账户。

2.1.3 专用存款账户

专用存款账户是存款人按照法律、行政法规和规章,对其特定用途资金进行专项管理和使用而开立的银行结算账户。根据专用存款账户的实际用途,可以进一步细分为预算单位专用存款账户、非预算单位专用存款账户、特殊单位专用存款账户和托管类保证金存款账户。

对下列资金的管理与使用,存款人可以申请开立专用存款账户:

(1)基本建设资金。

(2)更新改造资金。

(3)财政预算外资金。

(4)粮、棉、油收购资金。

(5)证券交易结算资金。

(6)期货交易保证金。

(7)信托基金。

(8)金融机构存放同业资金。

(9)政策性房地产开发资金。

(10)单位银行卡备用金。

(11)住房基金。

(12)社会保障基金。

(13)收入汇缴资金和业务支出资金。

(14)党、团、工会设在单位的组织机构经费。

(15)其他需要专项管理和使用的资金。

收入汇缴资金和业务支出资金,是指基本存款账户存款人附属的非独立核算单位或派出机构发生的收入和支出的资金。

因收入汇缴资金和业务支出资金开立的专用存款账户,应使用隶属单位的名称。

合格境外机构投资者在境内从事证券投资开立的人民币特殊账户和人民币结算资金账户(简称 QFII 专用存款账户)纳入专用存款账户管理。

不具有社会团体法人资格的工会组织,应按照规定开立专用存款账户,账户名称可为单位名称加资金性质,即单位名称后加"工会"字样。

专用存款账户不得办理现金收付业务。财政预算外资金、证券交易结算资金、期货交易保证金和信托基金专用存款账户不得支取现金;基本建设资金、更新改造资金、政策性房地产开发资金、金融机构存放同业资金账户需要支取现金的,应在开户时报中国人民银行当地分支行批准;粮、棉、油收购资金,社会保障基金,住房基金和党、团、工会经费等专用存款账户支取现金应按照国家现金管理的规定办理;收入汇缴账户除向其基本存款账户或预算外资金财政专用存款户划缴款项外,只收不付,不得支取现金。业务支出账户除从其基本存款账户拨入款项外,只付不收,其现金支取必须按照国家现金管理的规定办理。

2.1.4 临时存款账户

临时存款账户是存款人因临时需要并在规定期限内使用而开立的银行结算账户。有下列情况的,存款人可以申请开立临时存款账户:

1. 设立临时机构
(1)工程指挥部。
(2)筹备领导小组。
(3)电视电影摄制组。
(4)破产清算管理人。

2. 异地临时经营活动
(1)建筑施工及安装单位等在异地的临时经营活动。
(2)境内单位在异地从事临时活动。

3. 注册验资和增资验资

临时存款账户应根据有关开户证明文件确定的期限或存款人的需要确定其有效期限。临时存款账户的有效期最长不得超过2年(经中国人民银行核准可超过2年的除外)。注册验资的临时存款账户在验资期间只收不付,注册验资资金的汇缴人应与出资人的名称一致。

存款人为临时机构的,只能在其驻在地开立一个临时存款账户,不得开立其他银行结算账户。存款人在异地从事临时活动的,只能在其临时活动地开立一个临时存款账户。建筑施工及安装单位企业在异地同时承建多个项目的,可根据建筑施工及安装合同开立不超过项目合同个数的临时存款账户。

【学习测试】

1. 分析比较基本存款账户、一般存款账户、专用存款账户和临时存款账户，说明其区别。
2. 什么情况下可以开立临时存款账户？

【学习评价】

1. 从账户的地位、用途、取现规定等方面进行分析比较。

存款人的主办账户是：_____

基本存款账户的主要用途是：_____

一般存款账户的主要用途是：_____

专用存款账户的主要用途是：_____

临时存款账户的主要用途是：_____

不能办理现金支取的账户有：_____

基本存款账户和一般存款账户可以开在同一家银行的同一营业机构吗？_____

临时存款账户的有效期为_____

2. 开立临时存款账户的情况有_____种，分别是：_____

_____

_____

_____

【能力拓展】

案例分析

某企业在 Y 支行开立了基本存款账户后,因经营需要,该企业要求开户行为其再开立一个一般存款账户,该行审核开户手续合格后,为其开立了一般存款账户,5日后,该企业通过此账户支取现金 3 万元。请问:Y 支行的以上业务处理符合规定吗?为什么?

网络资料查阅与实地调研

选取一家你感兴趣的商业银行,通过登录其官网、网上资料查阅与实地调查的方式,了解其单位结算账户的产品、适用对象、申办条件等。

子模块 2　理解单位人民币结算账户管理基本规定

【知识准备】

2.2.1　单位结算账户管理方式

单位结算账户按照是否经中国人民银行审批分为核准类结算账户和备案类结算账户。核准类结算账户是指须经中国人民银行审批予以开立的结算账户；备案类结算账户是指无须经中国人民银行审批，只需向中国人民银行备案的结算账户。

1. 实行核准制的单位结算账户

（1）非企业开立的基本存款账户、临时存款账户（验资户除外）。
（2）机关、实行预算管理的事业单位开立的专用存款账户。
（3）QFII 专用存款账户。

2. 实行备案制的单位结算账户

（1）企业开立的基本存款账户、临时存款账户（验资户除外）。
（2）一般存款账户。
（3）其他专用存款账户。

3. 核准类银行结算账户的开立、变更、撤销流程

核准类银行结算账户的开立、变更、撤销流程具体如图 2-1、图 2-2、图 2-3 所示。

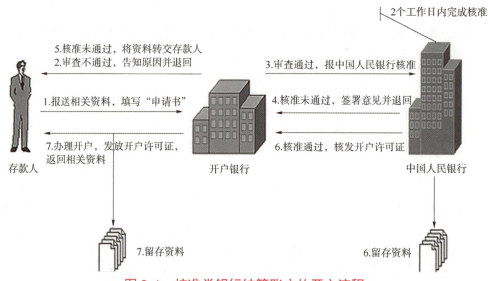

图 2-1　核准类银行结算账户的开立流程

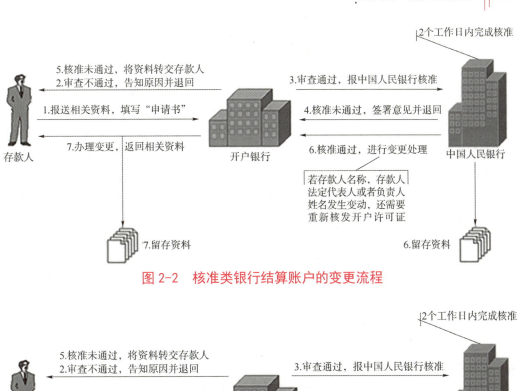

图 2-2　核准类银行结算账户的变更流程

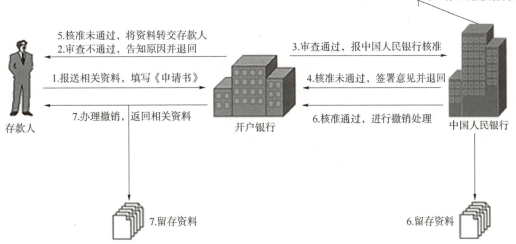

图 2-3　核准类银行结算账户的撤销流程

4. 备案类银行结算账户的开立、变更、撤销流程

备案类银行结算账户的开立、变更、撤销流程具体如图 2-4 所示。

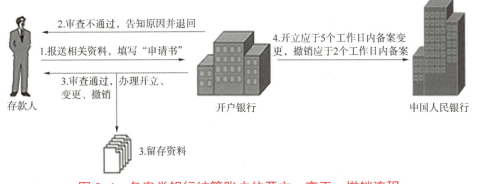

图 2-4　备案类银行结算账户的开立、变更、撤销流程

2.2.2 单位结算账户生效日确定

1. 开立日期的界定

核准类账户"正式开立之日"为中国人民银行当地分支行的核准日期；备案类单位银行结算账户"正式开立之日"为开户行为存款人办理开户手续的日期。

2. 办理付款业务生效日

非企业开立的银行结算账户，自正式开立之日起 3 个工作日内，除资金转入和现金存入外，不能办理付款业务，3 个工作日后方可办理付款业务，但注册验资的临时存款账户转为基本存款账户和因借款、贴现转存开立的一般存款账户以及存款人在同一营业机构撤销银行结算账户后重新开立的银行结算账户除外。企业开立的银行结算账户，自开立之日即可办理收付款业务。

2.2.3 异地开立银行结算账户情形

存款人应在注册地或住所地开立银行结算账户，但存款人有下列情形之一的，可以在异地开立有关银行结算账户：

（1）营业执照注册地与经营地不在同一行政区域（跨省、市、县）需要开立基本存款账户的；

（2）办理异地借款和其他结算需要开立一般存款账户的；

（3）存款人因附属的非独立核算单位或派出机构发生的收入汇缴或业务支出需要开立专用存款账户的；

（4）异地临时经营活动需要开立临时存款账户的。

2.2.4 同业银行结算账户

同业银行结算账户是指银行业金融机构为境内其他银行开立的、与我行或第三方发生资金划转的人民币银行存款账户。同业银行结算账户按照用途分为结算性和投融资性两类。同业银行结算账户应按照《中国人民银行关于加强银行业金融机构人民币同业银行结算账户管理的通知》（银发〔2014〕178 号）管理，除开立基本存款账户外，其他账户一律按照专用存款账户开立，有异地开立专用存款账户需要的，可以异地开立。

【学习测试】

1. 什么是核准制？实行核准制的单位银行结算账户有哪些？核准制单位银行结算账户的"正式开立之日"是哪天？

2. 什么是备案制？实行备案制的单位银行结算账户有哪些？实行备案制的单位银行结算账户的"正式开立之日"是哪天？

3. 什么情况下可以在异地开立银行结算账户？

4. 某事业单位客户因注册验资开立临时存款账户，后续进展顺利，注册完成，于2020年12月14日申请开立基本存款账户，12月16日核准通过。

根据案例背景回答以下问题：

（1）客户申请将临时存款账户转为基本存款账户，商业银行受理之后需哪个机构核准？该机构对银行结算账户的管理方式有哪几类？

（2）基本存款账户的主要用途是什么？

（3）除验资外，还有哪些情况可以申请开立临时存款账户？临时存款账户的有效期最长为多长时间？

（4）该基本存款账户"正式开立之日"是哪一天？通过该基本存款账户办理付款业务的最早日期是哪天？

【学习评价】

1. 核准制是：_____
_____

   实行核准制的单位银行结算账户有：_____
_____

   实行核准制的单位银行结算账户的"正式开立之日"是：_____
_____

2. 备案制是：_____
_____

   实行备案制的单位银行结算账户有：_____
_____

   实行备案制的单位银行结算账户的"正式开立之日"是：_____
_____

3. 可以在异地开立银行结算账户的情形有：_____
_____
_____

4. （1）客户申请临时存款账户转为基本存款账户，商业银行受理之后需_____
_____核准。该机构对银行结算账户的管理方式有：_____
_____
_____

   （2）基本存款账户的主要用途是：_____
_____
_____

   （3）除验资外，以下情况可以申请开立临时存款账户：_____
_____
_____

   临时存款账户的有效期最长为：_____

   （4）该基本存款账户"正式开立之日"是：_____

   通过该基本存款账户办理付款业务的最早日期是：_____
_____

【能力拓展】

2021年3月17日,中国银行保险监督管理委员会依据《中华人民共和国银行业监督管理法》第二十一条、第四十六条和相关审慎经营规则,对中信银行股份有限做出银保监决定〔2021〕5号行政处罚,罚款450万元,案由如下:一是客户信息保护体制机制不健全;柜面非密查询客户账户明细缺乏规范、统一的业务操作流程与必要的内部控制措施,乱象整治自查不力;二是客户信息收集环节管理不规范;客户数据访问控制管理不符合业务"必须知道"和"最小授权"原则;查询客户账户明细事由不真实;未经客户本人授权查询并向第三方提供其个人银行账户交易信息;三是对客户敏感信息管理不善,致其流出至互联网;违规存储客户敏感信息;四是系统权限管理存在漏洞,重要岗位及外包机构管理存在缺陷。

请问:这个行政处罚给你带来的启示是什么?

子模块 3　开立单位人民币结算账户

【知识准备】

2.3.1　客户信息管理

客户信息是银行管理客户的重要依据，客户首次来行办理开户业务时，银行应采集客户的相关信息，建立客户信息档案。客户信息包括但不限于：客户名称；住所（注册地址和经营地址）；联系电话；经营范围；证明文件种类、号码和有效期限；客户控股股东或者实际控制人；法定代表人（或单位负责人）、财务负责人和授权办理业务人员的姓名、联系地址、身份证件或者身份证明文件的种类、号码、有效期限；客户受益所有人的姓名、地址、身份证件或者身份证明文件的种类、号码和有效期限。

单位客户按客户属性一般分为同业客户和非同业客户。客户信息以客户编号为标识，客户编号将客户所有业务归集在一个客户编号下进行管理。客户编号在客户属性范围内具有唯一性。

2.3.2　账户开立基本规定

（1）存款人申请开立单位银行结算账户，应当按规定填制开户"申请书"，出具真实、有效的开户证明文件，并对开户"申请书"填写事项及开户证明文件的真实性及有效性负责。开户行应当审核企业开户证明文件的真实性、完整性和合规性，开户申请人与身份证明文件所属人的一致性，单位开户意愿的真实性。

（2）存款人申请开立单位银行结算账户时，可由法定代表人或单位负责人直接办理，也可授权他人办理。由法定代表人或单位负责人直接办理的，除出具相应的证明文件外，还应出具法定代表人或单位负责人的身份证件；授权他人办理的，除出具相应的证明文件外，还应出具其法定代表人或单位负责人的授权书及其身份证件，以及被授权人的身份证件。

（3）境外机构开立的银行结算账户的账户名称应使用境外机构的中文或英文名称全称，并与其在境外合法注册成立的证明文件（或对应的中文翻译）记载的名称全称一致，一个国家或地区境外机构的中文（或英文）名称全称应唯一。

（4）存款人在申请开立单位银行结算账户时，其申请开立的银行结算账户的账户名称、出具的开户证明文件上记载的存款人名称以及预留银行签章中公章或财务专用章的名称应保持一致，但下列情形除外：

①因注册验资开立的临时存款账户，其账户名称为工商行政管理部门核发的"企业名称预先核准通知书"或政府有关部门批文中注明的名称，其预留银行签章中公章或财务专用章的名称应是存款人与银行在银行结算账户管理协议中约定的出资人名称；

②预留银行签章中公章或财务专用章的名称依法可使用简称的，账户名称应与其保持一致；

③没有字号的个体工商户开立的银行结算账户，其预留印鉴中公章或财务专用章应是个体户字样加营业执照上载明的经营者的签字或盖章；

④按照国家有关规定或存款人资金管理有特殊需要的，单位开立的专用存款账户的名称可以为单位名称后加内设机构（部门）名称或资金性质，但专用存款账户的预留印鉴应与专用存款账户名称一致；

⑤异地建筑施工及安装单位开立的临时存款账户名称可以为建筑施工及安装单位名称后加项目部名称，但临时存款账户的预留印鉴应与临时存款账户名称一致。

（5）企业申请开立基本存款账户的，开户行应当在人民币银行结算账户管理系统（简称账户管理系统）中准确录入企业名称、统一社会信用代码、注册地地区代码等信息，依托系统审核企业基本存款账户的唯一性，未通过唯一性审核的不得为其开立基本存款账户。

（6）存款人开立核准类账户的，银行应在账户管理系统中登记开户资料。在银行系统中建立待核准信息后必须于当日最迟次日将书面资料报送至中国人民银行当地分支行，经其核准并核发开户许可证后办理正式开户。

（7）企业开立基本存款账户和临时存款账户的，银行原则上应当立即至迟于当日将开户信息通过账户管理系统向中国人民银行当地分支机构备案，并在2个工作日内将开户资料复印件或影像报送中国人民银行当地分支机构。其余备案类账户银行应当于开户之日起5个工作日内将开户资料在人民币银行结算账户管理系统中登记，核对存款人的申请资料与结算账户管理系统显示的相关信息，核对一致的，确认备案完成。

（8）银行完成企业基本存款账户信息备案后，账户管理系统生成基本存款账户编号，并在企业基本信息"经营范围"中标注"取消开户许可证核发"字样。开户行应当通过账户管理系统打印基本存款账户信息和存款人密码，并交付企业。企业基本存款账户编号代替基本存款账户核准号使用。

（9）单位结算账户正式生效前，开户行不得向单位客户出售重要空白凭证及其他付款凭证。

2.3.3 须出具的证明材料

1. 企业申请开立基本存款账户

企业申请开立基本存款账户的，应向银行出具下列证明文件：

（1）营业执照正本或副本（统一社会信用代码）。

（2）法定代表人或单位负责人的身份证件。

（3）授权他人办理的，还应出具经办人身份证件及委托授权书。

（4）若企业在本行首次开立账户，还应出具机构税收居民身份声明文件。

企业提供电子营业执照的，视当地中国人民银行要求而定。

2. 非企业申请开立基本存款账户

非企业申请开立基本存款账户的，应向银行出具下列证明文件：

（1）机关和实行预算管理的事业单位，应出具政府人事部门或编制委员会的批文或统一社会信用代码证书和财政部门同意其开户的证明，批文或证书上有两个或两个以上名称的，可以分别开立基本存款账户；非预算管理的事业单位，应出具政府人事部门或编制委员会的批文或统一社会信用代码证书。因年代久远，批文丢失等原因无法提供政府人事部门或编制委员会的批文的，应出具上级单位或主管部门的证明及财政部门同意其开户的证明文件。

（2）军队、武警团级（含）以上单位以及分散执勤的支（分）队，应出具军队军级以上单位财务部门、武警总队财务部门的开户证明。

（3）社会团体，应出具社会团体登记证书。

（4）民办非企业组织，应出具民办非企业登记证书。

（5）律师事务所，应出具司法部门颁发的律师事务所执业许可证。

（6）外地常设机构，应出具其驻在地政府主管部门的批文；对于已经取消对外地常设机构审批的省（市），应出具派出地政府部门的证明文件。

（7）外国驻华机构，应出具国家有关主管部门的批文或证明；外资企业驻华代表处、办事处应出具国家登记机关颁发的登记证。

（8）居民委员会、村民委员会、社区委员会，应出具其主管部门的批文或证明。

（9）宗教活动场所，应出具人民政府宗教事务部门颁发的宗教活动场所登记证；宗教院校，应出具国家宗教事务局批准正式设立/筹备设立的文件或国家宗教事务局/省级人民政府宗教事务部门出具的证明文件。

（10）单位设立的独立核算的附属机构，应出具该附属机构隶属单位的基本存款账户开户许可证和相关批文。

（11）其他组织，应出具政府主管部门的批文或证明。

（12）除以上证明文件外，还应提供法定代表人或单位负责人的身份证件。授权他人办理的，还应出具经办人身份证件及委托授权书。

3. 开立一般存款账户

存款人申请开立一般存款账户的，应向银行出具其开立基本存款账户规定的证明文件、基本存款账户开户许可证或基本存款账户编号和下列证明文件：

（1）存款人因向银行借款需要，应出具借款合同。

（2）存款人因其他结算需要，应出具有关证明。

4. 开立专用存款账户

存款人申请开立专用存款账户的，应向银行出具其开立基本存款账户规定的证明文件、基本存款账户开户许可证或基本存款账户编号和下列证明文件：

（1）基本建设资金、更新改造资金、政策性房地产开发资金、住房基金、社会保障基金，应出具主管部门批文。

（2）财政预算外资金，应出具财政部门的证明。

（3）粮、棉、油收购资金，应出具主管部门批文。

（4）单位银行卡备用金，应按照中国人民银行批准的银行卡章程的规定出具有关证明和资料。

（5）证券交易结算资金，应出具证券公司或证券管理部门的证明。

（6）期货交易保证金，应出具期货公司或期货管理部门的证明。

（7）金融机构存放同业资金，应出具相关证明。

（8）收入汇缴资金和业务支出资金，应出具基本存款账户存款人有关的证明。

（9）党、团、工会设在单位的组织机构经费，应出具该单位或有关部门的批文或证明。

（10）合格境外机构投资者在境内从事证券投资开立的人民币特殊账户应出具国家外汇管理部门的批复文件，开立人民币结算资金账户时应出具证券管理部门的证券投资业务许可证，无须出具基本存款账户开户许可证。

（11）其他按规定需要专项管理和使用的资金，应出具有关法规、规章或政府部门的有关文件。

存款人凭同一证明文件及同一财政批文的，只能按照文件要求开立规定数量的专用存款账户。

5. 开立临时存款账户

存款人申请开立临时存款账户的，应向银行出具下列证明文件：

（1）临时机构，应出具其驻在地主管部门同意设立临时机构的批文。工程指挥部及筹备领导小组需要提供政府或民政部门或行业主管部门同意其设立临时机构的批文；电影电视摄制组需提供广播电影电视总局颁发的拍摄许可证，电视剧备案公示或广播电影电视总局同意拍摄的立项批文；破产清算管理人需提供人民法院关于该企业破产清算的裁决书。

（2）异地建筑施工及安装单位，应出具其营业执照正本或其隶属单位的营业执照正本，以及施工及安装地建设主管部门核发的许可证或建筑施工及安装合同。

（3）异地从事临时经营活动的单位，应出具其营业执照正本以及临时经营地工商行政管理部门的批文。

（4）注册验资资金，应出具工商行政管理部门核发的企业名称预先核准通知书或有关部门的批文。

（5）因增资验资需要开立银行结算账户的，应持股东会或董事会决议等证明文件，在银行开立一个临时存款账户。该账户的使用和撤销比照因注册验资开立的临时存款账户管理。

因第（2）、（3）、（5）项还应出具其基本存款账户开户许可证或基本存款账户编号。

6. 异地开立单位银行结算账户

存款人需要在异地开立单位银行结算账户的，除出具有关证明文件外，还应出具下列相应的证明文件：

（1）异地借款的存款人，在异地开立一般存款账户的，应出具在异地取得贷款的借款合同。

（2）因经营需要在异地办理收入汇缴和业务支出的存款人，在异地开立专用存款账户的，应出具隶属单位的证明。

（3）基本存款账户开户许可证或基本存款账户编号。

（4）同业机构开立跨省异地同业账户的，还应出具总行或一级分行业务主管部门出具的通知单；同业机构开立省内异地同业账户时，还应出具客户经理所在机构的业务主管部门出具的通知单。通知单中应明确同业账户跨省开立的业务背景调查结果或同业账户省内异地开立的业务背景调查结果。

同业机构指经银保监会、证监会批准成立，并颁发金融许可证、经营证券期货业务许可证及保险许可证等金融行业证照的境内机构。

7. 银行类金融机构开立同业银行结算账户

银行类金融机构开立同业银行结算账户的，除按相关规定出具开户证明文件外，还应出具下列相应的证明文件：

（1）银行业监督管理部门颁发的金融许可证和经营范围批准文件。

（2）非一级法人开户的，还应当出具一级法人（或一级分行）授权书原件。

2.3.4 以××银行为例

1. 开户调查

（1）客户主管部门负责账户开户真实性调查。

①开户调查原则上应通过开户行双人实地上门方式，双人应为经办客户经理和由客户主管部门指定的人员，指定人员为开户行支行长、综合柜员（营业主管）和前台柜员以及一级分行运营中心以外人员。

②小微企业开立结算账户的，如法定代表人/单位负责人已临柜核实开户意愿的，可通过远程视频方式进行开户调查，远程视频调查人员要求同上门调查。异地开立结算账户的，经开户行所属一级分行客户主管部门审批后，可委托客户注册地或经营地的其他分支机构办理上门开户调查。调查完成后，被委托行应将留存的影像资料发送至开户行进行统一保管。被委托行在开户调查形式上无过错的，账户开户的真实性由开户行负责。

③开户调查应重点核实客户开户证明材料是否真实有效，实际经营情况是否与营业执照等证明材料的记载事项相符，开户意愿是否真实，相关证明是否属实，经营地址、法人及单位负责人及财务联系人姓名、联系电话是否正确，开户用途是否合理，是否存在随意乱开一般存款账户或专用存款账户问题等。对于企业客户，开户调查人员还应通过工商管理机构等合法有效的对外公告和网站进一步核实客户所提交的证明文件，核实证明文件的有效性。对开户证明材料虚假或失效的，实际情况与证明材料记载不符的、开户意愿存疑及无固定办公场所的客户坚决不予开户。

④采取上门方式开户调查时应留存影像，影像包括开户调查人员、单位标识（例如门牌号、店招等）和单位联系人的同框画面。因客户原因导致采集影像不符合要求的，调查人员应出具说明，并由客户经理所在机构或部门负责人签字。采取远程视频方式开户调查时应留存影像资料。

开户调查完毕后，开户调查人员应认真、如实填写开户调查书，注明调查情况和调查日期。

（2）存款人存在下列异常开户情形的，开户行应当按照反洗钱相关规定采取延长开户审查期限、加大客户尽职调查等措施，必要时应当拒绝开户。

①对存款人身份信息存在疑义，要求出示辅助证件，企业拒绝出示的；

②存款人开户理由存疑的；

③开立业务与存款人身份不相符的；

④存款人组织他人同时或者分批开立账户的；

⑤有明显理由怀疑存款人开立账户从事违法犯罪活动的；

⑥存款人的股权或者控制权结构异常复杂,存在多层嵌套、交叉持股、关联交易、循环出资、家族控制等复杂关系的,受益所有人来自洗钱和恐怖融资高风险国家或者地区等情形,或者受益所有人信息不完整或无法完成核实的。

⑦对于单位客户或其法定代表人或负责人、控股股东或实际控制人、受益所有人被列入我行洗钱风险监控名单禁入类或制裁类的,不得为其办理开户。

(3)办理账户开立时,若存款人存在上述异常情形,本行措施包括但不限于:

①开户行双人实地上门调查;

②进一步了解法定代表人/或单位负责人个人情况,包括征信情况、是否纳入失信人员名单等;

③要求法定代表人/单位负责人临柜核实开户意愿;

④不开通非柜面业务;

⑤公转私逐笔提交证明材料。

(4)对被列入"严重违法失信企业名单"或其注册地、经营场所不存在的单位客户,应当拒绝开户。

2. 开户意愿核实

(1)单位开立账户存在以下情形的,开户行还应向法定代表人/单位负责人核实开户意愿。

①企业客户申请开立基本存款账户;

②开立同业银行结算账户;

③单位客户的注册地和经营地均在异地;

④经本行调查,发现单位客户存在法定代表人或者负责人对单位经营规模及业务背景等不清楚的情况;

⑤经本行调查,发现单位客户存在其他异常开户情形。

当单位客户存在上述③~⑤项情形时,本行原则上应拒绝其开通非柜面业务的申请,待后续了解后再审慎开通。

(2)开户行可采取以下方式,向法定代表人/单位负责人核实开户意愿。

①临柜方式,法定代表人/单位负责人临柜办理开户的,应在本行柜面完成开户意愿核实;

②上门方式,由客户经理在上门开户调查时同步办理或经批准可办理上门开户的单位客户,在上门开户时同步办理开户意愿核实;

③远程视频方式,小微企业以及经开户行所属一级分行客户主管部门或经授权的二级分行客户主管部门审批后的客户,可由开户调查人员双人通过远程视频的方式进行核实,并留存视频资料。

采取临柜或上门方式的,至少两名及以上本行工作人员亲见法定代表人或单位负责人,通过询问等方式核实客户开户意愿。采取远程视频方式的,应由开户调查人员在网点监控下完成核实工作,在视频中向企业法定代表人/单位负责人询问开户意愿。本行人员对核实过程进行录音录像,摄像画面应至少包括法定代表人或单位负责人及本行两名工作人员。开立同业银行结算账户的，应采取上门方式核实开户意愿。

对于异地开立单位结算账户，经开户行所属一级分行的客户主管部门审批通过后，可委托其他分支机构通过临柜或双人上门方式核实开户意愿。完成后，被委托行应将留存的音频、视频资料发送至开户行进行统一保管。被委托行在核实形式上无过错的，开户意愿的真实性由开户行负责。

（3）开立同业银行结算账户的，开户行应通过大额支付系统向存款银行一级法人进行核实，还应执行同一银行分支机构首次开户面签制度，由本行两名以上工作人员共同亲见存款银行法定代表人或单位负责人在开户申请书和银行账户管理协议上签名确认。

3. 开户手续办理

（1）企业申请开立基本存款账户的，开户行应当在人民币银行结算账户管理系统（简称账户管理系统）中准确录入企业名称、统一社会信用代码、注册地地区代码等信息，依托系统审核企业基本存款账户的唯一性，未通过唯一性审核的不得为其开立基本存款账户。

（2）存款人开立核准类账户的，本行应在账户管理系统中登记开户资料。在本行系统中建立待核准信息后必须于当日最迟次日将书面资料报送至中国人民银行当地分支行，经其核准并核发开户许可证后办理正式开户。

（3）企业开立基本存款账户和临时存款账户的，本行原则上应当立即至迟于当日将开户信息通过账户管理系统向中国人民银行当地分支机构备案，并在2个工作日内将开户资料复印件或影像发送中国人民银行当地分支机构。其余备案类账户所在行应当于开户之日起5个工作日内将开户资料在账户管理系统中登记，核对存款人的申请资料与结算账户管理系统显示的相关信息，核对一致的，确认备案完成。

（4）所在行完成企业基本存款账户信息备案后，账户管理系统生成基本存款账户编号，并在企业基本信息"经营范围"中标注"取消开户许可证核发"字样。开户行应当通过账户管理系统打印基本存款账户信息和存款人密码，并交付企业。企业基本存款账户编号代替基本存款账户核准号使用。

4. 其他注意事项

（1）非企业开立的银行结算账户自正式开立之日起3个工作日内，除资金转入和现金存入外，不能办理付款业务，3个工作日后方可办理付款业务，但以下情形除外：

①注册验资的临时存款账户转为基本存款账户。
②因借款、贴现转存开立的一般存款账户。
③存款人在同一营业机构撤销银行结算账户后重新开立的银行结算账户。

（2）企业开立的银行结算账户开立之日即可办理收付款业务。

（3）单位结算账户正式生效前，开户行不得向单位客户出售重要空白凭证及其他付款凭证。

（4）对于核准类单位银行结算账户，"正式开立之日"为中国人民银行当地分支行的核准日期；对于备案类单位银行结算账户，"正式开立之日"为开户行为存款人办理开户手续的日期。

5. 业务处理流程

单位人民币结算账户开立采用前台受理后台处理模式，具体开立流程如图2-5所示。

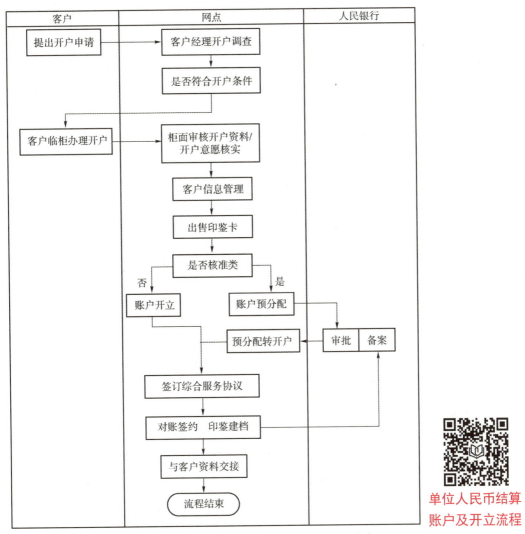

图2-5 单位人民币结算账户开立流程

单位人民币结算账户及开立流程

2.3.5 风险提示

（1）对开户资料审核不严而形成违规开户风险，防止客户违规开户用于洗钱、非法集资等犯罪活动。

（2）开户手续应合规，所有客户签字环节必须由有权人签字，严禁出现银行人员代签的现象。

（3）客户填写开户申请书时，必须留有企业负责人和财务负责人的联系电话，在必要时应进行电话核对，核对无误后才能办理开户手续。

（4）重视开户调查的重要性，开户调查应全面、充分，确保客户信息的真实性。特别是对于大客户以及可疑账户，应进行相应的实地考察。

（5）未认真录入账户信息，导致开户信息不正确，影响客户账户的正常使用，给客户造成损失。

（6）账户的存款类别选择不符合要求，导致账户科目核算错误，特别是财政、社保、同业和行内经费存款。

（7）账户的利率选择有误，导致客户账户计息不正确，影响客户利益和中国邮政储蓄银行损益核算。

（8）账户未严格执行中国人民银行报批和报备程序，出现提前或延期使用账户的情况。

（9）开户完成后，所有归还给客户的单证或物品，均应登记"凭证/重要物品交接登记簿"，明确双方责任。

【学习测试】

1. 2019年6月6日，A先生到××银行为甲企业办理基本存款账户开户业务。甲企业为境内依法设立的企业法人。

A先生提供资料如下：营业执照、法定代表人身份证件、法定代表人授权书以及A先生身份证件等开户文件。

××银行审核资料过程：

（1）通过市场主体公示系统核实营业执照状态为存续，在有效期内，信息一致。

（2）联网核查法定代表人、A先生身份证件。法定代表人身份证件信息与联网核查信息一致，照片为同一人不同时期照片。

（3）根据A先生提供的法定代表人电话号码核实企业开户意愿，法定代表人确认开户意愿真实，××银行留存记录。

经上述审核后，××银行为甲企业开立了基本存款账户。

请思考：

（1）××银行在开户审核过程中，是否严格落实了账户实名制？

（2）银行在开户审核环节需要防范的风险有哪些？

2. 2020年8月5日，贵州以晴光电集团有限公司财务人员薛林携带相关证明材料首次到银行开立基本存款账户。相关信息如下：

（1）贵州以晴光电集团有限公司信息。

企业规模：小型企业；

客户类型：有限责任公司；

经济性质：港澳台绝对控股；

办公地址：贵州省贵阳市云岩区新街90号；

法定代表人：闵军；

注册资本：2 000万元整；

成立日期：2020年7月22日；

营业期限：30年；

统一信用代码：915200002144006677；

营业执照到期日：20500721；

行业：批发和零售业；

登记机关：贵州省工商行政管理局；

注册地：贵州省贵阳市观山湖区长岭北路贵阳国际会议展览中心D区2栋21楼；

经营范围：手机、平板电视、电视电子元器件、平板电脑及电子产品的开发、生产销售、进出口业务；

一般纳税人（非同业）。

（2）法人代表信息。

姓名：闵军；

性别：男；

身份证号：520101××××××××8178；

发证机关：贵阳市公安观山湖区；

分局住址：贵州省贵阳市观山湖区观山东路 23 号；

联系电话：139××××9360；

（3）财务经办人员信息。

姓名：薛林；

性别：女；

身份证号码:520103××××××××5748；

发证机关：贵阳市公安局云岩区分局；

住址：贵州省贵阳市云岩区盐务街 38 号；

联系电话：139××××9022。

【学习评价】

1. (1) ××银行在开户审核过程中,(是/否)_____ 严格落实了账户实名制。理由如下:_____

_____

_____

(2) 银行在开户审核环节需要防范的风险有:_____

_____

_____

2. (1) 薛林开户需要的材料有:_____

_____

_____

(2) 客户经理开户调查,可以采用的调查方式有:_____

_____

_____

(3) 客户经理开户调查,需要重点核实的内容有:_____

_____

_____

(4) 客户经理在进行开户调查时,需要注意:_____

_____

_____

(5) 企业开户存在以下情形的,开户行应向企业法定代表人/单位负责人核实企业开户意愿:_____

_____

_____

(6) 开户行核实开户意愿,可以采用的方式有:_____

_____

_____

（7）柜面审核开户资料时，要注意审核：_____
_____

（8）企业申请开立基本存款账户的，开户行应当在账户管理系统中准确录入_____
_____等信息，依托系统审核企业基本存款账户的唯一性，未通过唯一性审核的不得为其开立基本存款账户。

（9）客户信息是银行管理客户的重要依据，客户首次来银行办理开户业务时，银行应：_____

（10）客户信息包括但不限于：_____
_____
_____

（11）对于客户信息，作为银行从业人员，我们需要做到的是：_____
_____

（12）核准类单位活期账户开户，商业银行在录入待核准信息后必须于（　　）将相关书面资料报送至中国人民银行。

A．当日最迟次日　　　　　　B．3个工作日内
C．5个工作日内　　　　　　D．7个工作日内

（13）企业开立基本存款账户和临时存款账户的，银行原则上应当（　　）将开户信息通过账户管理系统向中国人民银行当地分支机构备案，并在（　　）内将开户资料复印件或影像报送中国人民银行当地分支机构。

A．立即至迟于当日；当日最迟次日
B．立即至迟于当日；2个工作日
C．当日最迟次日；2个工作日
D．2个工作日；5个工作日

（14）中国人民银行于（　　）个工作日内对银行报送的基本存款账户开户资料的合规性予以审核。

A．2　　　　B．3　　　　C．4　　　　D．5

（15）对符合一般存款账户、其他专用存款账户开户条件的，银行应于开户之日（　　）内向中国人民银行当地分支机构备案。

A．2个工作日　　　　　　B．3个工作日
C．4个工作日　　　　　　D．5个工作日

（16）银行应当拒绝开户的情形有：_____
_____
_____

【能力拓展】

案例分析

1. 2021年12月8日,中国银行保险监督管理委员会依据《中华人民共和国银行业监督管理法》第二十一条、第四十六条和相关审慎经营规则和《中华人民银行共和国商业银行法》第七十三条做出银保监罚决字〔2021〕38号行政处罚决定书,对中国农业银行股份有限公司罚款150万元,其主要案由如下:一是农业银行制定文件要求企业对公账户必须开通属于该行收费项目的动账短信通知服务,侵害客户自主选择权;二是农业银行河南分行和新疆分行转发并执行总行强制企业对公账户开通动账短信通知服务要求,违法行为情节较为严重。

该处罚决定给你带来的启示是什么?

剧本编写

2. 给定条件,分小组编写开立单位人民币结算账户的剧本,其他小组进行点评并指出剧本中存在的风险点,教师进行总结。

子模块 4 变更单位人民币结算账户

【知识准备】

2.4.1 基本规定

若存款人名称、法定代表人或者单位负责人以及其他开户证明文件发生变更，应当按规定向开户行提出变更申请并出具有关证明。

开户行应当对存款人提交的证明文件进行审核，经审核符合变更条件的，开户行为存款人办理账户信息变更手续。

企业变更取消许可前开立的基本存款账户、临时存款账户名称、法定代表人或单位负责人等信息的，开户行应当收回原开户许可证原件并交回中国人民银行分支机构。企业遗失原开户许可证的，可出具相关说明。

存款人申请变更核准类银行结算账户的存款人名称、法定代表人或单位负责人的，开户行应在接到变更申请后的2个工作日内，将存款人的变更申请书、开户许可证以及有关证明文件报送中国人民银行当地分支行进行核准。核准通过后，方可办理账户变更手续。

开户行为存款人变更备案类银行结算账户信息的，应当于2个工作日内通过账户管理系统向中国人民银行当地分支机构备案。开户行为企业变更基本存款账户和临时存款账户信息的，还应将账户变更资料复印件或影像报送中国人民银行当地分支机构。

对企业名称、法定代表人或者单位负责人等变更的，账户管理系统重新生成基本存款账户编号，开户行应当打印基本存款账户信息并交付企业。

对取消许可前开立基本存款账户的企业名称、法定代表人或者单位负责人变更的，账户管理系统在企业基本信息"经营范围"中标注"取消开户许可证核发"字样。

2.4.2 变更须提交材料

1. 客户申请变更

（1）客户因存款人名称、法定代表人（单位负责人）、经营范围、地址及邮编等需换开新证明资料的信息发生变更，应先在工商等机关变更完营业执照等证明文件后，再向银行申请办理变更手续。此外，客户应先变更基本存款账户的信息，再变更其他账户的信息。申请变更时应提交以下证明资料：

①变更后的营业执照等证明文件；
②原基本开户许可证或原基本存款账户编号；
③法定代表人或单位负责人的身份证件；
④授权他人办理的，还应出具经办人身份证件及委托授权书；

⑤内设机构负责人身份证件（以单位名称后加内设机构（部门）名称开立的专用存款账户，变更内设机构负责人时）；

⑥项目部负责人身份证件（建筑施工及安装单位以建筑施工及安装单位名称后加项目部名称开立的临时存款账户，变更项目部负责人时）；

⑦其他涉及变更的资料（指其他因存款人名称、经营范围、法定代表人/单位负责人、地址及邮编发生变更而重新换开的证明文件）。

（2）客户申请变更通存通兑方式、收付标志、利率等不涉及换开证明文件的信息时，应提交以下证明材料：

①营业执照等证明文件；

②法定代表人或单位负责人的身份证件；

③授权他人办理的，还应出具经办人身份证件及委托授权书；

④其他证明资料（指变更账户利率等信息时，应出具相关证明文件或协议）。

只收不付的账户若办理销户资金转出而需变更收付标志的，客户可按照销户手续提供资料，无须再提供账户信息变更资料。

（3）客户申请变更账户性质时，应按照以下情况分别处理：

①变更前后的账户性质，任意一方为核准类账户性质的，均应按照"先销户、后开户"的手续办理，其中注册验资临时存款账户变更为基本存款账户时，按照基本户开户的手续办理；

②变更前后的账户性质，均不涉及核准类账户的，则可按照不涉及换开证明文件的信息变更手续处理，若变更后的账户性质需提供特定的证明文件，还应提供此证明文件。例如，变更为借款类一般存款账户的，还应提供借款合同；变更为专用存款账户的，还应提供国家法律、法规、规章及政府相关部门规定的需要专款专用的文件等。

（4）因客户申请使用支付密码或取消约定使用支付密码而仅变更账户支控方式的，客户无须单独提交资料，提交的资料同办理相关的支付密码业务。

2. 柜员发起变更

因银行内部人员操作失误，导致银行账户信息建立错误，需要变更为正确的信息时，应提交以下资料：

（1）更正后的账户资料（如因柜员开户资料扫描错误而导致开户错误的，应扫描正确的开户资料）。

（2）因前台柜员或中心人员操作失误的，可由前台柜员填写公司结算业务审批单，签字后交营业主管或支行长审核后签字，然后发起调整；也可由中心原经办结算处理员填写公司结算业务审批单，签字后交结算主管或主任审核后签字，签字后将审批单以传真等方式传递至网点，由网点发起调整。

2.4.3 业务处理流程

业务处理流程具体如图2-6和图2-7所示。

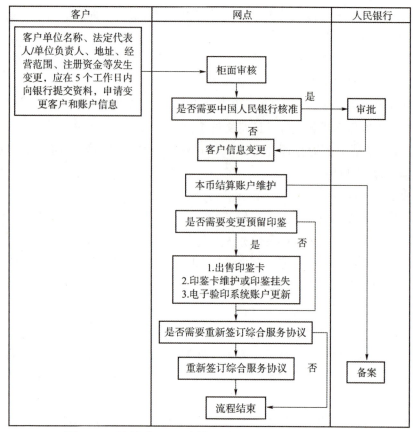

图 2-6　单位人民币结算账户信息变更流程（1）

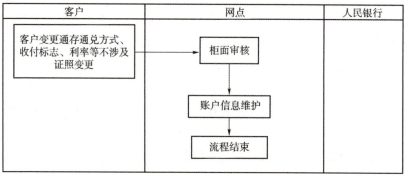

图 2-7　单位人民币结算账户信息变更流程（2）

2.4.4　风险提示

（1）对变更资料审核不严，出现客户提供虚假变更资料，将账户挪作他用的情况。

（2）账户信息变更手续应合规，所有客户签字环节必须由有权人签字，严禁出现银行人员代签的现象。

（3）未认真录入账户信息，导致信息填写不正确，影响客户账户的正常使用，给客户造成损失。

（4）账户的存款类别变更有误，导致账户科目核算错误，特别是财政、社保、同业和行内经费存款。

（5）账户的利率变更有误，导致客户账户计息不正确，影响客户利益和银行损益核算。

（6）核准类账户未严格执行中国人民银行报批程序，出现银行账户信息和中国人民银行信息不一致情况。

（7）变更完成后，所有归还给客户的单证或物品，均应登记"重要物品交接登记簿"，明确双方责任。

【学习测试】

河北启明房地产开发有限公司于 2004 年 8 月 4 日在河北省石家庄市成立，主要从事房地产开发销售，公司法定代表人为陈明建。2004 年 10 月 11 日该公司财务人员王芳携公司营业执照、法定代表人身份证等资料到 B 银行开立基本存款账户。2021 年 7 月 7 日，公司法定代表人和财务人员分别变更为陈兴宇和尤龙。

【学习评价】

1. 河北启明房地产开发有限公司变更的信息有：_____
_____
_____

2. 河北启明房地产开发有限公司财务人员应最晚于_____
向 B 银行提交资料，申请账户信息变更。

3. 企业变更取消许可前开立的基本存款账户、法定代表人等信息的，开户行应当：_____
_____
_____
_____

4. B 银行在为河北启明房地产开发有限公司变更账户信息后，应当于_____内通过账户管理系统向中国人民银行当地分支机构备案，并应_____
_____
_____
_____

5. 由于法定代表人发生变更，账户管理系统重新生成_____，B 银行应当打印基本存款账户信息并交付河北启明房地产开发有限公司。

6. 单位人民币结算账户信息变更，按发起人的不同，可以分为：_____
_____
_____

7. 客户申请账户信息变更的情形有：_____
_____
_____

【能力拓展】

2021年3月26日下午，某客户在中介工作人员的陪同下，到A银行S支行对公柜台办理对公账户法人变更。这本是一个非常普通的业务，但是由于该账户原先由中介代理开户，在前期的账户整治，上门尽调中可以联系到法人，但是公司大门关闭，无法进入拍摄。此次来办理变更，引起了经办人员和网点负责人的注意，立即咨询了市场部上门尽调人员。为了进一步确认信息，支行尽调人员，再次与公司法定代表人联系，了解到原来是法定代表人与股东有矛盾，股东拿着印章到银行变更法人。了解到实际情况后，本着为客户负责的态度，按照A银行规定，拒绝了客户的变更要求。

请问：这起账户信息变更案例给你带来的启示是什么？在处理账户信息变更业务时，我们需要注意什么？

子模块 5　撤销单位人民币结算账户

2.5.1　基本规定

（1）有下列情形之一的，存款人应向开户行提出撤销银行结算账户的申请：
①不再使用我行开立的结算账户；
②被撤并、解散、宣告破产或关闭的；
③注销、被吊销营业执照的；
④企业与我行约定的销户情形发生的；
⑤临时存款账户有效期届满不再展期的；
⑥因迁址需要变更开户行的；
⑦其他原因需要撤销银行结算账户的。

存款人有②、③情形的，应于 5 个工作日内向开户行提出撤销银行结算账户的申请。

开户行得知存款人有②～⑤项情形的，存款人超过规定期限未主动办理撤销银行结算账户手续的，开户行有权停止其银行结算账户的对外支付。

存款人因⑥、⑦项原因撤销基本存款账户后，需要重新开立基本存款账户的，应在撤销其原基本存款账户后 10 日内申请重新开立基本存款账户。

（2）境外机构有下列情形之一的，应及时办理销户手续：
①境外机构开户时所依据的法规制度或政府主管部门的批准文件设定有效期限，且有效期限届满的；
②政府主管部门禁止境外机构继续在境内从事相关活动的；
③按境外机构本国或本地区法规规定，境外机构主体资格已消亡的；
④其他应撤销银行结算账户的情形。

（3）核准类企业基本存款账户、临时存款账户必须先办理账号预销户，经中国人民银行核准或中国人民银行账户系统备案成功后再办理正式销户，其他备案类的账户可直接办理正式销户。

（4）存款人因被撤并、解散、宣告破产、关闭或注销、被吊销营业执照而撤销银行结算账户的，应先撤销一般存款账户、专用存款账户、临时存款账户，将账户资金转入基本存款账户后，方可办理基本存款账户的撤销。当基本存款账户最后撤销时，清户资金如无处划转，可以提取现金。

（5）未获得工商行政管理部门核准登记的单位，在验资期满后，应向开户行申请撤销注册验资临时存款账户，其账户资金应退还给原汇款人账户。注册验资资金以现金方式存入，出资人需提取现金的，应出具缴存现金时的现金缴款单原件及其有效身份证件。注册验资成功后开立基本存款账户的，临时存款账户资金应转入存款人的基本存款户。

（6）存款人撤销银行结算账户，开户行必须与其核对银行结算账户存款余额。存款人应交回各种空白票据及结算凭证、印鉴卡、密码单、UKEY 等重要物品。在撤销基本户时,还应交回开户许可证。存款人未按规定交回各种空白票据、结算凭证以及重要物品的,应由存款人出具有关证明,造成损失的,由其自行承担。开户行应将收回的各种空白票据及结算凭证与公司结算集中处理系统中已售未使用的凭证结余情况进行核对,核对无误后方可办理销户手续。

(7)存款人申请撤销银行结算账户时,应当按规定向银行提出申请,并出具相关证明材料。开户行应认真审核存款人提交的销户申请,经审核符合销户条件的,开户行应及时为存款人办理销户手续,不得拖延办理。

(8)核准类账户申请撤销的,开户行应将开户许可证及销户申请书送达中国人民银行当地分支行,并在人民币银行结算账户管理系统中录入申请撤销信息,经中国人民银行审核同意后办理核准类账户的撤销;备案类账户撤销之后,经办行应于2个工作日内通过账户管理系统向中国人民银行当地分支机构备案。企业撤销基本存款账户和临时存款账户信息的,还应于2个工作日内将账户撤销资料复印件或影像报送中国人民银行当地分支机构。

(9)存款人若有应付未付托(委)收款项或其他应收未收款项;未还清贷款、垫款和应收未收利息;未结清的电子汇划费、手续费;未结清的银行承兑汇票、信用证、保函、贴现、核销贷款及利息和其他待收贷款利息时,不允许销户。

2.5.2 销户须提交资料

1. 客户办理账户撤销

(1)单位应交回其留存的印鉴卡客户留存联(若原印鉴卡有客户留存联且该账户未与其他账户共用印鉴)、原开户申请书客户留存联、综合服务协议、开户许可证或基本存款账户编号。

若客户留存的印鉴卡客户留存联、原开户申请书、原综合服务协议丢失,应让客户提交其加盖公章的公函,表明如果因为丢失的凭证被盗用而发生资金风险或其他问题,责任由客户自负。

企业客户撤销取消许可前开立的基本存款账户、临时存款账户或非企业客户办理销户时,如果开户许可证丢失,那么开户许可证对应账户办理撤销的,客户应提交加盖公章的公函,表明如果因为丢失的凭证被盗用而发生资金风险或其他问题,责任由客户自负。其他情况客户均需先补办开户许可证,再办理账户撤销。

(2)单位应交回已购买未使用的重要空白票据和结算凭证;不能全部交回的,应出具单位申明,表明如果由于未交回的单证而造成资金损失,那么风险由客户自担,并在证明上加盖单位公章。

(3)法定代表人或单位负责人的身份证件。

(4)授权他人办理的,还应出具经办人身份证件及委托授权书。

(5)客户因被撤并、解散、宣告破产、关闭或注销、被吊销营业执照而撤销结算账户的,若在申请撤销前将已将单位公章和预留印鉴销毁,则以上须加盖单位公章的证明资料,均由法定代表人或单位负责人签字(下同),并且出具印章已预先销毁的声明(声明由法定代表人或单位负责人签字)和工商或其他行政机关出具的单位注销证明文件。

(6)对于验资类账户的销户,在存入验资资金前要求销户的,可凭股东决议办理销户手续。在验资期满前，如果该单位注册不成功，单位申请撤销注册验资临时存款账户的，应要求单位出具核发企业名称预先核准通知书的工商行政管理部门出具不予注册的证明，办理验资户销户手续。

客户无法出具不予注册的证明的，应于验资期满后为客户办理验资账户的销户，此时应收回原出具的验资证明或询证函，并由各出资股东出具验资不成功的证明，并签字或盖章确认。

（7）注册验资资金以现金方式存入，验资户销户时出资人需提取现金的，应出具缴存现金时的现金缴款单原件及其有效身份证件。

（8）因客户注销而撤销基本存款账户的，若提取现金，则应出具工商局的废业、注销等证明。

2. 银行主动办理账户撤销

因账户久悬、未年检或账户失效等原因，客户未在通知期限内来柜面办理账户撤销业务，银行在尽职通知的前提下可办理账户撤销（当地中国人民银行另有要求除外）。

2.5.3 业务处理流程

单位人民币结算账户撤销正常状态账户业务办理流程如图2-8所示。

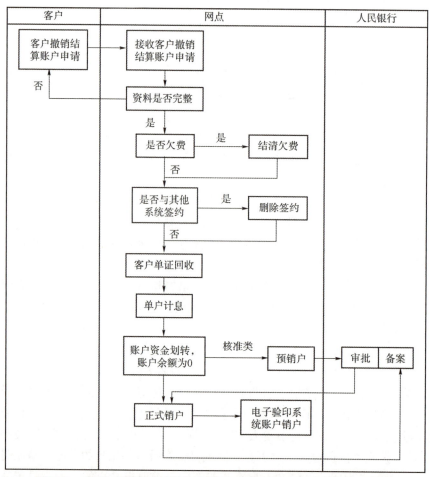

图2-8 单位人民币结算账户撤销正常状态账户业务办理流程

2.5.4 风险提示

（1）账户撤销时，应按规定将销户资金转出，避免出现资金转入的收款单位与销户单位或原出资人不一致的情况，易产生纠纷。

（2）销户时，重要物品回收不全，印鉴卡和未使用的空白凭证没有按规定进行作废处理，导致上述物品被盗用，出现资金风险。

（3）验资账户销户时，如果客户无法提交工商部门不予注册的证明，防止客户在验资成功的情况下抽逃注册资金。

（4）未核对余额就进行销户，产生客户纠纷。

💡【学习测试】

2021年4月12日武汉市光明材料有限公司财务人员持企业相关资料以及法人借记卡前来A行，要求注销该公司一般存款账户，并且保留一张账户中号码最小的转账支票，将销户金额全部转入法定代表人个人账户中（有实体卡）。

（1）法人代表相关信息如下：

姓名：秦安华；

身份证：420111××××××××2037；

联系方式：13649536412；

账号：621779000113404××××。

（2）财务人员相关信息如下：

姓名：陆辰星；

身份证：420111××××××××1366；

联系方式：136××××3206。

（3）一般户账号：82000000000859××××；

（4）客户剩余转账支票如下：

起始号码：41305220004142××；

终止号码：41305220004142××。

【学习评价】

1. 一般存款账户的主要用途是：＿＿

2. 根据以上信息，你认为武汉市光明材料有限公司销户的原因是：＿＿＿＿＿＿
＿＿＿＿＿＿＿＿＿＿＿＿＿＿＿＿＿＿＿＿＿＿＿＿＿＿＿＿＿＿＿＿＿＿＿＿＿＿＿

3. 一般存款账户的管理方式属于：＿＿＿＿＿＿＿＿＿＿＿＿＿＿＿＿＿＿＿＿
＿＿＿＿＿＿＿＿＿＿＿＿＿＿＿＿＿＿＿＿＿＿＿＿＿＿＿＿＿＿＿＿＿＿＿＿＿＿＿

4. 销户的前提条件是：＿＿＿＿＿＿＿＿＿＿＿＿＿＿＿＿＿＿＿＿＿＿＿＿＿＿
＿＿＿＿＿＿＿＿＿＿＿＿＿＿＿＿＿＿＿＿＿＿＿＿＿＿＿＿＿＿＿＿＿＿＿＿＿＿＿

5. 保留的转账支票的号码为：＿＿＿＿＿＿＿＿＿＿＿＿＿＿＿＿＿＿＿＿＿＿＿
＿＿＿＿＿＿＿＿＿＿＿＿＿＿＿＿＿＿＿＿＿＿＿＿＿＿＿＿＿＿＿＿＿＿＿＿＿＿＿

6. 除了保留的转账支票，客户还余＿＿＿＿＿＿张转账支票，对于剩余的转账支票，处理方式是：＿＿＿＿＿＿＿＿＿＿＿＿＿＿＿＿＿＿＿＿＿＿＿＿＿＿＿＿＿＿＿
＿＿＿＿＿＿＿＿＿＿＿＿＿＿＿＿＿＿＿＿＿＿＿＿＿＿＿＿＿＿＿＿＿＿＿＿＿＿＿

7. 销户金额转入的账号户名为：＿＿＿＿＿＿＿＿＿＿＿＿＿＿＿＿＿＿＿＿＿，
账号为：＿＿＿＿＿＿＿＿＿＿＿＿＿＿＿＿＿＿＿＿＿＿＿＿＿＿＿＿＿＿＿＿＿＿＿

8. 作为银行柜面人员，在处理销户业务过程中，需要注意的事项有：＿＿＿＿＿
＿＿＿＿＿＿＿＿＿＿＿＿＿＿＿＿＿＿＿＿＿＿＿＿＿＿＿＿＿＿＿＿＿＿＿＿＿＿＿

【能力拓展】

案例分析

2020年1月8日，客户邓某持本人身份证件和"广州××连锁店有限公司"向重庆市工商局出具的同意邓某在重庆市设立连锁专卖店的申请书，以及委托邓某全权申办独立法人的"××连锁店重庆市第一分店"的委托书等相关资料，向A银行申请开立了临时验资户。1月15日"广州××连锁店有限公司"以投资款名义电汇12.4万元到该临时验资户账上。在报工商部门审批执照期间，邓某以工商部门要求先成立专卖店才能成立公司为由，单独以"重庆九龙坡区××连锁店"的名义办理了个体营业执照，也在A银行开立了基本存款账户，要求A银行将上述临时验资户账上的款项划转到新开立的"重庆九龙坡区××连锁店"账户内，A银行随即以特种转账凭证将12.4万元进行了划转。同年2月，由于"××连锁店重庆市第一分店"未得到工商部门核准，"广州××连锁店有限公司"决定将原临时验资户的验资款划回本公司，但发现此款已被转移，邓某不知去向。于是以A银行"在未仔细审核取款人真实身份的情况下，将此款付给了不合法的取款人"为由向法院提起诉讼，要求A银行赔偿验资款12.4万元及利息。

问题：

（1）分析A银行在开户过程中存在的不当之处。

（2）在验资成功和验资不成功时银行应如何处理？

情景模拟

任务说明：

2020年3月3日，经财政局批准，贵州麒龙房地产开发集团有限公司财务人员携带相关资料到S行申请开立专户。2020年7月16日，该公司财务人员到S行购买转账支票一本。2020年9月15日，该公司工程项目结束，公司财务人员到S行对专户进行销户，销户资金转入基本户。

公司信息：

统一社会信用代码：91440606MA4UPE1G3W；

客户类型：有限责任公司；

行业分类：房地产业；

经营范围：房地产业、物流服务、金融产业；

办公地址（同注册地址）：贵阳市观山湖区北湉镇广教社区居民委员会广教路1号慧聪家电城四座1017；

法定代表人信息：

法定代表人：张京涛；

电话：187××××7268；

身份证号码：522321××××××××0816；

有效期期限：长期；

性别：男；

民族：汉；

发证机关：兴义市公安局；

地址：贵阳市观山湖区北湉镇广教社区居民委员会广教路1号慧聪家电城四座1017。

财务人员信息：

财务人员：张无瑕；

性别：女；

发证机关：贵阳市公安局白云分局；

身份证：520105××××××××2014；

电话：137××××4219。

凭证种类：转账支票

起始号码：31405220003535××；

终止号码：31405220003535××；

已使用16张。

请同学们根据以上信息情景模拟单位活期开销户的业务处理流程，并指出相应环节的风险点。

请把"分模块二"的主要内容在本页通过思维导图的形式呈现出来。

分模块三　其他单位账户管理

【分模块概述】

分模块三主要介绍单位人民币定期存款账户管理、单位人民币通知存款账户管理、单位协定存款账户管理和单位保证金账户管理，通过该模块的学习，熟悉单位人民币定期存款、单位人民币通知存款、单位协定存款和单位保证金存款等账户管理基本规定，能够根据客户需求依规进行相应的业务处理，具备严守秘密的银行从业人员职业操守和行为守法、业务合规、履职遵纪的行业规范，树立维护国家金融安全、保护客户合法权益的良好品质。

【分模块目标】

知识目标：熟悉单位人民币定期存款、单位人民币通知存款、单位协定存款、单位保证金存款等账户管理基本规定。

技能目标：能够依规进行单位人民币定期存款、单位人民币通知存款、单位协定存款、单位保证金存款等业务的处理。

素质目标：树立维护国家金融安全、保护客户合法权益的良好品质；
　　　　　具备严守秘密的银行从业人员职业操守；
　　　　　具备行为守法、业务合规、履职遵纪的行业规范。

【知识地图】

模块二　账户和存款 → 分模块三　其他单位账户管理
- 子模块1　管理单位人民币定期存款账户
- 子模块2　管理单位人民币通知存款账户
- 子模块3　管理单位保证金账户
- 子模块4　管理单位协定存款账户

子模块 1　管理单位人民币定期存款账户

【知识准备】

3.1.1　基本规定

单位人民币定期存款账户（简称本币定期存款账户）是指存款人将一段时期内闲置的人民币资金按约定的存期和利率存入银行，存款到期后支取本息的一种存款账户。

本币定期存款的期限分 3 个月、半年、1 年、2 年、3 年、5 年，同业存款可根据协议约定指定存期。起存金额 1 万元，多存不限。

本币定期存款利率的执行：本币定期存款的基准利率由中国人民银行制定，各金融机构实施。中国人民银行规定各金融机构执行存款利率时可在一定范围内浮动的，由总行确定各档期的执行利率，并对外公布。

财政拨款、预算内资金及银行贷款不得作为本币定期存款存入金融机构。中央预算单位财政拨款、预算收入汇缴专用存款账户以外的资金，转为定期存款的，须在原资金账户开户行办理，同时报中央财政部门备案。

客户办理本币定期存款业务时，可约定是否转存。不转存是指定期存款到期后，不再续存为定期存款，支取时逾期部分按支取日挂牌公告的活期存款利率计付利息。转存是指定期存款到期后，自动按照原存期和到期日的利率办理续存。约定转存的，在存入时可约定转存次数；未约定转存次数的，默认按最大转存次数进行转存。

本币定期存款的转存方式包括本金转存和本息转存。本金转存是指定期存款到期后，以到期的本金存入定期，转存后的利率按转存日的挂牌公告利率执行，原账户为浮动利率或议价利率的则按照原浮动率/浮动点数或议价利率执行，存期不变，利息转入存款人开户时预留的指定结算账户。本息转存是指定期存款到期后，以到期的本金和利息之和存入定期，转存后的利率按转存日的挂牌公告利率执行，原账户为浮动利率或议价利率的则按照原浮动率/浮动点数或议价利率执行，存期不变。

本币定期存款可以全部或部分提前支取，可以提前支取一次，利随本清。全部提前支取的，按支取日挂牌公告的活期存款利率计息；部分提前支取的，提前支取的部分按支取日挂牌公告的活期存款利率计息，其余部分如不低于起存金额按原存期开具新的存款证实书，并按原存款开户日挂牌公告的同档次定期存款利率计息；不足起存金额则需提前给存款人以提示，应予以清户。

存款单位不得将定期存款账户用于结算或从定期存款账户中提取现金。

3.1.2　以××银行为例

1. 相关规定

本币定期存款采用一本通形式管理。一本通是指存款人在本行办理的所有本外币定期存款、通知存款等可共用一个一本通主账户，其开立的每一笔定期存款和通知存款在主账户下按子账户分别管理。一本通业务不使用存折，开立单位本币定期存款须逐笔开具存款证实书。

存款人开立一本通主账户须提交开户申请书、营业执照等证明文件的正本或副本（统一社会信用代码）、委托授权书（非法定代表人或单位负责人办理时须提供）、单位法人（负责人）及经办人员的身份证等开户资料。

存款人在本行办理本币定期存款存入时，原则上应先在本行开立人民币单位结算账户。对于确实未能在本行开立结算账户的，可以从存款人在他行开立的结算账户中转账存入定期。

定期存款存入后，开户行应给存款单位开出存款证实书。存款证实书仅对存款单位开户证实，不得作为质押的权利凭证。存款单位如需办理质押贷款，可向开户行申请换开定期存单。对于办理了自动支取的本币定期存款，到期日系统自动支取至客户指定账号，存款证实书在支取日自动作废。

存款人支取定期存款时，须向开户行出具存款证实书并提供预留印鉴及经办人员身份证件，若办理提前支取，还需提供法定代表人或单位负责人身份证件原件及单位公函，公函中应至少列明提前支取原因及经办人身份信息。支取完成后，开户行应收回存款证实书。

约转的本币定期存款在到期日日终自动转存，存款人未到转存日办理支取的视同提前支取，提前支取部分按支取日挂牌公告的活期存款利率计付利息。约转次数完成后的定期存款到期将不再约转，约转次数完成后逾期支取的，逾期部分按支取日挂牌公告的活期存款利率计付利息。

定期存款支取时，存款人可将本金和利息转入同一账户，也可将本金和利息分别转入不同的账户。

定期账户支取时，原则上只能转回存入时的付款账户，若原付款账户已撤销或账户状态不正常无法办理入账，则按以下情况处理：存款人已在本行开立其他结算账户的，可转入本行结算账户，财政部门另有规定的除外；存款人未在本行开立结算账户的，原则上应转账至存款人在他行开立的一本通主账户或结算账户，确有其他需要的，可由客户出具付款证明或有关文件转入其指定账户。如果存款人已经变更单位名称，客户须提供变更账户信息和变更预留印鉴的资料，将本行定期账户的名称变更后方可办理支取手续。

境外机构在本行开立定期银行账户的须先在本行开立境外机构人民币结算账户。境外机构的定期账户在存入或者支取定期时，不得将人民币转换为外币，或将资金用于结算。

2. 开立一本通主账户须提交材料

（1）若客户未在本行开立结算账户，应提供以下资料：
①营业执照等证明文件；
②基本户开户许可证或基本存款账户编号；
③法定代表人或单位负责人的身份证件；
④授权他人办理的，还应出具经办人身份证件及委托授权书；
⑤未在本行开立同业银行结算账户的银行业金融机构，在本行开立定期一本通账户时，应比照结算账户的标准处理。

(2)若客户已在本行开立结算账户,则提供以下资料:
①营业执照等证明文件;
②法定代表人或单位负责人的身份证件;
③授权他人办理的,还应出具经办人身份证件及委托授权书。

3.1.3 业务处理流程

单位人民币定期存款账户管理包括一本通主账户开立、一本通主账户变更、定期存入、定期支取、定期子账户变更、一本通主账户撤销,均采用前台受理后台处理模式,其开立、变更、撤销业务处理流程具体如图3-1所示。

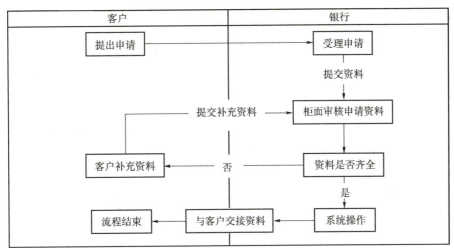

图3-1 单位人民币定期存款账户开立、变更、撤销业务处理流程

3.1.4 风险提示

(1)对开户资料审核不严而形成违规开户风险。
(2)未认真录入账户信息,特别是变更时的利息入账账号、本息入账账号等信息,将引发资金风险。
(3)未按要求建立定期账户的预留印鉴档案,引发定期账户被冒领等资金风险。
(4)对定期存款的利息和期限应进行严格审批。
(5)对客户提交的支票等付款凭证进行审核验印,确保款项收妥后,给客户办理定期存款存入。
(6)未检查出印鉴不符而支付款项,形成资金损失。确认对付款凭证验印准确,保证银行资金安全。

【学习测试】

1. 某事业单位的出纳人员持单位介绍信带财政性存款 30 万元来银行办理定期存款，银行经办人员审查了介绍信后，即给该企业开具了单位定期存款证实书。在此存款到期后，银行经办人员按照出纳人员的要求将款项转入了另外一家单位。请分析银行经办人员的操作手续是否正确？如不正确，请指出都违反了哪些规定？

2. 单位定期存款的起存金额是多少？

3. 不能作为定期存款存入金融机构的有哪些？

4. 单位定期存款可以提前支取吗？如果提前支取，有什么说法？

5. 单位定期存款可以用于结算或从定期存款账户中提取现金吗？

6. 开立单位定期存款账户的前提条件是什么？

【学习评价】

1. 银行经办人员的操作手续是否正确：_____
原因在于：_____
_____
_____
_____

2. 单位定期存款的起存金额是：_____
_____
_____

3. 不能作为定期存款存入金融机构的有：_____
_____
_____

4. 单位定期存款_____提前支取，关于提前支取的说法有：_____
_____
_____
_____
_____

5. 单位定期存款_____用于结算或从定期存款账户中提取现金。

6. 开立单位定期存款账户的前提条件是：_____
_____
_____
_____
_____

【能力拓展】

1. 比较单位定期存款与个人定期存款，说明其区别。

2. 设定条件，分小组情景模拟单位人民币定期存款账户的开销户、提前支取，其他小组挑错并指出可能存在的风险点。

子模块 2　管理单位人民币通知存款账户

【知识准备】

3.2.1　基本规定

单位人民币通知存款账户（简称本币通知存款账户）是指存款人在存入款项时不约定存期，支取时需提前通知金融机构，约定支取存款日期和金额方能支取的存款账户。

本币通知存款采用记名存款凭证形式。存单或存款凭证须注明"通知存款"字样。

本币通知存款不论实际存期多长，按通知期限长短划分为 1 天通知存款和 7 天通知存款两个品种。

本币通知存款的最低起存金额为 50 万元，最低支取金额为 10 万元。存款人须一次性存入，可以一次或分次支取。

存款人办理本币通知存款业务时，可约定通知支取方式，包括约定通知和约定转存。

约定通知是指存款人办理支取时应提前通知开户行，1 天通知存款必须提前一天通知约定支取存款，7 天通知存款必须提前 7 天通知约定支取存款。存款人提前通知开户行的具体方式由开户行与存款人自行约定。

约定转存是指本币通知存款在存入时可以按照客户的需求约定转存，1 天通知约转的以 1 天为存期每天约转 1 次，7 天通知约转的以 7 天为存期每 7 天约转 1 次。约转时按照约转日当日的通知存款牌价利率计算利息。已经办理约转的通知存款，无须再办理提前通知。

约定转存的通知存款，其约定转存方式包括本金转存和本息转存。

本金转存是指在转存日日终自动将利息转入存款人办理存入时指定的活期结算账户，本金作为下一存期的本金。

本息转存是指在转存日日终自动将利息和本金之和作为下一存期的本金继续转存。

只有非约定转存的通知存款才须办理通知存款通知，约定转存的通知存款无须办理通知存款通知。

本币通知存款可以办理全部或部分提前支取。部分提前支取时，留存部分金额高于最低起存金额的，需重新开立存款证实书，从原开户日计算存期；留存部分额低于起存金额的应予以销户，按销户日挂牌公告的活期存款利率计息。

3.2.2　以××银行为例

本币通知存款采用一本通形式管理。

存款人在本行办理本币通知存款存入时，原则上应先在本行开立人民币单位结算账户。

存款人办理通知存款存入时，存款人应正确填写存入申请书，存款人自由选择通知存款品种（1 天通知存款或 7 天通知存款）、约定通知支取方式和约定转存方式。存入完毕后，开户行应给存款单位开出存款证实书。存款证实书仅对存款单位开户证实，不得作为质押的权利证明。通知存款的存单或存款证实书上不注明存期和利率，开户行按支取日挂牌公告的相应利率水平和实际存期计息，利随本清。

存款人支取通知存款时，须向开户行出具存款证实书并提供预留印鉴及经办人员身份证件，若办理提前支取，还需提供法定代表人或单位负责人身份证件原件及单位公函，公函中应至少列明提前支取原因及经办人身份信息。支取完成后，开户行应收回存款证实书。

本币通知存款利率的执行参照本币定期存款账户。

约定通知的本币通知存款如遇以下情况，按活期存款利率计息：

（1）实际存期不足通知期限的，按活期存款利率计息。

（2）未提前通知而支取的，支取部分按活期存款利率计息，计算活期的存期按照存入日至支取日（不包括支取当天）的天数计算。

（3）已办理通知手续而提前支取或逾期支取的，视同未办理通知手续，支取部分按活期存款利率计息，计算活期的存期按照存入日至支取日（不包括支取当天）的天数计算。

（4）支取超过约定金额的，超过部分按活期存款利率计息，通知部分的支取仍按照支取日挂牌通知存款利率计息。

（5）支取金额不足约定支取金额，支取部分按照支取日挂牌通知存款利率计息，约定而未支取的部分视同未通知，不影响后期正常通知支取及计算利息。

（6）支取金额不足最低支取金额的，支取部分按活期存款利率计息。

已通知未支取，视同未通知；已通知又取消通知的，视同未通知。

约定通知的通知存款到期支取日如遇节假日，则存款人可在到期支取日的前一个工作日或下一个工作日办理支取，不算提前支取或逾期支取；节假日之后的第一个工作日不支取，视同已通知未支取处理。

约定转存的通知存款未到转存日支取的计息方式同本币定期存款。

3.2.3　业务处理流程

业务处理流程同单位人民币定期存款。

3.2.4　风险提示

同单位人民币定期存款。

【学习测试】

1. 某单位 2019 年 2 月 1 日在银行存入通知存款（7 天）一笔，金额 90 万元，5 月 10 日企业通知银行要提前支取 50 万元，5 月 17 日，客户到银行办理提取 51 万元，余下的款项继续按通知存款续存。银行经办员受理了该笔业务，提取款项全部按通知存款利率计付了利息。该行上述做法是否违规，为什么？

2. 单位通知存款的最低起存金额和最低支取金额分别为多少？

3. 单位通知存款有几个品种？分别是什么？

4. 约定通知的本币通知存款，哪些情况下按活期存款利率计息？

【学习评价】

1. 该行的做法：_____，原因在于：_____
_____
_____

2. 单位通知存款最低起存金额为：_____
_____
_____

单位通知存款最低支取金额为：_____
_____
_____

3. 单位通知存款有_____个品种，分别为：_____
_____
_____

4. 约定通知的本币通知存款，按活期存款利率计息的情况如下：_____
_____
_____
_____
_____
_____

【能力拓展】

1. 比较单位通知存款和个人通知存款，说明其区别。

2. 设定条件，分小组编写单位人民币通知存款账户开户、提前支取的剧本，各小组互评并指出剧本中潜藏的风险。

子模块 3　管理单位保证金账户

【知识准备】

3.3.1　基本规定

　　单位保证金账户是指客户因在本行办理票据承兑、信用证、保函、信贷等授信业务，在本行开立的，用于存入和支取保证资金，以保障银行权益的账户。

　　单位人民币保证金账户不作为结算账户管理，无须报中国人民银行核准和备案，外汇保证金子账户的开立、变更和销户信息由总行向外汇局进行报送。各级机构不得向保证金账户出售印鉴卡办理印鉴建档、支付结算凭证办理结算业务，不得利用保证金账户为企业逃避债务，客户不得自行支用保证金资金。当地中国人民银行对保证金账户有特殊规定的，从其规定。

　　保证金账户结息时，利息应转入客户的活期结算账户，不得转入保证金账户。

3.3.2　以××银行为例

　　××银行单位保证金账户采用一本通形式管理。同一个客户的所有保证金账户可共用一个保证金主账户，每一笔本外币活期保证金或定期保证金在主账户下按子账户分别管理。每笔业务需开立一个保证金子账户，子账户不可串用。

　　保证金子账户包括活期保证金和定期保证金两种。活期保证金和定期保证金的计息方式同活期结算账户和定期账户。保证金账户结息时，利息应转入客户的活期结算账户，不得转入保证金账户。

　　客户在本行办理保证金业务时，必须在本行开立有本外币单位结算账户。

　　单位保证金账户主要包括主账户开立、子账户开立、主账户信息变更、子账户信息变更、保证金追加、保证金扣划、保证金到期退回、子账户销户、主账户销户九类业务。

　　主账户开立是指业务部门在本行首次办理保证金业务时，应在本行开立保证金主账户，统一管理该客户所有的保证金资金。

　　子账户开立是指业务部门在本行办理某笔授信业务时，针对该业务在保证金主账户下开立子账户，用于存入和支取该笔业务的保证金资金。

　　主账户信息变更是指业务部门因客户名称变更等原因申请变更主账户相关信息。

　　子账户信息变更是指业务部门申请变更保证金退回账户等与子账户相关的账户信息。

　　保证金追加是因贷款金额增加等原因，由业务部门申请，在该笔业务对应的保证金子账户下追加资金。

　　保证金扣划是指因客户违约等原因，由业务部门申请，将某笔业务对应的保证金子账户下的资金进行扣划。

　　保证金到期退回是指票据、贷款等业务到期后，将该笔业务对应的保证金子账户中剩余保证金退还客户。

子账户销户是指子账户对应的业务到期结清后，由行内业务系统自动撤销该账户。

主账户销户是指由业务部门申请，撤销客户保证金主账户。

保证金一本通主账户开立和撤销必须由前台柜员在公司结算集中处理系统中办理，保证子账户开立、保证金追加、保证金扣划、保证金退回、保证子账户销户可以由前台柜员在公司结算集中处理系统中办理，也可以由业务部门直接在商业票据、公司信贷和国际结算等系统发起办理。

保证金子账户发起开立的系统，为拥有该保证金子账户使用权的系统，使用权可以转让，但必须由当前拥有使用权的系统发起转让至其他系统。只有拥有该账户使用权的系统，才允许发起对该保证金子账户的追加、扣划、退回和销户。

保证金主账户开立时，由首次办理保证金业务的业务部门填写开户通知书，并由业务部门负责人在审核意见栏签字，同时应提交业务部门经办人员身份证件原件。保证金主账户户名统一为客户名称 + "××银行保证金账户"字样。主账户开立同时开立子账户的，可只填写一份开户通知书。

保证金子账户的开立可以由营业机构前台办理，也可以由业务部门直接在商业票据、公司信贷和国际结算等系统发起开立。若在营业机构前台办理，由办理该笔保证金业务的业务部门填写开户通知书或商业汇票承兑业务保证金缴存 / 追加通知单等保证金对应业务规定的单据，并由业务部门负责人在审核意见栏签字，同时应提交业务部门经办人员身份证件原件。保证金子账户可以零金额开立，也可在开立的同时办理首次转入，同时办理存入的，业务部门还须提交客户填写的付款凭证。保证金子账户户名可与主账户户名不一致，但户名中应至少含有客户名称和"保证金账户"字样。

子账户开立时，可约定保证金到期退回账户和保证金结息后的利息入账账户，两个账户原则上应为同一账户，且必须为客户在本行开立的活期结算账户。

因客户名称变更而需变更保证金主账户户名时，由本行系统日终发起自动变更。若日间急需变更保证金主账户户名，则由发起变更的业务部门填写变更通知书，并由业务部门负责人在审核意见栏签字，同时应提交业务部门经办人员身份证件原件。

保证金子账户变更时，由该笔子账户的经办业务部门填写变更通知书，并由业务部门负责人在审核意见栏签字，同时应提交业务部门经办人员身份证件原件。

保证金追加可以由营业机构前台办理，也可以由业务部门直接在商业票据、公司信贷和国际结算等系统发起追加。若在营业机构前台办理，业务部门须填写追加通知书，并由业务部门负责人在申请意见栏签字，与客户填写的付款凭证一并提交至子账户开户行办理。

结算账户向保证金子账户转入资金时，付款的结算账户必须和保账金主账户所属同一客户编号。系统将自动止付存入的金额，已存入的资金除保证金扣划和到期退回以外，不得转出。

保证金扣划和退回可以由营业机构前台办理，也可以由业务部门直接在商业票据、公司信贷和国际结算等系统发起扣划或退回。若在营业机构前台办理，业务部门须填写退回 / 扣款通知书，并由业务部门负责人在申请意见栏签字，与经办人员身份证件等资料提交至子账户开户行办理。

保证金主账户销户时,由发起撤销的业务部门填写销户通知书,并由业务部门负责人在审核意见栏签字,同时应提交业务部门经办人员身份证件原件。主账户销户时,必须确保所有子账户已经销户。

办理保证金业务必须根据相关业务部门审核签字的申请书进行处理,严禁在未接到相关部门通知前擅自办理业务。

活期保证金和定期保证金追加、扣划及退回的次数不限。定期存款多次追加后,若发生扣划,则按"先进先出"原则先扣划第一次存入的资金,第一次存入资金不足扣划的,再扣划第二次追加的资金,依次类推。保证金退回遵循同一规则。

3.3.3 业务处理流程

单位保证金账户管理包括保证金一本通主账户开立、保证金子账户开立、保证金一本通主账户变更、保证金子账户变更、保证金子账户销户、保证金一本通主账户销户、保证金追加、保证金扣划、保证金退回,采用前台受理后台处理模式,业务处理流程具体如图3-2所示。

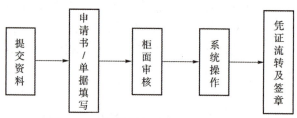

图3-2 单位保证金业务处理流程

3.3.4 风险提示

(1)保证金账户开、销户、存取等业务均需根据业务部门审核通知办理,严禁未经业务部门审批,根据客户要求直接办理保证金账户的扣划、退回等业务。

(2)人民币保证金账户无须向中国人民银行报备报批,外汇保证金须由总行向外汇局进行信息报送。

(3)严禁向保证金账户出售印鉴卡和结算凭证。

【学习测试】

1. 2021年5月15日，A行从长沙策新电子设备有限责任公司采购一批设备，为保证设备质量，现需该公司开立活期保证金账户作为担保。该公司财务人员王新携带营业执照到柜台办理活期保证金开户业务，双方协定利率按2%计算，利息转入该公司在A行开立的基本账户。同时该公司财务人员由于业务需要，欲购买一本转账支票，费用从公司基本账户上扣除。相关信息如下：

企业营业执照号：91320594088140947F；
基本户账号：82000000002405××××；
转账支票起始号码：3140522000511501；
转账支票收费标准：工本费0.4元/张，手续费1元/张。

【学习评价】

1. 开立单位保证金账户的情况有：_____
_____
此任务里是基于_____开立保证金账户，保证金账户类型属于_____，利息入账的账户为：_____
开立的单位保证金账户可以作为日常结算户使用吗？_____
_____
长沙策新电子设备有限责任公司在A行开立的账户有：_____
_____
客户在某行办理保证金业务时，是否需要在该行开立本外币单位结算账户呢？____
_____
A行是否可以要求长沙策新电子设备有限责任公司追加保证金？_____
_____
追加保证金有次数限制吗？_____
_____
A行采购的设备通过验收，现办理保证金退回，退回时可以直接退现金吗？_____
_____
可以退到哪？_____
_____
长沙策新电子设备有限责任公司购买的一本转账支票有多少张？_____
_____
最后一张转账支票的号码为：_____
购买转账支票的费用共计为：_____
_____

【能力拓展】

案例分析

1. 2011年，建材公司向郑某借款8 000万元，同时建材公司与银行签订汇票承兑合同，建材公司依约向设在银行的保证金账户缴存4 000万元保证金，银行开具出票人为建材公司、收款人为物资公司、付款人为银行的8 000万元承兑汇票，银行在出票同时即通过加盖承兑专用章形式承诺到期承兑。2012年，因建材公司到期未偿还借款4 000万元，郑某起诉并申请财产保全，法院裁定冻结建材公司上述账户保证金4 000万元。银行提执行异议，请求解除冻结措施，被驳回。2013年，银行另向法院提执行异议之诉。

法院认为：①金钱作为一种特殊动产，具备一定形式要件后，可用于质押。银行与建材公司所签汇票承兑合同具备质押合同一般要件，符合最高人民法院《关于适用〈担保法〉若干问题的解释》第85条规定关于金钱质押的规定。②案涉资金已通过存入保证金专用账户形式予以特定化。保证金特定化实质意义在于使特定数额金钱从出质人财产中划分出来，成为一种独立存在，使其不与出质人其他财产相混同，同时使转移占有后的金钱亦能独立于质权人财产，避免特定数额金钱因占有即所有的特征混同于质权人和出质人一般财产中。具体到保证金账户特定化，即要求该账户区别于出质人的一般结算账户，使该账户资金独立于出质人的其他财产。本案中，双方当事人依约开立了保证金专用账户，用途均与保证金有关，不同于建材公司在银行开立的一般结算账户。建材公司依约定额度比例向该账户缴存保证金，银行向建材公司出具了"保证金冻结通知书"，对保证金账户进行了冻结，故本案符合金钱以保证金形式特定化的要求。银行能对案涉保证金专用账户进行实际控制和管理，实现了移交占有，故应认定本案金钱质押已设立，银行对案涉保证金享有质权。③银行在履行案涉承兑汇票付款义务后，对建材公司享有垫款之债权，即汇票承兑合同约定的担保之债已发生，为实现该债权，银行有权就保证金主张优先受偿并足以排除郑某与建材公司借款案的强制执行，故裁定案涉保证金4 000万元不得执行，银行对该保证金享有质权，并可优先受偿。

请总结一下此案例所涉及的实务要点。

2. 2021年5月17日,中国银行保险监督管理委员会依据《中华人民共和国银行业监督管理法》第二十一条、第四十八条和相关审慎经营规则,对时任渤海银行股份有限公司成都分行副行长郭宏伟做出银保监决定〔2021〕14号行政处罚决定:警告并处罚款5万元,其案由为:对渤海银行股份有限公司成都分行承兑汇票保证金管理不规范行为负有责任。

通过此行政处罚,你得到的启示是什么?

子模块 4 管理单位协定存款账户

【知识准备】

3.4.1 基本规定

单位协定存款是指单位与银行签订协定存款合同，共同遵守约定的存款期限，并按约定在结算账户保留基本存款额度的存款，对超过基本额度的存款按银行协定存款利率给付利息的人民币存款业务。

办理协定存款的单位，须向所在地经办行提出申请，双方签订合同。合同应由存款人的法定代表人或授权代理人与银行经办网点负责人共同签订。

合同的有效期按月计算，最长不超过 12 个月。合同期满，如双方均未书面提出终止或修改合同，即视为自动延期，只能延期一次。延期一次后如需续约，双方须重新签订协定存款合同。

合同期满，存款人需要取消协定，必须于合同到期日 10 天前向经办行提出书面取消设定通知，并于到期日办理取消协定存款手续。经办行将协定存款账户的协定部分存款本息结清后，全部转入单位结算账户的活期部分，同时取消协定存款账户的设定。

合同期内，存款人原则上不得要求销户，如遇到特殊情况，须向经办行提交书面取消设定申请书，经办行在收到申请后 5 个工作日内答复，经审核批准后，按前条规定办理取消手续。

单位协定存款的产品信息，包括基本存款额度、利息计算规则等以产品部门发布的产品说明书或产品合同为准。

经办行不得违规办理协定存款业务，否则取消其办理协定存款业务资格。

3.4.2 以××银行为例

单位协定存款是指可以开立基本存款账户、一般存款账户或专用存款账户的中华人民共和国境内的法人及其他组织（简称单位）与××银行签订"××银行人民币单位协定存款合同"（简称合同），共同遵守约定的存款期限，并按约定在结算账户保留基本存款额度，对超过基本额度的存款按本行协定存款利率给付利息的人民币存款业务。

只有在××银行开立基本存款账户、一般存款账户或专用存款账户（包括财政专用存款账户）的存款人才能申请办理协定存款业务。

办理协定存款的单位，须向所在地经办行提出申请，双方签订合同。合同应由存款单位的法定代表人或授权代理人与××银行经办网点负责人共同签订。

合同的双方当事人以存款单位协定存款账户所对应的基本存款账户、一般存款账户或专用存款账户的余额作为基本存款额度，以万元为单位，但基本存款额度不得低于 10 万元。

协定存款的协议编号由一级支行进行编码管理,公司结算集中处理系统仅对协议编号登记,系统内不得重复。

协定存款设定和修改只能在结算账户开户行办理。

合同的有效期按月计算,最长不超过 12 个月。合同期满,如双方均未书面提出终止或修改合同,即视为自动延期,只能延期一次。延期一次后如需续约,双方须重新签订协定存款合同。经办机构在开户时一定要按照合同要求选择"自动延期标志",一旦选择"不延期",则系统在协定期限要期日自动清户,客户若需延期则必须重新签订合同。

合同期内,存款单位原则上不得要求销户,如遇到特殊情况,须向经办行提交书面提前取消设定申请书,经办行在收到申请后 5 个工作日内答复。经办行审核批准后,按前条规定办理取消手续。开户单位在合同到期前销户,视为开户单位违约,自上一个结息日到提前销户日之间的协定存款积数以销户当日的活期存款利率计息。

协定存款计息说明:协定存款账户计息时,分为活期部分利息积数和协定部分利息积数。公司结算集中处理系统每日登记活期利息积数和协定利息积数及各自对应的利率。协定存款根据合同约定的计算方式按季结息。季度结息时,系统根据活期和协定部分的积数和利率,计算利息并入账。如遇利率调整,活期和协定利率均分段计息。在协定期内取消设定或销户的,季度结息时,上一结息日至取消设定日或销户日期间均按活期利率计息。

合同期满,存款人需要取消协定,必须于合同到期日 10 天前向经办行提出书面取消设定通知,并于到期日办理取消协定存款手续。经办行将协定存款账户的协定部分存款本息结清后,全部转入单位结算账户的活期部分,同时取消协定存款账户的设定。

3.4.3 业务处理流程

单位协定存款账户管理包括协定存款设定、协定存款修改、协定存款取消,具体业务处理流程如图 3-3 所示。

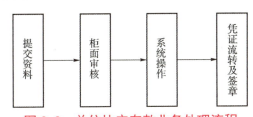

图 3-3 单位协定存款业务处理流程

3.4.4 风险提示

(1)认真核对《协定存款合同》客户加盖的印章,银行有权人签字及印章的真实有效性。

(2)协议存款合同起存金额和利率不符合规定,增加银行付息成本。

【学习测试】

河北裕兴广告有限公司是一个商业客户，注册资金3 000万元，联系人张华，联系人手机号码151××××5166，法定代表人手机号码136××××6599，公司财务人员携带相关证件到G行开立商业存款活期基本户一个，开户存入现金350 000元。河北裕兴广告有限公司财务人员与G行商定设置协定存款账户，协定利率2.25%，金额150 000元，期限6个月。

【学习评价】

开立单位协定存款的前提条件是：_____
_____

单位协定存款的特点是：_____
_____

河北裕兴广告有限公司开立的协定存款账户期限为：_____，协定存款账户期限最长可达到：_____
_____

河北裕兴广告有限公司协定存款账户的基本存款额度为：_____
_____
_____
_____

合同期内，河北裕兴广告有限公司可以申请销户吗？_____
_____
_____
_____

合同期满，河北裕兴广告有限公司的协定存款合同可以申请延期吗？_____
_____
_____
_____

合同期满，河北裕兴广告有限公司要想取消协定，必须：_____
_____
_____
_____

【能力拓展】

1. 登录国有六大行网站,了解其单位协定存款的相关规定并进行对比分析。

2. 登录国有六大行网站,了解其单位大额存单的相关规定并进行比较。

请把分模块三的主要内容在本页通过思维导图的形式呈现出来。

分模块四　单位账户其他业务管理

【分模块概述】

分模块四主要介绍协助查询、冻结、扣划、存款证实书/定期存单管理、久悬户管理、账户年检管理、客户单证出售、客户单证回收/回购、单户结息、账户止付/解止付、单位存款证明、单位验资证明、临时户展期、外系统签约管理、对公账户短信通知服务、客户对账服务、客户同城特约维护等单位账户其他业务管理。通过该模块的学习，熟悉单位账户其他业务管理的基本规定，能够依法合规进行相应的业务处理。

【分模块目标】

知识目标：掌握协助查询、冻结、扣划的基本规定；熟悉存款证实书/定期存单管理、久悬户管理、账户年检管理等的基本规定；了解客户单证出售、客户单证回收/回购、账户止付/解止付、单户结息、单位存款证明、单位验资证明、临时户展期、外系统签约管理、对公账户短信通知服务、客户对账服务、客户同城特约维护等的基本规定。

技能目标：能够依法合规进行单位账户其他业务管理的处理。

素质目标：树立维护国家金融安全、保护客户合法权益的良好品质；
　　　　　具备严守秘密的银行从业人员职业操守；
　　　　　具备行为守法、业务合规、履职遵纪的行业规范。

【知识地图】

模块二　账户和存款 → 分模块四　单位账户其他业务管理
- 子模块1　协助查询、冻结、扣划单位存款
- 子模块2　熟知存款证实书/定期存单管理
- 子模块3　熟知久悬户管理
- 子模块4　熟知账户年检管理
- 子模块5　了解其他业务管理规定

子模块 1　协助查询、冻结、扣划单位存款

【知识准备】

4.1.1　基本规定

协助查询是指金融机构依照有关法律或行政法规的规定以及有权机关查询的要求，将单位存款的金额、币种以及其他存款信息告知有权机关的行为。

协助冻结是指金融机构依照法律的规定以及有权机关冻结的要求在一定时期内禁止单位提取其存款账户内的全部或部分存款的行为。

冻结包括账户冻结、部分冻结、单向冻结和轮候冻结。账户冻结后该账户不能进行存、取款交易，即失去支付结算功能。部分冻结后该账户可以存入、支取账户可用金额。单向冻结后账户只可以存入，不可以支取。其中部分冻结可冻结大于当前可用余额的资金，冻结后账户若有资金转入则对其自动冻结，直至达到冻结金额。轮候冻结指对其他有权机关已经冻结的账户，有权机关可以轮候冻结，前一冻结一经解除，登记在先的轮候冻结即自动生效。冻结期限届满前办理续冻的，优先于轮候冻结。

协助扣划是指金融机构依照法律的规定以及有权机关扣划的要求，将单位账户内的全部或部分存款资金划拨到指定账户上的行为。

扣划包括冻结扣划和直接扣划。冻结扣划是指扣划账户冻结部分的资金；直接扣划是指扣划账户冻结/止付以外的可用资金。

协助查询、冻结和扣划工作应当遵循依法合规、不损害客户合法权益的原则。

银行在办理协助查询业务时，应核实执法人员的工作证件及有权机关县团级以上（含）机构签发的协助查询存款通知书。

办理协助冻结业务时，银行经办人员应核实以下证件和法律文书：有权机关执法人员的工作证件；有权机关县团级以上（含）机构签发的协助冻结存款通知书，法律、行政法规规定应当由有权机关主要负责人签字的，应当由主要负责人签字；人民法院出具的冻结存款裁定书、其他有权机关出具的冻结存款决定书。

办理协助扣划业务时，银行经办人员应核实以下证件和法律文书：有权机关执法人员的工作证件；有权机关县团级以上（含）机构签发的协助扣划存款通知书，法律、行政法规规定应当由有权机关主要负责人签字的，应当由主要负责人签字；有关生效法律文书或行政机关的有关决定书。

银行在协助冻结、扣划单位存款时，应审查以下内容：

"协助冻结、扣划存款通知书"中填写需被冻结或扣划存款的单位开户金融机构名称、户名和账号、大小写金额。

"协助冻结、扣划存款通知书"中的义务人应与所依据的法律文书上的义务人相同。

"协助冻结、扣划存款通知书"中的冻结的金额应当是确定的。

若发现缺少应附的法律文书以及法律文书有关内容与"协助冻结、扣划存款通知书"

的内容不符,则应说明原因,退回"协助冻结、扣划存款通知书"或所附的法律文书。

协助有权机关查询的资料应限于存款资料,包括被查询单位开户、存款情况以及与存款有关的业务凭证、账簿、对账单等。对于上述资料,经办行应如实提供。有权机关根据需要可以抄录、复制、照相,但不能带走原件。

有权机关在查询单位存款情况时,只提供被查询单位名称而未提供账号的,银行应根据行内系统及账户管理档案积极协助查询,没有所查询的账户的,应如实告知有权机关。

冻结存款的期限最长为一年,有权机关可以在冻结期满前办理续冻,续冻不限次数,每次不得超过一年。逾期未办理续冻手续的,视为自动解除冻结。

有权机关对已被冻结的存款不得重复冻结,但可以轮候冻结。

在冻结期限内,只有在原做出冻结决定的有权机关做出解冻决定并出具解除冻结存款通知书的情况下,银行才能对已经冻结的存款予以解冻。被冻结存款的单位对冻结提出异议的,经办行应告知其与做出冻结决定的有权机关联系。在存款冻结期限内银行不得自行解冻。

有权机关在冻结、解冻结工作中发生错误的,其上级机关直接做出变更决定或裁定的,银行在接到变更决定书或裁定书后,应按照该决定书或裁定书中变更后的内容办理。

两个以上有权机关对同一单位或个人的同一笔存款采取冻结或扣划措施时,金融机构应当协助最先送达协助冻结、扣划存款通知书的有权机关办理冻结、扣划手续。

两个以上有权机关对金融机构协助冻结、扣划的具体措施有争议的,金融机构应当按照有关争议机关协商后的意见办理。

协助扣划时,应将扣划的存款直接划入有权机关指定的账户内。有权机关要求提取现金的,经办行不予协助。

协助办理查询、冻结、扣划工作,不得无故拖延推诿,不得再扣划应当协助执行的款项用于收贷利息,不得向被查询、冻结、扣划单位通风报信,帮助隐匿或转移存款。

军队、武警部队等单位开设的"特种存款"账户、"特种事业存款"账户、"特种企业存款"账户的存款,原则上不采取冻结诉讼保证措施;军队、武警部队的其余存款可以冻结。

金融机构清算交收账户不得被整体或超出涉案金额范围冻结、扣划。金融机构清算交收账户包括资管产品销售结算账户、资管产品托管资金专用存款账户、证券公司客户交易结算资金账户、期货公司客户交易结算资金账户,以证券登记结算机构、银行间市场交易组织机构、银行间市场集中清算机构、银行间市场登记托管结算机构、经国务院批准或者同意设立的黄金交易组织机构和结算机构、支付机构等名义开立的各类专门清算交收账户、保证金账户、清算基金账户、客户备付金账户。

有权机构要求冻结、扣划金融机构清算交收账户资金时,应向有权机关提示账户资金的特殊性质以及账户不得被整体或超出涉案金额范围冻结、扣划。当遇到金融机构清算交收账户被整体或超出涉案金额范围冻结、扣划等重大异常情况时,应及时向监管机关报告。

因贷款、贴现、质押等业务而开立的保证金账户在客户尚未履行完与银行签订的合同条款时,有权机构不得冻结、扣划,合同已履行完成的,可以冻结、扣划。对于有争议的保证金账户，有权部门可以冻结，但不得扣划，应通过诉讼程序确认优先受偿权。

被冻结的款项，不属于赃款的，冻结期间应计付利息，在扣划时其利息应付给债权单位；属于赃款的，冻结期间不计付利息，如冻结有误，那么解除冻结时应补计冻结期间利息。

办理协助扣划时，应根据有权机构的要求，选择是否扣划利息。若选择扣划利息，则扣划本金及本金对应的利息；若选择不扣划利息，则仅扣划本金部分。

已经冻结的定期和通知存款账户（包括账户冻结和部分冻结），不论是否到期，均不能清户或者部分提前支取。

未到期的定期账户被扣划，视同提前支取；已到期及到期以后定期账户被扣划，视同到期支取或逾期支取处理。

有权查询、冻结、扣划单位存款的执法机关一览表，具体见表4-1。

表4-1 有权查询、冻结、扣划单位存款的执法机关一览表

单位名称	查询		冻结		扣划	
	单位	个人	单位	个人	单位	个人
人民法院	有权	有权	有权	有权	有权	有权
税务机关	有权	有权	有权	有权	有权	有权
海关	有权	有权	有权	有权	有权	有权
人民检察院	有权	有权	有权	有权	无权	无权
公安机关	有权	有权	有权	有权	无权	无权
国家安全机关	有权	有权	有权	有权	无权	无权
军队保卫部门	有权	有权	有权	有权	无权	无权
监狱	有权	有权	有权	有权	无权	无权
走私犯罪侦查机关	有权	有权	有权	有权	无权	无权
监察机关（包括军队监察机关）	有权	有权	无权	无权	无权	无权
审计机关	有权	无权	无权	无权	无权	无权
工商行政管理机关	有权	无权	暂停结算	暂停结算	无权	无权
证券监管管理机关	有权	无权	无权	无权	无权	无权

4.1.2 以××银行为例

银行协助查询、冻结和扣划存款，应当在存款人开户的营业机构或运营中心具体办理；银行协助冻结、扣划存款，应当在存款人开户的营业机构具体办理。

该行各级机构安全保卫部门是协助有权机构查询、冻结和扣划的审查部门，主要负责审核有权机构提交的办理协助查询、冻结和扣划的证件和法律文书，审核通过后，出具"协助有权机关查询、冻结、扣划存款审批单"并送交最初收到有权机关协助要求的营业分支机构或相关部门具体执行。

经办行在协助有权机关办理查询、冻结和扣划手续时，应登记"协助查询、冻结、扣划登记簿"，登记内容包括：有权机关名称，执法人员姓名和证件号码，金融机构经办人员姓名，被查询、冻结、扣划单位或个人的名称或姓名，协助查询、冻结、扣划的时间、币种和金额，相关法律文书名称及文号，协助结果，等等。

登记簿应当在协助办理查询、冻结、扣划手续时填写，并由有权机关执法人员和金融机构经办人签字。

该行协助查询、冻结、扣划工作实行分级管理，总行及各级分支机构应按照《中国人民银行、最高人民法院、最高人民检察院、公安部关于查询、冻结、扣划企业事业单位、机关、团体银行存款的通知》（银发〔1993〕356号）、《金融机构协助查询、冻结、扣划工作管理规定》（银发〔2006〕1号）、《关于查询、冻结、扣划证券和证券交易结算资金有关问题的通知》（法发〔2008〕4号）、《中国银监会、中国证监会关于证券监督管理机构查询冻结当事人和与被调查事件有关的单位个人在银行业金融机构账户有关问题点通知》（银监发〔2012〕49号）、《中国银保监会办公厅、中国证监会办公厅关于进一步规范银行业金融机构协助有权机关办理金融机构清算交收账户冻结、扣划有关事宜的通知》（银保监办发〔2019〕229号）和行内相关制度的规定执行。

4.1.3 业务处理流程

账户冻结/解冻结、账户扣划的业务处理流程如图4-1所示。

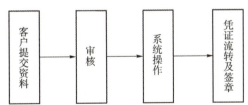

图4-1 账户冻结/解冻结、账户扣划的业务处理流程

账户扣划操作注意事项如下：

根据执法机关提供的账户信息，前台柜员须查询账户是否在本行开户、账户可用余额是否满足执法机关的扣划金额要求、账户状态是否为"冻结"。

若账户已经办理冻结，则在冻结状态下办理解冻结扣划的，无须解冻后再扣划。若扣划金额与冻结金额一致，系统自动将原冻结状态修改为"正常"；若扣划金额比冻结金额小，则冻结金额修改为原冻结金额与扣划金额的差额。

扣划活期账户时，计息标志若选择为"计息"，则本息全部转入经办行应解汇款账户；若选择为不计息，则本金转入经办行应解汇款账户；扣划金额再通过普通付款、实时付款、行内转账等结算交易划转至有权机关指定账户，免收手续费及汇划费。

扣划定期账户时，无论选择计息还是不计息，系统均按照提前支取的方式，将扣划部分按照活期结息,并将本息转入应解汇款账户。选择计息的,将本息金额通过实时付款等交易转入有权机关指定账户;选择不计息的,将本金金额通过实时付款等交易转入有权机关指定账户,剩余利息资金应联系客户,转入客户指定的活期账户。

定期账户计息标志选择为"计息"且扣划方式为"全额扣划"时,系统自动将该账户积数清零并销户,系统自动登记"开销户登记簿";扣划方式为"部分扣划"时且剩余金额在起存金额以上的,系统将自动生成新的子账号,提示打印新开户证实书,若不满起存金额,则全部转入应解汇款账户。

对某笔"金额冻结"进行解冻结扣划,当该笔冻结编号下的剩余冻结金额为零时,系统对此冻结编号进行自动解冻结操作。

支持对久悬户进行扣划。

4.1.4 风险提示

(1)除国家法律、行政法规另有规定外,严禁随意冻结客户账户。

(2)前台柜员在办理冻结/解冻结时,严禁未遵循先查询后冻结的原则而违规冻结客户账户。

(3)严禁柜员在未收到解除冻结存款通知书的情况下私自解冻客户账户。

(4)在冻结期限内,只有在原做出冻结决定的有权机关做出解冻决定并出具解除冻结存款通知书的情况下,银行才能对已经冻结的存款予以解冻。

(5)被冻结存款的单位或个人对冻结提出异议的,银行应告知其与做出冻结决定的有权机关联系,在存款冻结期限内银行不得自行解冻。

(6)轮候冻结仅适用于账户冻结和单项冻结。

【学习测试】

1. 某企业因涉嫌非法集资，司法机关介入，到开户银行办理企业账户冻结。经了解，该企业在银行开立有一个一般存款账户和一个定期一本通账户（有两个定期子账户，分别是一年期50万元和三年期30万元）。根据案例回答以下问题：

（1）一般存款账户的用途主要有哪些？
（2）银行经办人员应核实有权机关执法人员的哪些证件和法律文书？
（3）冻结存款的期限最长为多长时间？
（4）冻结的类型有哪些？
（5）被冻结的款项，冻结期间是否应该计付利息？为什么？
（6）账户解冻方式有哪些？
（7）前台柜员在办理账户冻结时需要遵循的原则是什么？
（8）办理账户冻结/解冻结时，我们需要防范的风险是什么？

2. 有权扣划的机关有哪些？
3. 扣划有哪几种类型？

【学习评价】

1. （1）一般存款账户的用途主要有：＿＿＿＿＿＿＿＿＿＿＿＿＿＿＿＿＿＿＿＿
＿＿＿＿＿＿＿＿＿＿＿＿＿＿＿＿＿＿＿＿＿＿＿＿＿＿＿＿＿＿＿＿＿＿＿＿＿＿
（2）银行经办人员应核实有权机关执法人员以下证件和法律文书：＿＿＿＿＿＿
＿＿＿＿＿＿＿＿＿＿＿＿＿＿＿＿＿＿＿＿＿＿＿＿＿＿＿＿＿＿＿＿＿＿＿＿＿＿
＿＿＿＿＿＿＿＿＿＿＿＿＿＿＿＿＿＿＿＿＿＿＿＿＿＿＿＿＿＿＿＿＿＿＿＿＿＿
＿＿＿＿＿＿＿＿＿＿＿＿＿＿＿＿＿＿＿＿＿＿＿＿＿＿＿＿＿＿＿＿＿＿＿＿＿＿

（3）冻结存款的期限最长为：＿＿＿＿＿＿＿＿＿＿＿＿＿＿＿＿＿＿＿＿＿＿
（4）冻结的类型有：＿＿＿＿＿＿＿＿＿＿＿＿＿＿＿＿＿＿＿＿＿＿＿＿＿＿
（5）被冻结的款项，冻结期间是否应该计付利息？＿＿＿＿＿＿＿＿＿＿＿＿＿
原因在于：＿＿＿＿＿＿＿＿＿＿＿＿＿＿＿＿＿＿＿＿＿＿＿＿＿＿＿＿＿＿＿＿＿
（6）账户解冻方式有：＿＿＿＿＿＿＿＿＿＿＿＿＿＿＿＿＿＿＿＿＿＿＿＿＿
＿＿＿＿＿＿＿＿＿＿＿＿＿＿＿＿＿＿＿＿＿＿＿＿＿＿＿＿＿＿＿＿＿＿＿＿＿＿
（7）前台柜员在办理账户冻结时需要遵循的原则是：＿＿＿＿＿＿＿＿＿＿＿＿
＿＿＿＿＿＿＿＿＿＿＿＿＿＿＿＿＿＿＿＿＿＿＿＿＿＿＿＿＿＿＿＿＿＿＿＿＿＿
（8）办理账户冻结/解冻结时，我们需要防范的风险是：＿＿＿＿＿＿＿＿＿＿
＿＿＿＿＿＿＿＿＿＿＿＿＿＿＿＿＿＿＿＿＿＿＿＿＿＿＿＿＿＿＿＿＿＿＿＿＿＿

2. 有权扣划的机关有：＿＿＿＿＿＿＿＿＿＿＿＿＿＿＿＿＿＿＿＿＿＿＿＿＿
＿＿＿＿＿＿＿＿＿＿＿＿＿＿＿＿＿＿＿＿＿＿＿＿＿＿＿＿＿＿＿＿＿＿＿＿＿＿

3. 扣划的类型有：＿＿＿＿＿＿＿＿＿＿＿＿＿＿＿＿＿＿＿＿＿＿＿＿＿＿＿
＿＿＿＿＿＿＿＿＿＿＿＿＿＿＿＿＿＿＿＿＿＿＿＿＿＿＿＿＿＿＿＿＿＿＿＿＿＿

【能力拓展】

案例分析

2002年10月，A公司向B公司购买夏利轿车15辆，付款到期后，A公司仍欠36万元购车款，B公司将A公司告到法院。经法院调解，双方达成协议：A公司于2003年9月20日支付6万元，余款于2003年10月31日前全部付清。A公司支付了6万元后，余款一直未履行，故B公司向法院申请强制执行。法院依法冻结了A公司在Z银行的定期存款30万余元。Z银行提出异议：认为该笔存款系A公司向该行办理汽车按揭贷款时，依照A公司、Z银行、C保险公司三方签订的协议约定，向该行交纳的贷款质押保证金，对质押保证金该行有优先受偿权。该行在法院未解除冻结前即擅自划走冻结款还贷。

法院审判依据《民事诉讼法》第一百零二条及《最高人民法院关于人民法院民事执行中查封、扣押、冻结财产的规定》第一条的规定，在收到协助执行通知后，银行应及时履行协助执行义务。该行在法院未解除冻结即擅自划走冻结款的行为，构成妨碍法院执行的事实，予以罚款4 000元。

该案中，银行提出的执行异议得到法院的支持，但法院仍然对银行做出罚款的处理，其主要原因在于：_____
_____
_____

Z银行的正确做法是：_____
_____

该案例的启示为：_____
_____
_____
_____
_____

子模块 2　熟知存款证实书/定期存单管理

【知识准备】

4.2.1　基本规定

存款证实书/定期存单管理主要包括定期存单质押和存款证实书/定期存单挂失与补发。

单位定期存款由接受存款的开户行给存款单位开出"单位定期（通知）存款证实书"，证实书仅对存款单位开户证实，不得作为质押的权利凭证。单位如需办理质押贷款，可向开户行申请换开定期存单。

单位定期存单是指借款人为办理质押贷款而委托贷款人依据存款证实书向接受存款的金融机构（简称存款行）申请开具的定期存款权利凭证。单位定期存单只能以质押贷款为目的开立和使用。

存款证实书/定期存单挂失是指开户行根据客户的挂失申请，在客户遗失存款证实书或定期存单时，在一定期限内对客户账户进行止付的行为。

存款证实书/定期存单挂失按挂失方式划分，可分为正式挂失和口头挂失；按挂失单证类型划分，挂失分为存款证实书挂失和定期存单挂失。

存款人遗失存款证实书向开户行申请挂失的，填写特殊业务申请书，同时出具单位法定代表人或单位负责人身份证件，委托他人办理的，还须提供授权委托书和经办人身份证件。

用于质押的单位定期存单在质押期间丢失，贷款行应立即通知借款人和出质人，并申请挂失；单位定期存单毁损的，贷款行应持有关证明申请补办。质押期间，银行不得受理存款人提出的挂失申请。

贷款行申请单位定期存单挂失、解挂或因定期存单毁损需要补开的，应填写特殊业务申请书，同时出具相关业务部门经办人身份证件和质押合同副本。

挂失期间账户处于止付状态，不得支取，但有权机构扣划除外。质押的单位定期存单项下的款项在质押期间被司法机关或法律规定的其他机关采取冻结、扣划等强制措施时，贷款行在处分此定期存款时优先受偿。

客户办理挂失前或挂失失效后，存款被他人支取，银行不承担责任。

4.2.2　以××银行为例

1. 定期存单质押

这里以××银行作为存款行来介绍存单质押手续。

办理单位定期存单质押时，贷款行应向本行提交以下资料：

存款证实书，包括借款人所有的或第三人所有而向借款人提供的存款证实书。

存款人委托贷款人向存款行申请开具单位定期存单的委托书（加盖存款人的预留

印鉴）。

存款证实书为第三人向借款人提供的，应同时提交第三人同意由借款人为质押贷款目的而使用其存款证实书的协议书。

本行收到贷款行提交的有关材料后，应认真审查存款证实书是否真实，存款人与本行是否存在真实的存款关系，以及委托书上的预留印鉴是否和存款人在开户时预留的印鉴一致。必要时，本行可以向存款人核实有关情况。

本行经过审查认为存款证实书证明的存款属实的，应保留存款证实书及第三人同意由借款人使用其存款证实书的协议书，并在收到贷款行的有关材料后3个工作日内开具单位定期存单。

本行在开具单位定期存单的同时，应对单位定期存单进行确认，确认后认为存单内容真实的，应出具单位定期存单确认书。确认书应由存款人开户行负责人签字并加盖单位公章，与单位定期存单一并递交给贷款行。

本行对单位定期存单进行确认的内容包括：单位定期存单所载开立机构、户名、账号、币种、存款数额、存单号码、期限、利率等是否真实准确；借款人提供的预留印鉴是否一致；需要确认的其他事项。

本行经过审查，发现存款证实书所载事项与账户记载不符的，不得开具单位定期存单，并及时告知贷款行，认为有犯罪嫌疑的，应及时向司法机关报案。

2. 存款证实书 / 定期存单挂失和补发

口头挂失有效期为5个工作日。客户应在有效期内再次口头挂失或正式挂失，否则到期自动解挂，账户恢复为正常状态。

办理正式挂失7天后，方可办理存款证实书或定期存单的补发手续。

客户办理口头或正式挂失后，如找回原存款凭证，应填写特殊业务申请书，并持原存款凭证、原特殊业务申请书、法定代表人或单位负责人身份证件，委托他人办理的，还须提供授权委托书和经办人身份证件到原挂失机构办理解挂手续。

客户无法找回原存款凭证的，应在办理正式挂失满7天后，持原特殊业务申请书、法定代表人或单位负责人身份证件，委托他人办理的，还须提供授权委托书和经办人身份证件到原挂失机构办理补开手续，填写特殊业务申请书办理补开申请，并加盖单位公章。

贷款行办理挂失后，如找回原存款凭证，则应填写特殊业务申请书，并持原存款凭证和原特殊业务申请书、经办人身份证件和质押合同副本到原挂失机构办理解挂手续。

贷款行无法找回原存款凭证的，在办理正式挂失满7天后，应填写特殊业务申请书，并持原特殊业务申请书、经办人身份证件和质押合同副本到原挂失机构办理补开手续。

4.2.3 业务处理流程

存款证实书 / 定期存单管理采用前台分散处理模式，具体业务处理流程如图4-2所示。

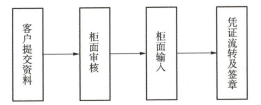

图 4-2　存款证实书／定期存单管理业务处理流程

4.2.4　相关风险提示

（1）若单位遗失了单位定期存款证实书，则应持单位公函到开户行申请填写挂失通知书办理挂失手续。

（2）如存款在挂失生效前已被人按规定手续支取，银行不负赔偿责任。

（3）有必要时必须与单位财务人员电话核实，并提供证明或报刊声明。

（4）解挂失，必须由原挂失单位办理，严禁代理人办理解挂失。

【学习测试】

1. 什么是单位定期存单？
2. 存款证实书和单位定期存单，能用作质押贷款的是哪个？
3. 挂失期间账户是什么状态？可以支取吗？
4. 存款证实书/定期存单挂失是如何划分的？
5. 口头挂失有效期为多长时间？
6. 客户办理挂失前后，存款被他人支取有什么说法？

【学习评价】

1. 单位定期存单是指：_____
   _____
   _____

2. 能用作质押贷款的是：_____
   _____

3. 挂失期间账户是_____状态，_____
   _____

4. 存款证实书/定期存单挂失的划分方式为：_____
   _____
   _____

5. 口头挂失有效期为：_____
   _____
   _____

6. 客户办理挂失前后，存款被他人支取的说法：_____
   _____
   _____

【能力拓展】

思考：单位定期存单和存款证实书的区别有哪些？为什么单位存定期开立的是存款证实书？什么情况下才能换开定期存单？

子模块 3　熟知久悬户管理

【知识准备】

4.3.1　基本规定

对于一年未发生收付活动（结息、扣费等非企业主动发起的交易除外），且未欠开户行债务的账户，自动转为拟久悬户（当地中国人民银行对转拟久悬户的期限有特殊规定的，从其规定）。开户行应根据拟久悬户清单打印账户信息通知单，通知单位确认是否继续使用账户，自发出通知起 30 日内未确认且未提出合理理由的，自动转为久悬户。

拟久悬户期间，账户如有业务发生将自动转为正常户，确实暂时未有业务发生的，存款人可向开户行申请将账户转为正常户。存款人应填写"特殊业务申请书"并加盖单位公章，同时提供经办人身份证件。

账户久悬后，开户行应根据当地中国人民银行有关规定，及时在中国人民银行账户管理系统中加设久悬标识。

对于确认存款人已经不存在，且无法与存款人取得联系前来办理销户手续的账户，开户行可提前将账户转为久悬账户，当地中国人民银行另有规定的除外。

账户久悬后，开户行应根据久悬户清单打印账户信息通知单，通知单位办理销户手续。自发出通知之日起 30 日内未办理销户手续的，视同自愿销户，开户行可主动办理久悬户账户销户。

开户行主动办理久悬户销户的，可根据当地中国人民银行及自身情况选择适当和尽职的通知方式，如报纸公告、网点公告、信函通知等。

对非核准类久悬账户，前台柜员在当地中国人民银行账户管理系统中直接进行销户备案处理；对核准类久悬账户，经当地中国人民银行核准后进行销户处理。当地中国人民银行有特殊规定的，从其规定。

开户行应在主动办理久悬户销户之日起 2 个工作日内，向单位客户发送账户信息通知单告知单位客户。客户要求支取久悬账户资金的，实际支付时应从营业外支出列支。

账户久悬期间，存款人可申请重新启用账户，重新启用账户视同新开立账户，应按照账户开立的要求提交相关证明文件，银行按照账户开立流程进行重新审查。

久悬户计息规定：拟久悬户视同正常活期结算账户计息；当账户从拟久悬户转为久悬户时，结付上一结息日至转久悬户日的利息；账户久悬期间不计提利息，不结付利息；账户从久悬户转为正常后，将在转正常后的第一个结息日或销户结息时补付久悬期间的利息。

4.3.2　业务处理流程

1. 正常账户转拟久悬户、久悬户

对于连续一年未发生收付活动（结息、扣费等非客户主动发起的交易除外），且未欠开户行债务的账户,自动转为拟久悬户(当地中国人民银行对转拟久悬户的期限有特殊规定的,从其规定)。开户行应根据拟久悬户清单打印"账户信息通知单",通知客户确认是否继续使用账户。自发出通知之日起 30 日内客户未确认且未提出合理理由的,自动转为久悬户,并联动单户结息,将结息利息与账户本金一起转入"其他应付款——长期不动单位活期存款"科目核算,并停止计息。

系统自动转为久悬户后,开户行应根据系统自动生成的拟久悬户转久悬户清单,按当地中国人民银行有关规定,及时在中国人民银行账户管理系统中加设久悬标识。

2. 拟久悬户转正常

拟久悬户转正常采用前台分散处理模式。

(1)客户提交资料。

客户填写"特殊业务申请书"并提供经办人身份证件。

(2)柜面审核。

①"特殊业务申请书"内容是否填写齐全、正确,印章是否清晰;

②经办人身份证件联网核查是否一致;

③通过电子验印系统核验"特殊业务申请书"上加盖的公章是否与预留印鉴一致。

审核通过后,前台柜员在"特殊业务申请书"上加盖柜员名章,并将资料交营业主管复核。营业主管复核后在"特殊业务申请书"上加盖主管名章。

(3)柜面输入。

前台柜员调用"久悬户管理"交易,输入客户账号等要素。

(4)凭证流转及签章。

将"特殊业务申请书"第二联交客户作记账依据,"特殊业务申请书"第一联、经办人身份证件复印件作为内部通用凭证附件随当日业务档案上交会计稽核。

3. 拟久悬户转正常撤销

拟久悬户转正常撤销采用前台分散处理模式。

(1)提交资料。

因银行内部操作错误等原因误将拟久悬户转正常的,需由前台柜员填制公司结算业务审批单,注明拟久悬户转正常撤销的原因,由业务主管或支行长审批签字确认。

(2)柜面输入。

前台柜员调用"久悬户管理"交易,输入客户账号等要素。

(3)凭证流转及签章。

前台柜员将公司结算业务审批单作为内部通用凭证附件随当日业务档案上交会计稽核。

4. 手动转久悬户

手动转久悬户采用前台分散处理模式。

当发生临时户失效、账户未年检、确认存款人已不存在但无法联系存款人来办理销户手续等账户已达到销户条件,但账户未久悬的情况,可由前台柜员手动转久悬户(当地中国人民银行另有规定的除外)。

(1)提交资料。

前台柜员填制"公司结算业务审批单",注明需要手动转久悬户的原因,由营业主管或支行长审批签字确认。

（2）柜面输入。

前台柜员调用"久悬户管理"交易，输入客户账号等要素。

（3）凭证流转及签章。

前台柜员将公司结算业务审批单作为内部通用凭证附件随当日业务档案上交会计稽核。

5. 久悬户转正常

久悬户转正常采用前台分散处理模式。

（1）客户提交资料。

客户填写"特殊业务申请书"，提供全套开户资料并重新签订相关开户协议。

（2）柜面审核。

①前台柜员审核"特殊业务申请书"内容是否填写齐全、正确，印章是否清晰；

②审核开户资料是否齐全、有效；

③通过电子验印系统核验"特殊业务申请书"上加盖的公章是否与预留印鉴一致。

审核通过后，前台柜员在"特殊业务申请书"上加盖柜员名章，并将资料交营业主管复核。业务主管复核后在"特殊业务申请书"上加盖主管名章。

（3）报送中国人民银行。

对于在中国人民银行账户管理系统已加设"久悬"标志的核准类账户，客户须按照账户撤销要求填写"撤销银行结算账户申请书"并提供相关销户资料，同时按照账户开立要求填写"开立单位银行结算账户申请书"并提供相关开户资料，开户银行将上述资料报经中国人民银行核准后方可办理久悬户转正常业务（当地中国人民银行有特殊规定的按实际情况执行）。

对于在中国人民银行账户管理系统已加设"久悬"标志的备案类账户，应在行内系统完成久悬户转正常业务后2个工作日内，在人民币账户管理系统做撤销及重新备案。

（4）柜面输入。

前台柜员调用"久悬户管理"交易，输入客户账号等要素。

（5）凭证流转及签章。

前台柜员在"特殊业务申请书"加盖业务专用章后，"特殊业务申请书"第二联交客户，第一联及开销户资料同内部通用凭证随当日业务档案上交会计稽核。

6. 久悬户销户

久悬户清理工作应按照当地中国人民银行要求开展，具体清理按照各分行制定的久悬户清理操作细则办理，业务处理流程见账户撤销部分。

7. 久悬户转营业外收入

久悬户销户后（包括手动销户和自动销户），系统自动将久悬户资金计入营业外收入。

营业机构次日打印"单位久悬户转营业外收入清单"，打印的清单按照报表管理要求保管。

已转营业外收入的系统自动销户或手动销户的，客户要求支取久悬账户资金的，应出具以下证明文件：法定代表人或单位负责人的身份证件原件及其复印件；授权他人办理的，还须出具法定代表人或单位负责人的授权书及授权人和被授权人的身份证件原件及其复印件；营业执照正或副本（统一社会信用代码）等证明文件，营业执照吊销的，需出具工商部门吊销证明；账户余额应转入单位客户在其他单位银行开立的同名结算账户，单位已经破产或注销的银行结算账户需转入法定代表人或单位负责人的个人结算账户的，出具单位被撤并、解散、宣告破产、关闭、注销、被吊销营业执照的相关证明文件。

审核通过后，由上级行运营管理部门将资金从营业外支出户转至网点应解汇款临时存款户，前台柜员再将资金转入客户指定的账户。

4.3.3 风险提示

久悬户办理销户必须严格审核销户资料，必须要求客户提供账户销户的全套资料。

【学习测试】

1. 什么是久悬户?
2. 什么情况下,开户行可手动转久悬户?
3. 什么情况下,开户行可主动办理久悬户销户?
4. 久悬户计息是如何规定的?

【学习评价】

1. 久悬户是指:_____

2. 以下情况,开户行可手动转久悬户:_____

3. 以下情况,开户行可主动办理久悬户销户:_____

4. 关于久悬户计息规定如下:_____

【能力拓展】

讨论:久悬户管理存在的问题。

子模块 4　熟知账户年检管理

【知识准备】

4.4.1　基本规定

账户年检是指开户银行根据存款人提交的账户年检资料，按年度对已开立的单位银行结算账户的合规性、合法性和账户信息、账户资料的真实性、有效性进行审核确认。

当地中国人民银行对账户年检方式和提供资料清单另有规定的，从其规定。

4.4.2　以××银行为例

以××银行人民币单位结算账户的年检为例。

每年参加年检的账户应为在本行开立的目前仍正常使用的人民币单位银行结算账户，包括基本存款账户、一般存款账户、专用存款账户及临时存款账户（验资户除外），久悬户可不参加年检。具体的年检账户范围可依据当地中国人民银行要求而定。

实施账户年检前，各一级分行应在行内业务系统中提前设置年检的账户范围，同时组织辖内营业机构对外发布年检公告，并向参加年检账户的存款人发送年检通知，通知存款人于规定日期前到开户银行办理年检手续。

对单位银行账户的年检，可以通过（但不限于）以下方式进行：通过工商管理机构等合法有效的对外公告和网站查询存款人年检信息，可不再要求客户提供纸质年检资料，根据查询的信息办理年检。无公开信息查询的，应要求客户临柜或上门办理。一级分行可结合实际情况制定实施细则，并报总行备案。

营业机构经办人员收到存款人提交的年检资料后，审核年检资料原件与中国人民银行账户管理系统和行内业务系统中的记录是否一致、有关证明文件是否在有效期内，对于客户证明是否存在没有注明有效期的，该证明文件视同长期有效，无须通知客户再提交资料。

一个单位在本行同一个营业机构开立多个结算账户的，可只提供一份年检资料。

对于年检合格的账户，前台柜员应在人民币账户管理系统和本行系统中加注年检标识（当地中国人民银行另有规定的除外），同时在年检资料上加盖已年检戳记（或标注其他已年检的标识）和前台柜员名章。

对于证明文件超过有效期的或有发生变更的，应通知存款人前来提交更新后的证明文件或办理账户信息变更手续。临时存款账户超过中国人民银行核准的有效期的，应要求存款人办理撤销手续。

对于未按要求办理年检的账户，在年检到期日，系统将自动将其转为"未年检"状态，"未年检"状态的账户系统将控制其账户资金为"只收不付"，待该账户在系统中办理完年检登记后，该账户的"只收不付"控制自动解除。营业机构经办柜员应在到期日次日打印未年检账户清单，并根据清单向存款人发出书面通知，通知存款人尽快办理年检或销户手续。

在书面通知发出之日起 30 日内,存款人若仍未办理年检或销户手续,开户行可采取停止支付、中止业务及暂停非柜面业务措施。

账户年检工作结束后,营业机构应将年检资料上交至运营中心稽核,年检资料按账户集中归档管理,确保账户资料的连续性、完整性。

4.4.3 业务处理流程

1. 账户年检设置

账户年检设置采用前台分散处理模式。

实施账户年检前,各一级分行应在公司结算集中处理系统中通过"账户年检设置"交易提前设置年检的账户范围,同时组织辖内营业机构对外发布年检公告,并向参加年检账户的存款人发送年检通知单,通知存款人于规定日期前到开户银行办理年检手续。

2. 账户年检登记

账户年检登记采用前台分散处理模式。

(1)客户提交资料。

由前台柜员、客户或第三方机构提供年检资料。

(2)柜面审核。

营业机构前台柜员收到年检资料后,主要审核内容如下:资料与中国人民银行账户管理系统中的记录是否一致;有关证明文件是否在有效期内。

对于客户证明材料上没有注明有效期的,该证明文件视同长期有效,无须通知客户再提交资料。

(3)柜面输入。

前台柜员调用"账户年检登记"交易,输入账户年检年份、年检账号等要素。

(4)凭证流转及签章。

前台柜员将年检资料同通用凭证随当日业务档案上交会计稽核。

【学习测试】

1. 账户年检的范围。
2. 账户年检主要检哪些方面?
3. 账户年检的方式有哪些?

【学习评价】

1. 账户年检的范围：_____
_____
_____

2. 账户年检主要检的内容有：_____
_____
_____

3. 账户年检的方式有：_____
_____
_____

【能力拓展】

思考：为什么要对已开立的单位银行结算账户实行年检制度？

子模块 5　了解其他业务管理规定

【知识准备】

4.5.1　客户单证出售

现金支票不得向不得支取现金的账户出售。

印鉴卡需出售后才可办理本外币结算账户开户。

电汇凭证、结算业务申请书和印鉴卡可向个人客户出售。

客户单证出售采用经办人员备案制，单位的法定代表人或单位负责人、财务负责人和授权代理人可作为购买单证的经办人。其他人员作为单证购买经办人，应按规定做人员信息登记备案（可登记多名指定人员）。

办理单证出售时，客户经办人应出具身份证件并全程临柜。前台柜员和营业主管双人核实购买人是否为法定代表人或单位负责人、财务负责人、授权代理人或登记备案人员，营业主管审核通过后还应在公司业务系统中进行授权，并同前台柜员与客户经办人进行单证交接。严禁在客户未临柜或非客户有权人办理的情况下，擅自办理单证出售或代客户领取结算凭证等违规行为。

在一个自然年度首次向客户出售支票凭证前，须由开户银行客户经理对客户信用状况及业务需求进行尽职检查。调查方式包括但不限于面谈、上门走访、查询签发空头支票"黑名单"、金融信用信息基础数据库、全国企业信用信息公示系统，查询客户开户资料、账户资金和交易记录等方式。在全面了解客户经营状况、支票违规历史以及受到行政处罚和罚款缴纳情况等信息后，出具"支票出售调查表"。

4.5.2　客户单证回收/回购

客户单证回收是指将客户持有的未用重要单证回收，主要包括客户销户时交回已出售未用的重要空白凭证。

客户单证回购是指因重要单证换版需兑换新版重要单证或因银行内部原因造成客户单证出售错误，可办理单证回购，并退还扣收的手续费和工本费。

客户单证作废是指客户持有的已经损毁或办理销户时无法交回未用的重要单证需要办理单证作废。

已解付的重要凭证不能做回收/回购/作废处理。

4.5.3　单户结息

单户结息包括提前结息及销户结息。提前结息是指因客户申请并经业务部门审核后，在非结息日，且不销户的前提下办理结息；销户结息是指客户申请账户撤销时，办理账户结息，账户结息日当天可以办理销户，已做销户结息的账户资金可多次转出。久悬户不允许做单户结息或提前结息。

4.5.4 账户止付/解止付

止付是指由于内部差错而造成客户账户余额有误未能及时纠正错误或因行内业务需要等原因而采取的一种将客户账户的全部资金或部分资金暂时锁定的一种交易。柜员不得应客户的要求办理止付交易。止付包括账户止付、超额止付和限额止付三种。

账户止付是对账户进行全额止付，账户止付期间客户不能办理使账户余额减少的业务，同时也不得办理单位存款证明等业务。

超额止付是指对账户的指定金额进行止付，指定金额既可小于等于也可大于账户当前可用余额。若指定金额小于当前可用余额，则剩余部分可办理使账户余额减少的业务；若指定金额大于当前可用余额，而止付后账户有资金流入，则自动止付，直至达到止付限额。

限额止付是对账户的指定金额进行止付，指定金额必须小于等于账户当前可用余额。若指定金额小于当前可用余额，则剩余部分可办理使账户余额减少的业务；若超出当前可用余额，则止付不成功。

账户止付在未解除止付前，不能再次办理账户止付。超额止付和限额止付不限定次数。

止付时输入解止付日期的，到达解止付日期时系统自动解止付，也可在到期前人工办理解止付。未输入解止付日期的，只能办理人工解止付。

对于存在账务差错而办理止付的账户，在差错处理完成后，应立即办理解止付。

4.5.5 单位存款证明

在银行开立了单位账户的存款人，因业务需要，可向其开户行书面申请开具单位存款证明。

单位存款证明包括时点证明和时段证明。

时点证明是指证明存款人账户签发当时的可用余额，银行对时点证明签发后的客户账户存款发生的变动不负责任。

时段证明是指证明存款人账户在某一段时间区间内的可用余额，签发时段证明后，系统自动将证明金额在证明时段期限内进行止付。

存款人账户内已冻结、止付、存单质押的存款金额不在存款证明的范围内。

单位存款证明不具备质押、担保作用，任何人不得将单位存款证明书做质押、担保之用。

客户的单位存款证明一旦遗失，银行不挂失、不退还手续费。

账户止付期间不得办理单位存款证明业务。

因存款证明开立错误的，或者客户主动申请将原单位存款证明作废的（特别是时段证明），可以将已开立的单位存款证明做作废回收，作废应提供书面申请，加盖预留单位公章。作废不退回手续费。

单位存款证明作废后，原按时段证明止付的账户资金自动解止付。

4.5.6 单位验资证明

在银行开立的验资和增资账户，客户可申请开立验资证明或银行可根据会计师事务所的验资询证函回复询证函，证明验资账户的真实情况。

由客户申请办理验资证明的，应填写开立验资证明申请书，申请书应加盖开立验资账户时的预留印鉴，同时出具有权人身份证件（有权人是指验资户预留印鉴中名章对应的负责人，若预留印鉴为单位公章，则为该单位的法定代表人或单位负责人），若非有权人办理的，还需出具经办人身份证件和授权书。银行经办人员应对以下内容进行审核：申请书各项内容是否填写完整、正确，加盖的预留印鉴是否核对一致；申请账户是否在该行开户，信息是否与系统中的一致；有权人或经办人的身份证是否联网核查一致。

由会计师事务所出具询证函的，原则上应出具会计师事务所介绍信、询证函和经办人身份证件，以邮寄方式收到询证函的，可不提供介绍信和经办人证件。银行经办人员应对以下内容进行审核：询证函中的被询证单位是否在本开户行开立账户；账户名称与被询证单位名称是否一致；会计师事务所介绍信姓名与经办人身份证件是否一致；询证函上单位签章与开户时预留印鉴是否一致。

因出具的询证函或验资证明信息有误或者不符合会计师事务所、工商局等单位规定而导致需要重新出具询证函、单位验资证明书的，须将原先出具的询证函、单位验资证明收回。若无法收回，则应该由原申请单位提供原询证函、单位验资证明书已遗失，风险自担的证明。

4.5.7　临时户展期

存款人在临时存款账户有效期届满前申请办理展期时，应填写"临时存款账户展期申请书"，并加盖单位公章。非企业客户将临时存款账户开户许可证及开立临时存款账户时出具的相关证明文件通过开户行报送中国人民银行当地分支行，企业客户将开立临时存款账户时出具的相关证明文件通过开户行报送中国人民银行账户管理系统备案。

符合展期条件的，中国人民银行当地分支行应核准其展期，收回原临时存款账户开户许可证，并颁发新的临时存款账户开户许可证。不符合展期条件的，中国人民银行当地分支行不核准其展期申请，存款人应及时办理该临时存款账户的撤销手续。

临时户展期申请仅可在临时户开户行办理。

4.5.8　外系统签约管理

办理账户外系统签约管理，须取得客户加盖单位公章的书面授权协议，同意开户行根据委托单位或其他协议，从其指定的结算账户中扣划相应的款项（如 Pos 商户委托扣款、中间业务委托扣款等）。

只有单位活期结算账户才能办理外系统签约管理，当结算账户处于冻结、销户状态时，不允许进行外系统签约管理的加办、修改及撤办。

外系统签约管理的加办、修改及撤办只得在委托单位的开户行办理。

4.5.9　对公账户短信通知服务

对公账户短信通知服务是指银行为满足公司客户财务监管需求而提供的一项对公账户余额变动、余额预警以及每日余额变动汇总等有关账户信息的短信通知服务，主要包括账户动账通知服务、账户余额汇总变动通知服务及账户预警通知服务。

账户动账通知服务是指开户行按照与客户的事先约定,以短信通知方式将签约账户(含虚拟账簿)的账务变动信息实时发送至客户指定手机。账户动账通知内容具体包括每笔或起点金额以上的收付款交易的金额、交易用途,以及账户变动后的账户余额等信息。

账户余额汇总变动通知服务是指开户行以短信通知方式,将签约账户(含虚拟账簿)的当日交易汇总信息,于次日上午发送至客户指定手机。当日交易汇总信息具体包括当日收付款交易的总笔数及总金额、当日账户余额等信息。

账户预警通知服务是指当签约账户(含虚拟账簿)余额低于或高于预先设定的预警金额时,开户行可及时将账户余额信息以短信通知方式发送至客户指定手机。

企业网银客户管理模式为客户自管的,可选择在网银客户端自行进行设置。

4.5.10 客户对账服务

对公银企对账是指银行与单位存款人之间,就某一时点内本外币单位账户的账面余额,以及某一时段内账户明细发生额进行核对的工作。

凡在本行开立本外币单位银行结算账户和非结算账户,符合对账要求的,均应实施银企对账工作。

对账账户的范围:活期结算账户除久悬户和已失效的临时户外,都应按照对账协议约定的周期与存款人对账;对于现金管理客户,其分账户不办理任何支付业务,资金实时全额归集至总账户,且银企双方有协议约定的,分账户可不与存款人对账;定期账户无须对账,若存款人要求对账,则可签署对账协议进行对账;保证金账户由于其资金划转均由银行发起,若存款人要求核对,则由营业机构单独打印保证金账户明细,不再进行统一对账;国家政府机关、军队等涉密账户要求不对账的,应由客户经理及开户行核实后报二级分行运营管理部门,二级分行审核后报一级分行运营管理部门审批,审批通过后可不予对账;部分账户因诉讼、破产、被合并吸收或机构重组等特殊原因在一定期限内无法对账的,应由客户经理及开户行核实后报二级分行运营管理部门,二级分行审核后报一级分行运营管理部门审批,审批通过后可在指定期限内不予对账;财政零余额账户及预算单位零余额账户的相关对账要求参照行内代理中央财政授权支付业务制度及当地财政部门相关规定。

按照对账信息载体介质的不同,银企对账分为纸质对账和电子对账。

纸质对账单分为余额对账单和明细对账单两种。余额对账单是用于与存款人核对账户余额的对账载体;明细对账单是记载账户明细变动、用于与存款人逐笔勾对账务的对账载体。

电子对账包括网银对账、自助机具对账、银企直联对账等渠道。网银对账是指存款人通过企业网银客户端的银企对账功能自助完成对账;自助机具对账是指存款人使用电子回单机等自助机具上的银企对账功能完成对账;银企直联对账是指存款人通过银企直联客户端自助完成对账。

纸质对账单应采用集中对账模式,由集中对账机构统一寄送及回收,营业机构人员、客户经理等非集中对账机构人员不得接触和携带对账单及对账回执。集中对账机构设置在一级分行营运中心。

对账频次包括按月对账、按季对账、个性化对账三种。

4.5.11 客户同城特约维护

同城特约委托收款是指收款人按照合同或国务院的有关规定，在特定期间内委托开户银行向同城的付款人收取特定款项，付款人开户银行根据付款人的授权，在见到同城特约委托收款凭证时，直接从付款人账户支付款项的结算方式。

同城特约委托收款适用于在同城范围内，客户在银行分支机构开立的单位银行结算账户作为付款人支付各种公用事业费及缴纳社会保障基金。

收取公用事业费，必须具有收付双方事先签订的合同；支付公用事业费，必须由付款人以付款授权书的形式向其开户银行授权。

付款人开户银行不得支付未经付款人授权的同城特约委托收款款项。

授权行为以付款人开户银行收到付款人书面撤销申请日的次日终止。

对于收、付款人名称变更的，付款人应及时以书面形式通知其开户银行或重新签订"同城特约委托收款付款授权书"（一式两联）。对于付款人未通知变更情况或未重新授权的，开户银行应拒绝付款。

【学习测试】

1. 什么情况下可以办理止付？单位账户止付的种类有哪些？
2. 开立单位存款证明时，需要注意的事项是什么？
3. 单位存款证明的种类有哪些？
4. 对公账户短信通知服务有哪几种？
5. 客户对账服务的方式有哪几种？
6. 客户对账服务的对账频次有哪几种？
7. 什么是同城特约委托收款？

【学习评价】

1. 办理止付的情况如下：_____
   _____

   单位账户止付的种类有：_____
   _____

2. 开立单位存款证明时，需要注意的事项是：_____
   _____

3. 单位存款证明的种类有：_____
   _____

4. 对公账户短信通知服务的种类有：_____
   _____

5. 客户对账服务的方式有：_____
   _____

6. 客户对账服务的对账频次有：_____
   _____

7. 同城特约委托收款是指：_____
   _____

【能力拓展】

案例分析

2018年1月17日,中行威海乳山支行营业部接到英国驻北京大使馆来电,要求核实客户提供的存款证明真实性。该行派驻业务经理在接到大使馆来电后,通过大使馆传真的存款证明信息在核心系统中进行查询,查询结果与存款证明中的信息完全一致。为了进一步对存款证明的真实性进行验证,该行通过OCR传票调阅,将柜员传票中留存的存款证明复印件与大使馆的传真件进行比对,比对过程中发现该行留存的存款证明复印件加盖的存款证明专用章位置与大使馆的传真件有明显区别。另外,大使馆工作人员提供了一个重要信息:他们收到的存款证明号码在紫光灯下无任何反应,真实的存款证明在紫光灯下应发出特殊光泽。因此,该行判断该存款证明应为伪造版。

请问:该行能够迅速发现存款证明为伪造的主要原因是什么?此案例给我们带来的启示是什么?

请把分模块四的主要内容在本页通过思维导图的形式呈现出来。

分模块五　客户预留印鉴管理与档案管理

【分模块概述】

分模块五主要介绍单位银行账户的客户预留印鉴管理、档案管理，通过本模块的学习，熟知客户预留印鉴管理与档案管理的基本规定，能够依规处理客户预留印鉴业务，具备严守秘密的银行从业人员职业操守和行为守法、业务合规、履职遵纪的行业规范，树立维护国家金融安全、保护客户合法权益的良好品质。

【分模块目标】

知识目标：熟悉客户预留印鉴管理的基本规定；
　　　　　熟悉档案管理的基本规定。
技能目标：能够依规进行客户预留印鉴管理的相关操作。
素质目标：树立维护国家金融安全、保护客户合法权益的良好品质；
　　　　　具备严守秘密的银行从业人员职业操守；
　　　　　具备行为守法、业务合规、履职遵纪的行业规范。

【知识地图】

模块二　账户和存款 —— 分模块五　客户预留印鉴管理与档案管理 ——
- 子模块1　管理客户预留印鉴
- 子模块2　熟知档案管理

子模块 1　管理客户预留印鉴

【知识准备】

5.1.1　基本规定

客户预留印鉴是指在本行开立本外币单位银行账户的客户所预留的财务专用章或者公章，以及其法定代表人（单位负责人）或其授权的代理人的签章。其中，境外机构开立的银行结算账户的预留印鉴为境外机构公章或财务专用章及账户有权签字人的签章，没有公章或财务专用章的，可为账户有权签字人的签章。客户预留印鉴既是客户凭以办理款项支付结算的权利证明，也是开户银行办理支付结算的审核依据。

客户在本行开立单位银行账户时，必须在本行预留印鉴，监管机构另有要求的除外。无字号个体工商户凭营业执照以经营者姓名开立的银行账户，其预留印鉴为个体户字样连同营业执照载明经营者姓名的印章"个体户***"加经营者个人名章。注册验资账户的预留印鉴为"企业名称预先核准通知书"所载的全体出资人签章或者全体出资人授权的部分出资人的签章，授权部分出资人办理的，应当出具全体出资人的授权书。

已开立单位银行结算账户（注册验资户除外）且已预留印鉴的单位客户，在该营业机构开立其他结算账户及定期账户等不同的单位银行账户时，可申请使用同一套预留印鉴。客户预留印鉴时，应保证印鉴卡上的签章和所有记载事项清晰准确，并符合电子验印的建档标准。加盖预留印鉴的印章必须为硬质材料刻制，不得使用原子印章。

办理预留印鉴相关业务时，原则上不得将空白印鉴卡带离柜面，若存款单位内部制度规定不得将印章带离本单位，则可按以下两种方式处理：第一，由本行人员上门办理，办理流程同上门办理开销户业务流程。第二，由存款人领取空白印鉴卡办理。申请领取空白印鉴卡的存款人须填写单证申领单并加盖单位公章（申领单上应注明客户名称、账号，领用单证人员姓名，证件类型，证件号码，单证张数，单证编号和客户声明等信息），指定其单位内部人员上门领取空白印鉴卡，并在重要物品交接登记簿上签字。领用后应最迟在5个工作日（含领用当天）内将印鉴卡交回网点柜面。如5个工作日内未交回，则由营业机构前台柜员对该印鉴卡做作废处理。

5.1.2　预留印鉴建立

客户在本行开立单位银行账户时，按要求填写印鉴卡，若约定使用特殊组合预留印鉴，须填写"预留印鉴组合约定申请书"，有共用印鉴的，还须填写"单位银行印鉴共用申请书"。客户应在每联印鉴卡正面加盖单位预留印鉴，并填写账号、户名、账户性质、联系人、联系电话、地址等信息。印鉴卡背面加盖单位公章。

经办人员应认真审核客户交验的印鉴卡填写的内容是否规范、准确，保证印鉴卡上的所有加盖的印章清晰，且与原始印章核对一致。

审核完毕后，在行内业务系统中进行印鉴采集和建档。客户预留印鉴时发现有印模不规范或模糊不清,或柜员原因造成污损等,应作废该印鉴卡并重新办理预留印鉴建档。

5.1.3 预留印鉴变更

单位客户因名称变更、法定代表人或单位负责人变更等原因需变更公章、财务专用章或个人名章的,应向开户行提交变更印鉴申请书,加盖新印鉴卡(正面加盖新印鉴,背面加盖全套旧印鉴,旧印鉴已损毁或者已收缴的,可不加盖旧印鉴)以及原印鉴卡,同时根据不同账户情况提供以下证明资料:

(1)因账户名称变更需变更公章、财务专用章的,还应出具更名后的营业执照等证明文件、法定代表人(单位负责人)或授权代理人的身份证件及法定代表人(单位负责人)的授权书,并在变更印鉴申请书的备注栏注明原户名。

(2)因更换单位法定代表人(单位负责人)或授权代理人需更换预留印鉴,还应出具营业执照等证明文件、法定代表人(单位负责人)或授权代理人的身份证件及法定代表人(单位负责人)的授权书。

(3)预算单位零余额账户预留印鉴变更时,还应出具财政部门批复的零余额账户变更文件。

(4)单位定期存款账户等非结算账户更换印鉴,还应出具存款证实书。

(5)若客户因印鉴遗失或被盗已经预先办理了印鉴挂失手续,在办理印鉴更换手续时,还应提供所有原印鉴挂失的资料作为证明文件。

(6)因原印鉴已经损毁造成无法提供原预留印鉴的,应先按照预留印鉴挂失流程处理后,再办理印鉴变更,且变更时应提供所有原印鉴挂失的资料作为证明文件。

(7)因原预留印鉴被收缴而导致无法提供原预留印鉴的,还应提供公安机关出具的收缴证明或有权刻制印章单位出具的证明或上级机构的收缴文件,无法提供相关证明或文件的,应先按照预留印鉴挂失流程处理后,再办理印鉴变更,且变更时应提供所有原印鉴挂失的资料作为证明文件。

(8)原印鉴卡(客户留存联)无法交回的,客户还应出具单位公函。

预留印鉴与客户信息或账户资料同时办理变更的,相同的证明文件资料可共用。

客户因印章不清晰、磨损或发生遗失、被盗等情况需要更换印鉴的,应出具营业执照等证明文件、法定代表人或单位负责人的身份证件等证明文件;授权他人办理的,还应出具其法定代表人或单位负责人的委托授权书及其身份证件,以及被授权人的身份证件。

经办人员应认真审查客户提交的变更印鉴申请书和相关证明文件,审核无误后,为其办理账户印鉴的变更。

变更后的印鉴启用日期原则上为办理变更手续的次日或企业约定日,约定日不早于办理变更手续的次日。特殊情况确需变更当天启用的,需由客户出具公函,注明"因当天启用新印鉴使原签发票据或结算凭证无法解付的,责任自负"。客户更换印鉴后,对于新印鉴启用日之前签发的票据,只要在票据提示付款期限内,应按原印鉴进行审核验印无误后付款;对于新印鉴启用日及启用日之后签发的票据及其他结算凭证,应按新印鉴进行审核验印无误后付款。

5.1.4 预留印鉴挂失、解挂、补发

客户预留印鉴发生遗失、被盗等情况，应向开户行进行挂失，说明原印鉴失效，要求开户行不再将其作为办理支付结算审核依据。客户申请挂失印鉴，应填写单位银行账户预留印鉴特殊业务申请书，并提供以下证明材料。

1. 单位公章挂失

（1）营业执照正本或副本（统一社会信用代码）等证明文件。
（2）法定代表人或单位负责人身份证件。
（3）授权他人办理的，还应出具经办人身份证件及委托授权书。
（4）公安机关受理刻章（变更、挂失或立案）的证明材料或登报的遗失声明。
（5）原印鉴卡（客户留存联），若原印鉴卡丢失，则应出具无法提供原印鉴卡的单位公函。

2. 客户财务专用章或个人名章挂失

（1）营业执照正本或副本（统一社会信用代码）等证明文件。
（2）法定代表人或单位负责人身份证件。
（3）授权他人办理的，还应出具经办人身份证件及委托授权书。
（4）原印鉴卡（客户留存联），若原印鉴卡丢失，则应出具无法提供原印鉴卡的单位公函。

3. 客户预留印鉴全部挂失

提供的证明材料同公章挂失的证明材料。

办理印鉴挂失后，挂失日前签发的票据在提示付款期内的，仍按原预留印鉴审核验印后支付款项。

客户留存的印鉴卡丢失，如果该账户在当天办理销户或变更，则应出具印鉴卡遗失、风险自担的声明，如果该账户继续使用，则按照印鉴变更的流程办理印鉴卡的更换。

印鉴丢失后又找回的，客户可申请办理印鉴解挂。

印鉴丢失后，客户申请补发的，须填写印鉴特殊业务申请书和加盖新印鉴的印鉴卡，并提供以下证明材料：原办理挂失业务的印鉴特殊业务申请书；营业执照正本或副本（统一社会信用代码）等证明文件；法定代表人或单位负责人身份证件，委托他人办理的还须提交授权委托书、经办人身份证件；若约定使用特殊组合预留印鉴，须填写预留印鉴组合约定申请书；有共用印鉴的，还须填写单位银行印鉴共用申请书。

客户补办预留印鉴后，新印鉴启用日为补办日次日或客户约定日（客户约定日不得早于补办日次日）。

5.1.5 预留印鉴注销

开户行在系统中办理销户后，系统自动注销印鉴，若有印鉴共用账户还未注销，系统会在全部账户销户完成后自动注销印鉴。

【学习测试】

1. 什么是客户预留印鉴？
2. 无字号个体工商户凭营业执照以经营者姓名开立的银行账户和注册验资账户，其预留印鉴分别是什么？
3. 客户变更预留印鉴后，新印鉴启用日为哪天？
4. 对于印鉴变更前后签发的票据，其付款有什么说法？
5. 客户预留印鉴挂失可分为哪几种情况？
6. 某网点印鉴变更后新印鉴启用日为5月12日，5月12日该网点收到H单位提交的一份出票日期为5月12日的现金支票，支票上加盖的印鉴为旧印鉴，验印时无法通过，柜员擅自将出票日期改为5月10日后支付客户现金。请问：该柜员的做法对吗？为什么？

【学习评价】

1. 客户预留印鉴是指：_____

2. 无字号个体工商户凭营业执照以经营者姓名开立的银行账户，其预留印鉴为：_____

注册验资户的预留印鉴为：_____

3. 客户变更预留印鉴后，新印鉴启用日为：_____

4. 对于印鉴变更前后签发的票据，其付款说法如下：_____

5. 客户预留印鉴挂失可分为：_____

6. 该柜员的做法_____，原因如下：_____

【能力拓展】

案例分析

2002年6月,陕西省铜川远丰公司因业务需要在广州市设立存款账户。经人介绍,一名自称是招商银行环东支行"刘主任"的人提出可在环东支行开立存款账户。

6月12日,该"刘主任"带领远丰公司工作人员到环东支行办理开户手续。远丰公司填写了"开立人民币存款账户申请书"和"企业电话银行服务申请书",在开户申请书上加盖了单位行政公章,在电话银行服务申请书上按规定加盖了单位预留印鉴两枚,一枚是财务专用章,一枚是法定代表人私章。上述两份申请书均由银行盖章确认。

接着,远丰公司按照银行要求办理了预留印鉴卡片手续,填写了"招商银行印鉴卡"。印鉴卡背面开户申请人身份认证栏里加盖了行政公章,正面预留了与电话银行服务申请书上预留印鉴一致的两枚印鉴。在办理上述手续的过程中,远丰公司工作人员被安排坐在服务室,主要手续在远丰公司加盖印章后由"刘主任"前去柜台办理。开户手续办理完毕后,银行将开户申请书、电话银行服务申请书、印鉴卡各一份交给远丰公司留存。

6月16日,远丰公司通过电汇方式向其设在环东支行的账户上转入450万元,但当其在6月19日去环东支行查询该笔账项时,却被告知账上资金仅余5 000元。远丰公司立即向公安机关报案。

经公安机关侦查,所谓的"刘主任"并非环东支行主任。6月18日,犯罪嫌疑人"刘主任"以加盖伪造印鉴的汇款凭证将远丰公司449.5万元汇出。经技术鉴定,该虚假汇款凭证加盖的伪造印鉴与环东支行保留的远丰公司预留印鉴卡上的预留印鉴一致。而环东支行保留的预留印鉴卡已被调换。调换后的印鉴卡背面加盖的远丰公司行政公章与远丰公司在开户申请书上加盖的行政公章不同,正面预留的财务专用章及法定代表人私章与电话银行服务申请书上远丰公司预留的财务专用章及法定代表人私章不一致。

其后,远丰公司要求环东支行承担偿付存款本息责任,环东支行以"刘主任"为远丰公司经办人为由,拒绝了远丰公司的要求。

这起银行储户预留印鉴卡被盗案件,银行是否承担责任?

子模块 2　熟知档案管理

【知识准备】

5.2.1　账户资料

账户资料指单位客户在本行办理本外币账户开户、销户和信息变更等业务时，提交的申请表、证明材料以及签订的协议等，主要包括开户申请书、开户调查书、单位证明文件复印件、法定代表人或其授权代理人有效身份证件复印件、账户管理协议等。

开户意愿真实性核实过程中留存的音频、视频资料，应作为账户开户资料按要求予以保存。

账户资料应上交运营中心稽核作为稽核原始凭证保管。对于在实际办理业务中有调阅需求的营业机构，可留存账户资料的复印件，复印件的保管要求同原件。

原开户证明材料（如营业执照、法人证实书等）过期后，客户应提供新的有效证明材料复印件，并作为稽核原始凭证保管。

账户资料档案的保管期限为账户撤销后 10 年。

5.2.2　印鉴卡

加盖单位预留印鉴的印鉴卡应作为重要运营档案进行保管，指定专人负责。

印鉴卡单独保管。单独保管的印鉴卡，应按照印鉴卡编号顺序整理并放入保险柜中保管。印鉴卡的保管期限同账户资料档案。

非客户印鉴卡经管人员不得随意翻阅印鉴卡片。如确需查询，应按查阅运营档案的规定办理相关审批及借阅手续，严禁任何部门或人员复制银行账户预留印鉴。保管人员调动或临时换岗必须办理印鉴卡片交接手续。

各级行应按季对所属机构的预留印鉴进行抽查，做好检查记录。对于检查中发现有不符的情况，应认真查找原因，记录不符原因并及时整改。

各级行在对预留印鉴进行检查时，主要检查但不限于：行内业务系统中已建库客户印鉴数量与印鉴卡片数量是否相符；凭印鉴办理业务的账户是否都有预留印鉴；行内业务系统中已建库的印鉴与印鉴卡上的预留印鉴是否相符等。

变更预留印鉴、销户或其他原因作废的印鉴卡，应剪角作废，作为稽核原始凭证妥善保管。

【学习测试】

1. 账户资料包括哪些？
2. 账户资料档案的保管期限为多久？
3. 印鉴卡的保管有什么要求？

【学习评价】

1. 账户资料包括：_____
_____
_____
_____

2. 账户资料档案的保管期限为：_____
_____
_____
_____

3. 印鉴卡的保管要求如下：_____
_____
_____
_____

【能力拓展】

1. 单位银行账户管理之我见。

2. 在对 S 支行的业务检查中调阅录像资料发现,该行低柜柜员张三在办理业务过程中,有一客户来到柜台前面,张三从其柜台内取出重空保管盒并从中拿出一份(三联)空白印鉴卡,递到客户手中,客户随后从张三面前消失,录像中并未显示客户具体去向,约 20 分钟后,客户将加盖了预留印鉴的印鉴卡交回。试分析这个案例中所存在的风险。

请把分模块五的主要内容在本页通过思维导图的形式呈现出来。

模块三　公司结算

分模块六　三票

【分模块概述】

票据是由出票人签发的、承诺自己或者委托他人在见票时或者到期日无条件支付确定金额给持票人的有价证券。《中华人民共和国票据法》中的票据是指汇票、本票和支票，即本模块所指的三票。分模块六在于帮助学习者认识单位间的非现金结算工具，培养票据和结算凭证的填制和审核能力，熟悉支票、汇票、本票和同城票据交换的基本规定，能够依规进行票据结算的业务处理，树立维护国家金融安全、保护客户合法权益的良好品质，具备严守秘密的银行从业人员职业操守，具备行为守法、业务合规、履职遵纪的行业规范。

【分模块目标】

知识目标：掌握支票、汇票和本票的概念与分类；
　　　　　熟悉支票、汇票、本票和同城票据交换的基本规定；
　　　　　熟悉票据的权利及票据丧失的补救措施。
技能目标：能够规范填写和审核票据和结算凭证；
　　　　　能够依规进行票据结算业务的处理。
素质目标：树立维护国家金融安全、保护客户合法权益的良好品质；
　　　　　具备严守秘密的银行从业人员职业操守；
　　　　　具备行为守法、业务合规、履职遵纪的行业规范。

【知识地图】

```
模块三 公司结算 ── 分模块六 三票 ┬── 子模块1 初识三票
                                  ├── 子模块2 填制与审核票据和结算凭证
                                  ├── 子模块3 熟知票据相关规定
                                  ├── 子模块4 熟悉票据结算业务处理
                                  ├── 子模块5 理解票据权利
                                  └── 子模块6 理解同城票据交换
```

子模块1 初识三票

【知识准备】

6.1.1 支票概述

1. 支票的概念

支票是出票人签发的,委托办理支票存款业务的银行或者其他金融机构在见票时无条件支付确定的金额给收款人或者持票人的票据。开立支票存款账户,申请人必须使用其本名,并提交证明其身份的合法证件。开立支票存款账户和领用支票,应当有可靠的资信,并存入一定的资金。开立支票存款账户,申请人应当预留其本名的签名式样和印鉴。

2. 支票分类

支票既可以支取现金,也可以转账。按照支付票款的方式划分,可以将支票分为现金支票、转账支票和普通支票。

(1)现金支票。

支票上印有"现金"字样的为现金支票(见图6-1),现金支票只能用于支取现金,不能背书转让。

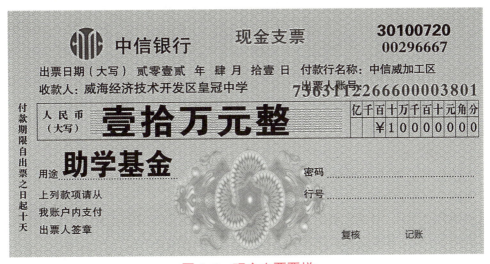

图6-1 现金支票票样

(2)转账支票。

支票上印有"转账"字样的为转账支票(见图6-2),转账支票只能用于转账,可以背书转让。

(3)普通支票。

支票上未印有"现金"或"转账"字样的为普通支票,普通支票既可以用于支取现金,也可以用于转账,能够背书转让。

图 6-2 转账支票票样

在普通支票左上角划两条平行线的,为划线支票(见图 6-3)。划线支票只能用于转账,不得支取现金。

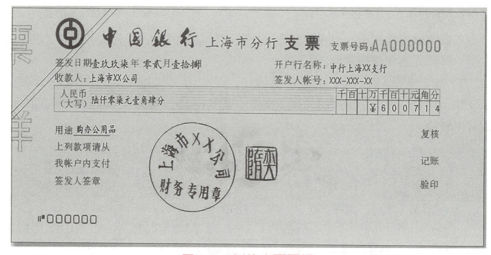

图 6-3 划线支票票样

3. 支票记载内容

支票必须记载下列事项:表明"支票"的字样;无条件支付的委托;确定的金额;付款人名称;出票日期;出票人签章。

支票上的金额、日期、收款人名称不得更改,票据金额以中文大写和数码同时记载且二者必须一致,如果违反这些规定,都将导致支票无效。

6.1.2 银行汇票概述

银行汇票是出票银行签发的,由其在见票时按照实际结算金额无条件支付给收款人或者持票人的票据。银行汇票票样如图 6-4 所示。

签发银行在签发银行汇票后,一般交给申请人带到异地,由异地银行代理签发银行审核后支付汇票款项。异地代理签发银行审核支付汇票款项的银行为代理付款人,而银行汇票的签发银行为付款人。

银行汇票的必须记载事项包括：表明"银行汇票"字样；无条件支付委托；出票金额；付款人名称；收款人名称；出票日期；出票人签章。欠缺以上记载事项之一的，银行汇票无效。

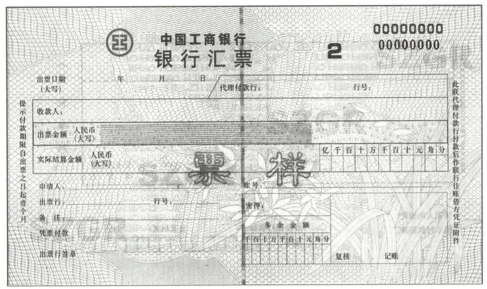

图 6-4　银行汇票票样

银行汇票以银行信用为基础，由银行在见票时无条件付款，可在全国范围内使用，且结算时可小于出票金额，多余金额退回原申请人账户。银行汇票一式四联（卡片联、银行汇票、解讫通知、多余款收账通知）。"银行汇票"的打印要夹复写纸一次打印，不可分开打印。

6.1.3　商业汇票概述

1. 商业汇票的概念及分类

银行承兑汇票

商业汇票是出票人签发的，委托付款人在指定日期无条件支付确定的金额给收款人或者持票人的票据。

根据承兑人的不同，商业汇票分为银行承兑汇票和商业承兑汇票。银行承兑汇票是由出票人签发并由其开户银行承兑的票据。银行承兑汇票应由在承兑银行开立存款账户的存款人签发。商业承兑汇票是指由银行以外的付款人承兑的票据。商业承兑汇票可以由付款人签发并承兑，也可以由收款人签发交由付款人承兑。商业汇票的付款人为承兑人。银行承兑汇票票样和商业承兑汇票票样分别如图 6-5 和图 6-6 所示。

2. 商业汇票的承兑

承兑是指汇票付款人承诺在汇票到期日支付汇票金额的票据行为。商业汇票的付款人为承兑人。付款人对向其提示承兑的汇票，应当自收到提示承兑的汇票之日起 3 日内承兑或者拒绝承兑。付款人收到持票人提示承兑的汇票时，应当向持票人签发收到汇票的回单。回单上应当记明汇票提示承兑日期并签章。

商业汇票的承兑银行，必须具备下列条件：与出票人具有真实的委托付款关系；具有支付汇票金额的可靠资金；内部管理完善，经其法人授权的银行审定。

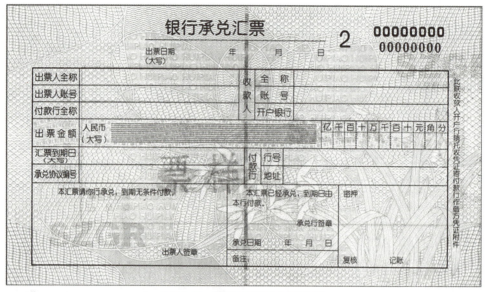

银行承兑汇票 2 00000000 00000000
出票日期（大写） 年 月 日
出票人全称
出票人账号
付款行全称
收款人 全称 账号 开户银行
出票金额 人民币（大写） 亿 千 百 十 万 千 百 十 元 角 分
汇票到期日（大写）
付款行 行号 地址
承兑协议编号
本汇票请你行承兑，到期无条件付款。
出票人签章
本汇票已经承兑，到期日由本行付款。
承兑行签章
承兑日期 年 月 日
备注：
密押
复核 记账
此联收款人开户行随托收凭证寄付款行作借方凭证附件

图 6-5 银行承兑汇票票样

商业承兑汇票 2 00000000 00000000
出票日期（大写） 年 月 日
付款人 全称 账号 开户银行
收款人 全称 账号 开户银行
出票金额 人民币（大写） 亿 千 百 十 万 千 百 十 元 角
汇票到期日（大写）
付款人开户行 行号 地址
交易合同号码
本汇票已经承兑，到期无条件付票款。
承兑人签章
承兑日期 年 月 日
本汇票请予以承兑于到期日付款。
出票人签章
此联持票人开户行随托收凭证寄付款人开户行作借方凭证附件

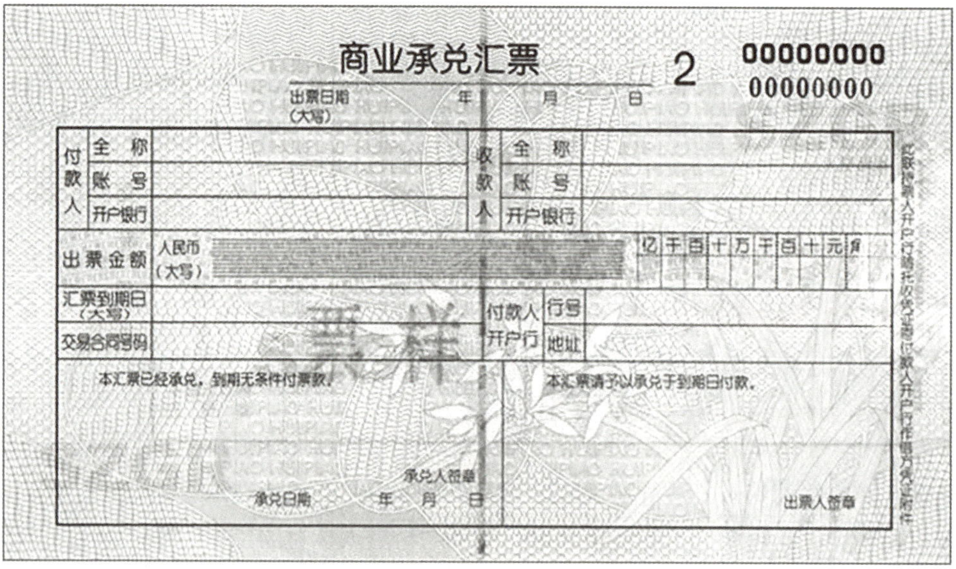

图 6-6 商业承兑汇票票样

提示承兑是指持票人向付款人出票汇票，并要求付款人承诺付款的行为。

商业承兑汇票可以由付款人签发并承兑，也可以由收款人签发交由付款人承兑。

出票人或持票人向银行提示承兑时，银行的信贷部门负责按照有关规定和审批程序，对出票人的资格、资信、购销合同和汇票记载的内容进行认真审查，必要时可由出票人提供担保。符合规定和承兑条件的，与出票人签订承兑协议。

银行承兑后,即承担该票据付款的责任。

付款人应当自收到提示承兑的汇票之日起3日内承兑或者拒绝承兑。

付款人承兑汇票不得附有条件;承兑附有条件的,视为拒绝承兑。

付款人承兑汇票后,应当承担到期付款的责任。

3. 商业汇票使用的注意事项

在银行开立存款账户的法人以及其他组织之间,必须具有真实的交易关系或债权债务关系,才能使用商业汇票。

签发商业汇票必须记载下列事项:表明"商业承兑汇票"或"银行承兑汇票"的字样;无条件支付的委托;确定的金额;付款人名称;收款人名称;出票日期;出票人签章。欠缺记载上列事项之一的,商业汇票无效。

6.1.4 银行本票概述

1. 银行本票的概念

银行本票是以银行信用为基础,由银行签发的,承诺自己在见票时无条件支付确定的金额给收款人或者持票人的票据。银行本票见票即付。单位和个人在同一票据交换区域范围内支付的各种款项均可使用银行本票(当地中国人民银行另有规定的,从其规定)。本票的出票人必须具有支付本票金额的可靠资金来源,并保证支付。

2. 银行本票的分类

银行本票分为现金银行本票和转账银行本票。申请人或收款人为单位的,不得申请签发现金银行本票,银行也不得为其签发现金银行本票。现金银行本票的代理付款行必须为出票行系统内的营业机构,转账银行本票的代理付款行可为持票人开立账户的任一银行营业机构。用于转账的本票,本票上应勾选"转账"字样;用于支取现金的本票,本票上应勾选"现金"字样,未勾选的本票一律按转账本票处理。现金本票不得转让,转账本票可以背书转让。转账本票背书转让给被背书人时,本票与粘单(粘单与粘单)的粘合处需加盖被背书人的骑缝章。非清分机本票票样和清分机本票票样如图6-7、图6-8所示。

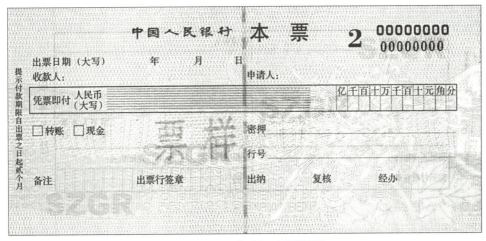

图6-7 非清分机本票票样

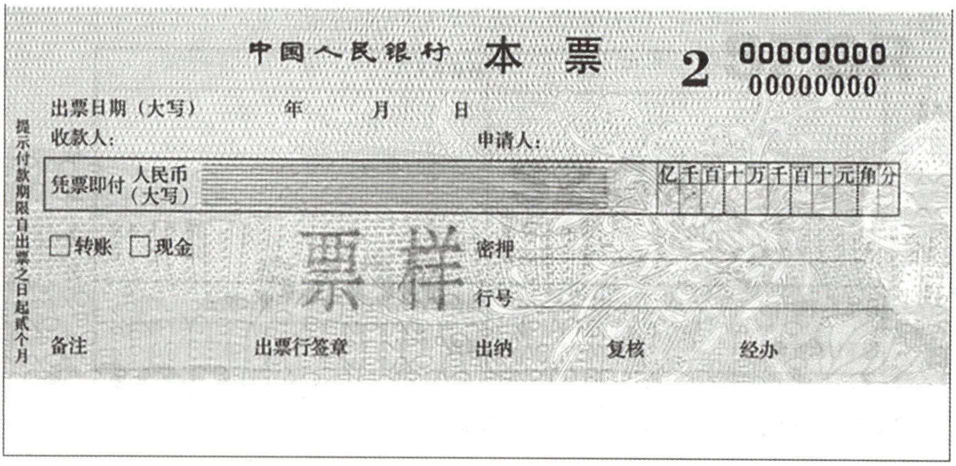
中国人民银行 本票 2 00000000 00000000
提示付款期限自出票之日起贰个月
出票日期（大写） 年 月 日
收款人： 申请人：
凭票即付 人民币（大写） 亿 千 百 十 万 千 百 十 元 角 分
□转账 □现金 票样 密押
行号
备注 出票行签章 出纳 复核 经办

图 6-8 清分机本票票样

3. 本票必须记载下列事项：

（1）表明“本票”的字样。

（2）无条件支付的承诺。

（3）确定的金额。

（4）收款人名称。

（5）出票日期。

（6）出票人签章。

本票上未记载前款规定事项之一的，本票无效。

【学习测试】

1. 支票的种类有哪些？

2. 支票、银行汇票、商业汇票、银行本票的必须记载事项分别有哪些？

3. 票据上不得更改的事项有哪些？票据上可以更改项的更改方式与规定有哪些？

4. 请从出票人、提示付款有效期、信用度等方面对支票、银行汇票和银行承兑汇票进行对比。

5. 请从开立范围、开立程序、对银行的付款责任等方面对银行汇票、银行承兑汇票、商业承兑汇票进行对比。

【学习评价】

1. 支票的种类有：_____
   _____
   _____

2. 支票的必须记载事项有：_____
   _____
   _____

   银行汇票的必须记载事项有：_____
   _____
   _____

   商业汇票的必须记载事项有：_____
   _____
   _____

   银行本票的必须记载事项有：_____
   _____
   _____

3. 票据上不得更改的事项有：_____
   _____
   _____

   票据上可以更改项的更改方式与规定有：_____
   _____
   _____

4. 支票、银行汇票和银行承兑汇票的对比如下。
   （1）出票人方面。
   支票：_____
   银行汇票：_____
   银行承兑汇票：_____
   （2）提示付款有效期方面。
   支票：_____
   银行汇票：_____
   银行承兑汇票：_____
   （3）信用度方面。
   支票：_____
   银行汇票：_____
   银行承兑汇票：_____

5. 银行汇票、银行承兑汇票、商业承兑汇票的对比如下。

（1）开立范围。

银行汇票：_____

银行承兑汇票：_____

商业承兑汇票：_____

（2）开立程序。

银行汇票：_____

银行承兑汇票：_____

商业承兑汇票：_____

（3）对银行的付款责任。

银行汇票：_____

银行承兑汇票：_____

商业承兑汇票：_____

【能力拓展】

1. 请同学们了解电子支票的概念及相关规定,并与纸质的支票进行比较。

2. 请同学们了解哪些城市应用本票较多,你觉得主要原因是什么?

3. 试分析下述案例给你带来的启示。

案情简介:2012 年,电器厂通过交易从黄某处取得电器公司为出票人的支票,在银行拒付后,又因保管不慎,支票因洗衣机水洗仅剩残片,除显示票据号码外,其余内容均不清晰。电器厂持该支票残片诉请电器公司支付票款。

法院认为:(1)本案为票据追索权纠纷。电器厂提供的退票理由书及进账单,足以证明电器厂持支票提示付款后被拒绝付款。依《中华人民共和国票据法》第八十四条规定,"支票必须记载下列事项:①表明'支票'的字样;②无条件支付的委托;③确定的金额;④付款人名称;⑤出票日期;⑥出票人签章。支票上未记载前款规定事项之一的,支票无效。"本案中,电器厂提供的支票残片,显示的票据号码与退票理由书及支票存根记载的支票号码一致,但该票据残片本身并不能反映该票据残片记载有"支票"字样、无条件支付的委托、支票金额、付款人名称、出票日期、出票人签章这六项支票必须记载事项,亦无法辨认收款人名称。(2)电器公司尽管确认其提供的支票存根对应的支票与电器厂提供的退票理由书对应的支票是同一张支票,但不确认其提供的支票存根对应的支票与电器厂持有的支票残片是同一张支票,黄某证人证言、双方提供的证据、双方庭审陈述亦不足以证明该支票残片与支票存根对应支票,或退票理由书对应的支票是同一张支票。综合以上分析,《中华人民共和国票据法》第八十四条规定的支票必须记载事项是法定形式要件,支票上未记载规定事项之一的,支票即应认定为无效。电器厂提供的票据残片,除显示票据号码外,其余内容均不清晰,故本案电器厂持有的支票残片应认定为无效。电器厂持该支票残片等证据向电器公司行使票据追索权,诉请电器公司向其支付款项及利息,理据不足,判决驳回电器厂诉请。

子模块 2　填制与审核票据和结算凭证

【知识准备】

6.2.1　票据填写基本规范

票据填写

（1）支票填写必须使用碳素墨水或墨汁。

（2）提示付款期。

现金支票、转账支票和普通支票提示付款期是自出票之日起 10 天（自出票之日次日算起）；电汇凭证只能当天办理。

银行承兑汇票提示付款期是自汇票到期日起 10 日。

（3）票据和结算凭证的金额、出票或签发日期、收款人名称不得更改，更改的票据无效；更改的结算凭证，银行不予受理。

（4）票据和结算凭证金额以中文大写和阿拉伯数字同时记载，二者必须一致，二者不一致的票据无效；二者不一致的结算凭证，银行不予受理。

（5）票据背书转让时，由背书人在票据背面签章、记载被背书人名称和背书日期。背书未记载日期的，视为在票据到期日前背书。

以背书转让的票据，背书应当连续。背书连续是指票据第一次背书转让的背书人是票据上记载的收款人，前次背书转让的被背书人是后一次背书转让的背书人，依次前后衔接，最后一次背书转让的被背书人是票据的最后持票人；票据的背书人应当在票据背面的背书栏依次背书。背书栏不敷背书的，可以使用统一格式的粘单，粘附于票据凭证上规定的粘接处。粘单上的第一记载人，应当在票据和粘单的粘接处签章。

持票人委托银行收款或以票据质押的，除按上款规定记载背书外，还应在背书人栏记载"委托收款"或"质押"字样。

（6）现金支票不得背书转让。

（7）票据和结算凭证的金额、出票或签发日期、收款人名称不得更改，更改的票据无效；更改的结算凭证，银行不予受理。

对票据和结算凭证上的其他记载事项，原记载人可以更改，更改时应当由原记载人在更改处签章证明。

6.2.2　票据或结算凭证金额填写规范

（1）中文大写金额数字应用正楷或行书填写，如壹、贰、叁、肆、伍、陆、柒、捌、玖、拾、佰、仟、万、亿、元、角、分、零、整（正）等字样。如果金额数字书写中使用繁体字，如貳、陸、億、萬、圓（圆）的，也应受理。

（2）中文大写金额数字到"元"为止的，在"元"之后，应写"整"（或"正"）字，在"角"之后可以不写"整"（或"正"）字。大写金额数字有"分"的，"分"后面不写"整"（或"正"）字。

（3）中文大写金额数字前应标明"人民币"字样，大写金额数字应紧接"人民币"字样填写，不得留有空白，大写金额数字有"分"的，"分"后面不写"整"（或"正"）字。

（4）阿拉伯小写金额数字中有"0"时，中文大写应按照汉语语言规律、金额数字构成和防止涂改的要求进行书写。举例如下：

①阿拉伯数字中间有"0"时，中文大写金额要写"零"字。如￥1 409.50，应写成人民币壹仟肆佰零玖元伍角。

②阿拉伯数字中间连续有几个"0"时，中文大写金额中间可以只写一个"零"字。如￥6 007.14，应写成人民币陆仟零柒元壹角肆分。

③阿拉伯金额数字万位或元位是"0"，或者数字中间连续有几个"0"，万位、元位也是"0"，但千位、角位不是"0"时，中文大写金额中可以只写一个零字，也可以不写"零"字。如￥1 680.32，应写成人民币壹仟陆佰捌拾元零叁角贰分，或者写成人民币壹仟陆佰捌拾元叁角贰分；又如￥107 000.53，应写成人民币壹拾万柒仟元零伍角叁分，或者写成人民币壹拾万零柒仟元伍角叁分。

④阿拉伯金额数字角位是"0"，而分位不是"0"时，中文大写金额"元"后面应写"零"字。如￥16 409.02，应写成人民币壹万陆仟肆佰零玖元零贰分；又如￥325.04，应写成人民币叁佰贰拾伍元零肆分。

⑤阿拉伯小写金额数字前面，均应填写人民币符号"￥"。阿拉伯小写金额数字要认真填写，不得连写分辨不清。

6.2.3　票据出票日期填写规范

票据的出票日期必须使用中文大写。为防止变造票据的出票日期，在填写月、日时，月为壹、贰和壹拾的，日为壹至玖和壹拾、贰拾和叁拾的，应在其前加"零"；日为拾壹至拾玖的，应在其前加"壹"。如1月15日，应写成零壹月壹拾伍日。再如10月20日，应写成零壹拾月零贰拾日。

票据出票日期使用小写填写的，银行不予受理。大写日期未按要求规范填写的，银行可予受理，但由此造成损失的，由出票人自行承担。

6.2.4　各类凭证填写要求

各行在填写票据和凭证时，出票日期、金额、收款人、支付密码不得涂改。其他允许更改的，信息变更须原记载人签章。

1. 现金交款单

现金交款单填写说明：现金交款单用于客户持现金办理购买单证、结算账户存入、支付账户管理费等，现金缴款单一式三联，第一联银行留存备查，第二联交款客户留存，第三联为收款客户入账通知。现金柜员收入现金，办理网点业务收款的业务，其后续需要前台柜员办理"客户单证出售""活期现金存入""特殊业务收费"等交易，如是我行收取的手续费、开户费等费用，现金交款单中账户名称和账号不得填写，如客户办理向客户账存入现金，须填写账户名称和账号。

现金交款单必填项：出票日期；账户名称；缴款人；款项来源；币种；金额。

2. 单证购买申请书

单证购买申请书用于客户从我行购买支付凭证，主要包括支票、电汇凭证等；单证购买申请书需签章，签章与预留印鉴相符；签收人需在打印的内部通用凭证签字确认，单证购买申请书可以不签字；单证购买申请书一式两联，第一联为银行留底联，第二联为客户记账联。

购买单证申请书必填项：申请日期；账号；户名；经办人身份信息；资费收取方式；凭证类型和份数；加盖预留印鉴。

3. 转账支票

转账支票用于在同城范围内对他行客户或向行内客户支付款项，转账支票对外付款必须同时填写进账单；转账金额不超过 50 万元（含）时可以向加入小额支付清算系统的异地他行客户付款（提出支票（影像））；

进账单一式三联，第一联为开户银行交给持票人的回单，第二联为收款人开户银行作贷方凭证，第三联为收款人开户银行交收款人的收款通知。

转账支票必填项：出票日期；收款人；出票人账号；金额；预留印鉴；转个人超过 5 万元必须填写用途。

进账单必填项：出票日期；出票人户名、账号、开户银行；收款人户名、账号、开户银行；金额。

4. 电汇凭证

电汇凭证可用于向行外客户或行内客户付款，无区域限制，电汇凭证一式三联，第一联为汇出行给汇款人的回单，第二联为汇出行作借方凭证，第三联汇出行凭以汇出汇款；三联填写必须一致；电汇凭证第二联加盖客户预留印鉴，如办理支付金额低于 5 万元的跨行汇款业务时，勾选"普通"的通过普通付款交易，勾选"加急"的通过实时付款交易办理，支付金额超过 5 万元（含）的跨行汇款业务，一律通过实时付款交易办理。

电汇凭证必填项：委托日期；汇款人户名、账号、汇出地点、汇出行名称；收款人户名、账号、汇入地点、汇入行名称；汇款金额；第二联加盖预留印鉴。

5. 特种转账借方凭证

特种转账借方凭证用于本行主动发起的扣客户账的交易，即借记客户账户，贷记本行内部账户。可以使用特种转账凭证的交易包括因柜员原因造成的差错经客户同意后调整、验资户销户资金划出、账户扣划等，各级机构不得应客户要求使用特种转账借方凭证办理客户账对外付款。

特种转账借方凭证一式三联，第一联为付款人回单联，第二联为付款人开户银行记账联，第三联为收款人开户银行记账联，填写时需在大写金额前加"人民币"字样，大写数字紧挨人民币填写，总行或者省行明确规定的业务中需要使用特种转账借方凭证的，网点柜面可根据业务制度规定，在转账原因处填写具体事由，可不填写业务审批单。无制度依据使用特种转账凭证借记客户账户的，需出具监管部门或政府主管部门或本行业务部门出具的审批和我行与客户签订的协议或我行与政府主管部门签订的协议。

特种转账借方凭证必填项：出票日期；汇款人户名、账号、开户银行；收款人户名、账号、开户银行；金额。

6. 特种转账贷方凭证

特种转账贷方凭证用于借记开户银行内部账户贷记客户账户的业务，特种转账贷方凭证用于开户银行主动发起的业务，使用特种转账凭证办理业务必须是客户资金因各种原因划转到开户银行网点内部账户，如因开户银行柜员原因造成的差错经客户同意后调整客户账户余额、未在开户银行开立结算账户的客户存入定期存款或定期存款到期销户资金划转至他行来款账户等，不得应客户要求使用特种凭证。使用特种转账贷方凭证办理业务，需出具内部来账的凭证，证明资金已划转至开户银行内部账户，需通过开户银行内部户付给客户。网点填写转账原因，提交原来账依据证明是要划出款项后，可不再出具业务审批单。但因柜员差错原因需调整客户账户余额的，应出具业务审批单。

特种转账贷方凭证必填项：出票日期；汇款人户名、账号、开户银行；收款人户名、账号、开户银行；金额。

7. 托收凭证

托收凭证开户银行客户向开户银行提供银行承兑汇票、存单等债权凭证，委托开户银行向其他行出票人收款或者根据销货合同，开户银行客户向开户银行提供货物邮寄清单等邮寄证明，委托开户银行向付款人收取款项时，办理委托收款或托收承付业务填写的凭证。托收凭证一式五联，第一联为收款人开户银行给收款人的受理回单，第二联是收款人开户银行作贷方凭证，需要收款人签章；第三联是付款人开户银行作借方凭证，需要收款人开户银行签章（结算专用章）；第四联是付款人开户银行凭以汇款或收款人开户银行作收款通知，需要收款人开户银行签章（结算专用章）；第五联是付款人开户银行给付款人按期付款通知；付款人开户银行付款后签章。其中第三、四、五联，付款人开户银行收到寄来的委托收款凭证后，需立即通知付款人，并在托收凭证右上角付款期限记录（一般为 3 天）。

6.2.5 票据和结算凭证审核要求

1. 票据和结算凭证合规性审查

合规性审查按照票据和凭证填写规范，对于票据无效或填写错误的，应拒绝办理业务；对于填写不规范的，如票据出票日期大写不规范，可以受理，但由此造成的损失由客户承担。

2. 票据和结算凭证一致性审查

（1）票据和结算凭证的结算金额同时以中文大写和小写同时记载的，两者应一致，不一致的银行不予受理。

（2）客户提交票据和结算凭证办理结算，需同时填写其他凭证的，两者的收款人名称、金额、票据号码应一致，不一致的银行不予受理。

（3）柜员录入系统收付款人户名、账号、金额、票据号码、出票日期等必须与实际票据和结算凭证一致。

（4）支票上的签章应与预留印鉴一致，柜员通过电子验印系统进行核验。

（5）银行承兑汇票上的签章，出票人签章与客户在银行留存的预留印鉴一致，承兑人签章应为承兑行的"汇票专用章"。

（6）其他结算凭证应加盖单位印章与预留印鉴一致。

3. 转个人用途审查

单位向个人转账单笔超过5万元的，单位应在付款用途或备注栏注明用途，用途的真实性由付款单位负责，银行在审核中，应要求向个人转账超过5万元需客户填写具体款项，不得以"往来款""货款"等笼统概述，柜员应审核客户填写的具体款项，判断是否允许转入个人账户。

下列款项可以转入个人账户：

工资、奖金收入，适用对象包括所有个人；付款用途栏填写模板：工资款、奖金款。

稿费、演出费等劳务收入，仅限新闻出版和演出主办单位对外付款；付款用途栏填写模板：稿费、演出费、技术指导费等具体劳务项目。

债券、期货、信托等投资的本金和收益，仅限证券公司、期货公司、信托投资公司、奖券发行或承销部门对外付款；付款用途栏填写模板：债券本金、债券收益、期货本金、期货收益、信托本金、信托收益、彩票款等。

个人债权或产权转让收益，适用于法人及投资人；付款用途栏填写模板：入股本金、入股分红、股金转让款等。

个人贷款转存；付款用途栏填写模板：贷款、借款，非金融机构客户向法人或其他个人转账付款用途填写借款或贷款，需提供借款协议或借据等依据。

证券交易结算资金和期货交易保证金；付款用途栏填写模板：股票款、退回保证金等。

继承、赠予的款项；付款用途栏填写模板：付**入股继承款、对**捐赠款等。

保险理赔、保费退还等款项；付款用途填写模板：保险理赔款、保费退还。

纳税退还；付款用途填写模板：退税。

农、副、矿产品销售收入；付款用途填写模板：购粮款、购菜款、购蛋款、购树款等购买的具体物品款项。

其他合法款项；付款用途栏填写模板：应填写真实的交易款项，不得填写如购海洛因款、购甲基苯丙胺等购买毒品名称，不得填写购买枪支等违法交易款项。

客户被纳入可疑交易账户的，以上交易除填写付款用途外，均需提供付款依据。

【学习测试】

1. 请写出下列日期或金额的大写：
   （1）2012 年 10 月 11 日。
   （2）2017 年 3 月 10 日。
   （3）¥27 108.04。
   （4）¥102 020.50
2. 转账支票的必填项有哪些？

【学习评价】

1. （1）2012 年 10 月 11 日的大写为：_____
   （2）2017 年 3 月 10 日的大写为：_____
   （3）¥271 08.04 的大写为：_____
   （4）¥102 020.50 的大写为：_____
2. 转账支票的必填项有：_____
_____
_____

【能力拓展】

给定如下空白支票，能够按照支票必须记载事项规定进行规范填写。

子模块 3 　熟知票据相关规定

【知识准备】

6.3.1 　支票的相关规定

1. 办理条件

（1）开立结算账户。

无论是企事业单位还是个人，均需持有效证明文件到办理支票结算业务的银行机构开立可以使用支票的结算账户，并存入足够资金用以签发支票。

（2）预留银行签章。

开立支票存款账户时，银行会要求账户拥有人预留签章。预留签章是银行审核支票付款的依据。客户也可以和银行约定在支票上使用支付密码，作为银行审核支付支票金额的条件。

（3）具备可靠资信。

支票是基于信用度的支付工具，出票人的良好信誉是确保支票最终获得付款的重要条件。因此，为保障支票收款人的利益，银行将对申请开办支票业务的企事业单位和个人的资信情况进行审查，根据审查结果决定是否向其出售支票。

2. 金额和收款人

支票上的金额可以由出票人授权补记，未补记前的支票，不得使用。支票上未记载收款人名称的，经出票人授权，可以补记。出票人可以在支票上记载自己为收款人。

支票的出票人所签发的支票金额不得超过其付款时在付款人处实有的存款金额。出票人签发的支票金额超过其付款时在付款人处实有的存款金额的，为空头支票。禁止签发空头支票。支票的出票人不得签发与其预留本名的签名式样或者印鉴不符的支票。出票人必须按照签发的支票金额承担保证向该持票人付款的责任。

3. 提示付款

支票的出票人应当自出票日起 10 日内提示付款，到期日遇法定节假日顺延。超过提示付款期限的，付款人可以不予付款；付款人不予付款的，出票人仍应当对持票人承担票据责任。持票人可以委托开户银行收款或直接向付款人提示付款。用于支取现金的支票仅限于收款人向付款人提示付款。

持票人委托开户银行收款时，应作委托收款背书，在支票背面背书人签章栏签章，记载"委托收款"字样、背书日期，在被背书人栏记载开户银行名称，并将支票和填制的进账单送交开户银行。持票人持用于转账的支票向付款人提示付款时，应在支票背面背书人签章栏签章，并将支票和填制的进账单交送出票人开户银行。收款人持用于支取现金的支票向付款人提示付款时，应在支票背面"收款人签章"处签章，持票人为个人的，还需交验本人身份证件，并在支票背面注明证件名称、号码及发证机关。

4. 支票背书

支票的背书是指以转让支票权利为目的，或者以将支票权利授予他人行使为目的，在支票背面或者粘单上记载有关事项并签章的票据行为。

支票的背书应遵循以下规定：

（1）支票的背书人可以在支票上记载"不得转让""委托收款""质押"字样。支票上记载了"不得转让"字样后，被背书人不能将支票继续背书转让，否则，原背书人对被背书人的后手不承担保证责任。

（2）支票的背书不得附有条件，背书时附有条件的，所附条件不具有效力。

（3）不得将支票金额部分转让或将支票转让给两人以上，背书人做出以上背书的，视为未背书或者支票的转让无效。

（4）用于支取现金的支票不得背书转让。

（5）以背书转让的支票，背书应当连续。所谓背书连续，是指在支票转让中，转让支票的背书人与受让支票的被背书人在支票上的签章依次前后衔接。背书连续是持票人拥有合法票据权利的证明，如果背书不连续，支票付款人可以拒绝付款。

5. 退票

应当对支票给予退票的情形包括：

（1）空头支票。

（2）出票人签章与预留印鉴不符的支票。

（3）欠缺法定记载事项或者不符合法定格式的支票。

（4）超过票据权利时效的支票，主要表现为超过提示付款期限的支票。

（5）远期支票。

（6）人民法院做出的除权判决已经发生法律效力的支票。

（7）以背书方式取得但背书不连续的支票。

（8）票据权利人已经挂失止付的支票。

（9）出票人的账户被冻结，出票人的支票存款账户已销户。

（10）支票大小写金额不符，交换票据未盖交换章，支票上的字迹、签章模糊不清等。

6. 处罚

出票人签发空头支票，签章与预留银行签章不符的支票，使用支付密码地区，支付密码错误的支取，银行应予以退票，并按票据金额处以5%但不低于1 000元的罚款；持票人有权要求出票人赔偿支票金额2%的赔偿金。对屡次签发的，银行应停止其签发支票。

7. 单位现金支票使用范围

根据国家有关规定，开户单位只可在下列范围内使用现金：

（1）职工工资、各种工资性津贴。

（2）个人劳务报酬，包括稿费和讲课费及其他专门工作报酬。

（3）支付给个人的各种奖金，包括根据国家规定颁发给个人的各种科学技术、文化艺术、体育等奖金。

（4）各种劳保、福利费用以及国家规定的对个人的其他现金支出。

（5）收购单位向个人收购农副产品和其他物资支付的价款。
（6）出差人员必须随身携带的差旅费。
（7）结算起点以下的零星支出。
（8）确实需要现金支付的其他支出。

6.3.2 银行汇票相关规定

1. 适用范围

单位和个人的各种款项结算，均可使用银行汇票。

银行汇票可以用于转账，填明"现金"字样的可以用于支取现金。

2. 办理条件

申请人使用银行汇票，应向出票银行填写"银行汇票申请书"，填明收款人名称、汇票金额、申请人名称、申请日期等事项并签章，签章为其预留银行的签章。

申请人和收款人均为个人，需要使用银行汇票向代理付款人支取现金的，申请人必须在"银行汇票申请书"上填明代理付款人名称，在"汇票金额"栏先填写"现金"字样，后填写汇票金额。

申请人或者收款人为单位的，不得申请现金银行汇票。

3. 出票人

银行汇票的出票银行为银行汇票的付款人。

银行签发银行汇票后，即承担该银行汇票付款的责任。

4. 提示付款

银行汇票的提示付款期限自出票日起1个月，到期日遇法定节假日顺延。持票人超过付款期限提示付款的，代理付款行不予受理。持票人对银行汇票的出票人的权利自出票日起2年，超过权利时效而丧失票据权利的，仍享有民事权利，可以请求出票人返还其与未支付的票据金额相当的权益。

持票人向银行提示付款时，必须同时提交银行汇票和解讫通知，缺少任何一联，银行不予受理。

收款人提示付款时，未填明实际结算金额和多余金额或实际结算金额超过出票金额的，银行不予受理。银行汇票的实际结算金额不得更改，更改实际结算金额的银行汇票无效。

在银行开立存款账户的持票人向开户银行提示付款时，应在汇票背面"持票人向银行提示付款签章"处签章，签章必须与预留银行印鉴相符，并将银行汇票和解讫通知、进账单送交开户银行。银行审查无误后办理转账。

未在银行开立存款账户的个人持票人，可向选择的任何一家银行机构提示付款，提示付款时应在汇票背面"持票人向银行提示付款签章"处签章，并填明本人的身份证件名称、号码、发证机关，并要求其提交身份证件和复印件。

持票人对填明"现金"字样的银行汇票需委托他人向银行提示付款的，应在汇票背面"持票人向银行提示付款签章"处签章，记载"委托收款"字样、被委托人姓名和背书日期以及委托人的身份证件名称、号码、发证机关；被委托人向银行提示付款时也应在汇票背面"持票人向银行提示付款签章"处签章，记载身份证件名称、号码、发证机关，同时检验委托人和被委托人身份证件，并要求其提供复印件留存备查。

5. 超过提示付款期限付款

持票人超过期限向代理付款银行提示付款不获付款的，须在票据权利时效内向出票银行做出说明，并提供本人身份证件或单位证明，持银行汇票和解讫通知出票银行请求付款。

6. 金额

签发银行需用压数机压印小写出票金额。

收款人受理申请人交付的银行汇票时，应在出票金额以内，根据实际需要的款项办理结算，并将实际结算金额和多余金额准确、清晰地填入银行汇票和解讫通知的有关栏内。未填明实际结算金额和多余金额或实际结算金额超过出票金额的，银行不予受理。

银行汇票的实际结算金额不得更改，更改实际结算金额的银行汇票无效。

银行汇票的实际结算金额低于出票金额的，其多余金额由出票银行退交申请人。

7. 签章

银行的出票人在票据上的签章，应为经中国人民银行批准使用的该银行汇票专用章加其法定代表人或其授权经办人的签名或者盖章。

8. 背书转让

收款人可以将银行汇票背书转让给被背书人。银行汇票与粘单（粘单与粘单）的粘合处需加盖被背书人的骑缝章。

银行汇票的背书转让以不超过出票金额的实际结算金额为准。未填写实际结算金额或实际结算金额超过出票金额的银行汇票不得背书转让。

填明"现金"字样的银行汇票不得背书转让。

区域性银行汇票仅限于在本区域内背书转让。

银行汇票被拒绝付款或者超过付款提示期限的，不得背书转让。

9. 处罚

银行违反规定签发空头银行汇票的，应按照规定承担行政责任。

10. 注意事项

（1）先收款，后签发。

出票银行受理银行汇票申请书，收妥款项后签发银行汇票，并用压数机压印出票金额，将银行汇票和解讫通知一并交给申请人。

签发转账银行汇票，不得填写代理付款人名称，但由中国人民银行代理兑付银行汇票的商业银行，向设有分支机构地区签发转账银行汇票的除外。

签发现金银行汇票，申请人和收款人必须均为个人，收妥申请人交存的现金后，在银行汇票"出票金额"栏先填写"现金"字样，后填写出票金额，并填写代理付款人名称。申请人或者收款人为单位的，银行不得为其签发现金银行汇票。

（2）不能更改的事项。

出票金额、出票日期、收款人名称不得更改，其他记载事项更改后需由原记载人签章证明。

（3）出票与付款限制。

银行汇票的出票和付款，全国范围限于中国人民银行和各商业银行参加"全国联行往来"的银行机构办理。

11. 退款

银行汇票丧失，失票人可以凭人民法院出具的其享有票据权利的证明，向出票银行请求付款或退款。

申请人因银行汇票超过付款提示期限或其他原因要求退款时，应将银行汇票和解讫通知同时提交到出票银行。申请人为单位的，应出具该单位的证明；申请人为个人的，应出具本人的身份证件。对于代理付款银行已办理查询的该张银行汇票，应在汇票提示付款期满后才能办理退款。出票银行对于转账银行汇票的退款，只能转入原申请人账户；对于符合规定填明"现金"字样银行汇票的退款，才能退付现金。

申请人缺少解讫通知要求退款的，出票银行应于银行汇票提示付款期满一个月后办理。

12. 挂失止付

填明"现金"字样和代理付款人的银行汇票丧失，可以由失票人通知付款人或者代理付款人挂失止付。

未填明"现金"字样和代理付款人的银行汇票丧失，不得挂失止付。

6.3.3 商业汇票的基本规定

1. 适用范围

在银行开立存款账户的法人以及其他组织必须具有真实交易关系或债权债务关系，才能使用商业汇票。

商业汇票结算方式同城、异地均可使用。

2. 出票人

商业汇票的出票人，为银行以外的企业和其他组织。

出票人不得签发无对价的商业汇票用以骗取银行或者其他票据当事人的资金。

银行承兑汇票应由在承兑银行开立存款账户的存款人签发。

银行承兑汇票的出票人必须具备下列条件：在承兑银行开立存款账户的法人及其他组织；与承兑银行具有真实的委托付款关系；资信状况良好，具有支付汇票金额的可靠资金来源。

商业承兑汇票可以由付款人签发并承兑，也可以由收款人签发交由付款人承兑。

商业承兑汇票的出票人必须具备下列条件：在银行开立存款账户的法人以及其他组织；与付款人具有真实的委托付款关系；具有支付汇票金额的可靠资金来源。

3. 付款期限

商业汇票的付款期限，纸票最长不得超过 6 个月，电票最长不超过 12 个月。

定日付款的汇票付款期限自出票日起计算，并在汇票上记载具体的到期日。

出票后定期付款的汇票付款期限自出票日起按月计算，并在汇票上记载。

见票后定期付款的汇票付款期限自承兑或拒绝承兑日起按月计算，并在汇票上记载。

4. 汇票到期前——贴现与交存票款

符合条件的商业汇票的持票人可持未到期的商业汇票连同贴现凭证向银行申请贴现。

银行承兑汇票的出票人应于汇票到期前将票款足额交存其开户银行。承兑银行应在汇票到期日或到期日后的见票当日支付票款。

若出票人于汇票到期日未能足额交存票款,承兑银行除凭票向持票人无条件付款外,对出票人尚未支付的汇票金额按照每天万分之五计收利息。

5. 提示付款

商业汇票的提示付款期限,自汇票到期日起 10 日。

持票人应在提示付款期限内通知开户银行委托收款或直接向付款人提示付款。对异地委托收款的,持票人可匡算邮程,提前通过开户银行委托收款。

持票人超过提示付款期限提示付款的,持票人开户银行不予受理。

6. 金额

银行承兑汇票的票面金额最高为 1 000 万元(含)。

承兑银行按票面金额向承兑申请人收取万分之五的手续费,不足 10 元的按 10 元计。

7. 签章

银行承兑商业汇票,办理商业汇票转贴现、再贴现时的签章,应为经中国人民银行批准使用的该银行汇票专用章加其法定代表人或其授权经办人的签名或者盖章。

8. 背书转让

商业汇票被拒绝承兑、被拒绝付款或者超过付款提示期限的,不得背书转让;背书转让的,背书人应当承担汇票责任。

背书人背书转让汇票后,即承担保证其后手所持汇票承兑和付款的责任。

9. 处罚

商业汇票的付款人在到期前付款的,由付款人自行承担所产生的责任。

承兑人或者付款人拒绝承兑或拒绝付款,未按规定出具拒绝证明或者出具退票理由书的,应当承担由此产生的民事责任。

持票人不能出示拒绝证明、退票理由书或者未按规定期限提供其他合法证明丧失对其前手追索权的,承兑人或者付款人应对持票人承担责任。

持票人因不获承兑或不获付款,对其前手行使追索权时,票据的出票人、背书人和保证人对持票人承担连带责任。

10. 挂失止付

已承兑的商业汇票丧失,可以由失票人通知付款人或者代理付款人挂失止付。

6.3.4 银行本票的基本规定

(1)银行本票的出票行是经中国人民银行当地分支行批准办理银行本票业务的银行机构。银行本票的代理付款行是代理出票银行审核支付银行本票款项的银行机构。经中国人民银行当地分行批准办理银行本票业务且启用12位支付系统行号的营业机构，可以作为出票行签发银行本票、代理付款行解付银行本票。

（2）银行本票的权利有效期为自出票日起2年，没有金额起点和最高限额。提示付款期限自出票日起最长不得超过2个月（具体期限参照当地中国人民银行规定）。持票人超过付款期限提示付款的，代理付款行不予受理，持票人必须到出票行请求付款。

（3）出票银行签发银行本票时，应加盖出票行"本票专用章"加其法定代表人或其授权经办人的签名或者签章。本票专用章应启用12位支付系统行号，若银行本票专用章未启用12位支付系统行号，则应将行号记载在票据号码下方。

（4）某行单位客户申请签发本票，必须在该行开立单位结算账户，通过账户扣收方式办理出票；银行个人客户申请签发本票，可通过缴存现金或账户扣收方式办理出票。转账银行本票不得转入储蓄和信用卡账户，个人持申请人为单位的银行本票向代理付款行提示付款，将款项转入其个人结算账户，单笔超过5万元的，必须在本票备注栏注明付款事由。

（5）申请人开户银行不能办理银行本票出票的可以申请跨机构出票，维护本票代理签发参数后由同一市县机构下有签发资质的网点代为签发。

（6）在银行开立单位结算账户的持票人向开户银行提示付款时，应在银行本票背面"持票人向银行提示付款签章"处签章，签章须与预留银行签章相同，并将银行本票、进账单送交开户银行。银行审查无误后办理转账。

（7）个人持票人凭注明"现金"字样的银行本票向出票银行支取现金的，须提交本人身份证件，并在银行本票背面签章，记载本人身份证件名称、号码及发证机关。

（8）依托小额支付系统办理银行本票业务（简称小额支付系统银行本票业务）是指代理付款行受理持票人提交的银行本票，对本票进行审查后，通过小额支付系统发送银行本票相关信息至出票银行，收到出票银行实时返回的业务成功回执，将本票的出票款额自动入持票人账户。代理付款行与出票银行间的银行本票资金清算统一纳入小额支付系统处理。

（9）小额支付系统银行本票的处理包括银行本票信息传输处理和银行本票业务回执处理。银行本票信息传输是指代理付款行将银行本票信息通过小额支付系统发送给出票银行的行为。银行本票业务回执是指出票银行通过小额支付系统将相关信息返还给代理付款行，对银行本票提示付款信息表明同意付款或拒绝付款的行为。

（10）代理付款行受理银行本票后，应及时将银行本票信息通过小额支付系统传输给出票银行。银行本票信息应与银行本票凭证记载的内容相符。

（11）出票银行在收到代理付款行发送的银行本票业务信息后，系统自动在返回业务回执。

（12）代理付款行收到出票行通过小额支付系统发送的银行本票业务回执后，对出票银行同意付款的，应将款项即时解付给持票人；对出票银行拒绝付款的，出具退票理由书，做退票处理。

（13）代理付款行发出银行本票信息后，在60秒内未收到业务回执的，系统自动发起冲正指令，撤销未纳入轧差的银行本票业务。

（14）出票银行对已做行内账务处理且代理付款行冲正成功的银行本票业务，由系统自动完成账务冲正，银行本票状态由"已付款"改为"已签发"。

（15）代理付款行办理银行本票业务时，由于系统故障无法确定本票是否付款成功时，应留存银行本票并向客户出具业务处理待定凭证，待系统恢复正常后将业务处理结果及时告知客户并办理相关业务处理手续。

（16）代理付款行拒绝受理银行本票时，应向持票人出具拒绝受理通知书。出票银行拒绝付款时，代理付款行应根据出票银行的拒绝付款回执代为向持票人出具退票理由书。代理付款行应将银行本票凭证连同拒绝受理通知书或退票理由书一并退交持票人。拒绝受理通知书和退票理由书均可作为拒绝付款的证明。

（17）拒绝受理通知书应记载下列事项：银行本票号码；出票银行名称；出票日期；收款人名称；持票人名称；银行本票金额；拒绝受理理由；拒绝受理日期；代理付款行名称；经办人及审批人签章；代理付款行签章。

（18）退票理由书应记载下列事项：银行本票号码；出票银行名称；出票日期；收款人名称；持票人名称；银行本票金额；退票理由；退票日期；代理付款行名称；代理付款行代出票行出具退票理由书的字样；经办人及审批人签章；代理付款行签章。

（19）持票人提交的银行本票存在下列情形之一的代理付款行应拒绝受理：银行本票必须记载事项记载不全；银行本票未按中国人民银行统一规定印制；银行本票大、小写金额不一致；签章不符合规定；未填写密押；背书不连续或不符合规定；超过提示付款期；不得更改事项更改或可更改事项未按规定更改；出票银行在银行本票正面记载"不得转让"的银行本票已背书转让；使用粘单未按规定加盖骑缝章；出票日期使用小写数字填写；银行本票专用章上或票面上未记载银行机构代码；因票面污损导致必须记载事项无法辨认；单位持票人不在本行开户；个人持票人身份证件虚假；中国人民银行规定的其他拒绝受理事项。

（20）出票银行收到银行本票信息，有下列情形之一的，可拒绝付款：银行本票号码不符；收款人名称不符；出票日期不符；密押不符；金额不符；超过提示付款期；非本行票据；已付款票据重复提示付款；银行本票已挂失止付或出票银行已收到法院止付通知书。

（21）持票人超过提示付款期限不获付款的，在票据权利时效内向出票银行做出说明，并提供本人身份证件或单位证明，可持银行本票向出票银行请求付款。

（22）申请人因银行本票超过提示付款期限或其他原因要求退款时，应将银行本票提交到出票银行，申请人为单位的，应出具该单位的证明；申请人为个人的，应出具该本人的身份证件。出票银行对于在本行开立存款账户的申请人，只能将款项转入原申请人账户；若单位客户原出票账户已销户的，可先退回银行内部账户，再结转至客户提供的其开立的其他结算账户，不得退付现金。对于现金银行本票和未开立个人结算账户的个人申请人，可退付现金。

（23）未解付的银行本票丧失，失票人需至出票行填写"××银行单位银行账户特殊业务申请书"并签章后，申请票据挂失。出票行接到失票人提交的申请书后，应审查申请书填写是否符合要求，并抽出原专夹保管的本票卡片联核对，确属本行签发并确未注销时方可受理。出票行受理失票人票据挂失申请后，应及时在系统中登记票据挂失信息。

（24）银行本票丧失，失票人需凭人民法院出具的其享有该本票票据权利证明，向出票行请求付款或退款。

（25）如果签发的每张现金银行本票的金额超过30万元或同一开户银行一日对同一收款人签发两张以上的现金银行本票，须经开户银行上级行批准并报中国人民银行当地分支机构备案。

（26）签发银行本票必须执行印、押（压）、证三分管，三分用政策。本票密押由系统自动生成，银行本票可由营业主管或前台柜员保管，本票专用章可由现金柜员等不保管凭证的人员保管，各省可根据实际情况自行调整。

【学习测试】

1. 支票、银行汇票、商业汇票和银行本票的提示付款期是如何规定的？
2. 银行汇票上出票金额、实际结算金额和多余金额是什么关系？
3. 超过提示付款期限的票据该如何处理？
4. 朋友归还李某借款，签发了一份以李某为收款人的现金支票，李某直接在支票背面签字背书转让给了韩某，当韩某用该支票提示银行付款时，银行拒绝受理。请问：银行为什么拒绝受理该支票？
5. 甲企业向乙公司购买一批物资，甲于 2019 年 11 月 11 日持一张出票金额为 30 万元的转账银行汇票，到异地和乙结算，最后以 29 万元成交。该汇票的收款人为乙公司，付款人为邮储银行育才街支行。根据案例背景回答以下问题：

（1）若在实际结算时，甲未在银行汇票上写明实际结算金额为 29 万元和多余金额 1 万元，将票交付乙之后，乙能否直接将该票背书转让给丙？为什么？

（2）接第（1）问，若乙在汇票上补写实际结算金额为 30 万元，请问：银行见票后付款金额为多少？

（3）若甲在汇票上注明实际结算金额和多余金额，票据要素齐全，乙公司接收此银行汇票后，于 2019 年 12 月 12 日到自己开户银行提示付款时，银行拒绝受理，请问：银行做法是否正确？为什么？那么，乙公司该怎么办？

（4）银行汇票绝对记载事项有哪些？

（5）汇票上代理付款行是否有指定？

6. A 公司向其开户银行申请签发银行本票一张，本票的签发日期为 2012 年 1 月 16 日，收款人为 B 商场，金额 25 万元。B 商场收到本票后，于 2012 年 3 月 6 日将本票背书转让给 C 百货站。C 百货站于 2012 年 3 月 20 日到其开户银行提示付款时，开户银行拒绝为其代理付款，理由是"本票已超过提示付款期限"。请问：

（1）该本票提示付款的最后期限应为什么时间？

（2）C 百货站应向谁行使付款请求权和追过权？

（3）B 商场应承担什么责任？

【学习评价】

1. 支票的提示付款期为：_____
银行汇票的提示付款期为：_____
商业汇票的提示付款期为：_____
银行本票的提示付款期为：_____

2. 银行汇票上出票金额、实际结算金额和多余金额的关系如下：_____
_____

3. 超过提示付款期限的票据处理：_____
_____
_____

4. 银行拒绝受理该支票的原因是：_____
_____
_____

5. （1）若在实际结算时候，甲未在银行汇票上写明实际结算金额为29万元和多余金额1万元，将票交付乙之后，乙_____直接将该票背书转让给丙，原因在于：_____
_____
_____

（2）接第（1）问，若乙在汇票上补写实际结算金额为30万元，请问：银行见票后付款金额为：_____
_____

（3）若甲在汇票上注明实际结算金额和多余金额，票据要素齐全，乙公司接收此银行汇票后，于2019年12月12日到自己开户银行提示付款时，银行拒绝受理，请问：银行做法_____，原因在于：_____
_____
乙公司应该_____
_____

（4）银行汇票绝对记载事项有：_____
_____

（5）汇票上代理付款行是否有指定？_____

6. （1）该本票提示付款的最后期限应为：_____
（2）C百货站应向谁行使付款请求权和追索权？_____
（3）B商场应承担的责任为：_____

【能力拓展】

河北某餐饮公司位于石家庄裕华区，在中信银行槐安路支行开立基本户（账户为：62××8888）。该餐饮公司在2020年夏天进行了店面装修，当时在中信银行裕华路支行因装修资金紧张申请了贷款，并因此开立一般户（账户为：62××7777）。该公司于2020年7月5日从郑州信基建材城（位于郑州市金水区）采购了一批装修材料，金额为60万元；近期，因计划到海鲜市场进行采购，在2020年12月10日到开户行做了一笔5万元的现金支取。针对案例背景回答以下问题：

（1）请问：在7月5日，河北某餐饮公司与郑州信基建材城的结算，可以选用哪三种票据？这三种票据中信用度最低的是哪种？并写出该票据的付款账户。

（2）请结合以上信息，将河北某餐饮公司取现的支票票面要素填写完整（不考虑预留印鉴），要求规范填写。

（3）能否使用上述支票进行转账？对该类型的支票如何操作，便可以实现其仅可以转账而不可取现？

子模块 4　熟悉票据结算业务处理

【知识准备】

6.4.1　支票结算业务处理

支票的流转程序如图 6-9、图 6-10 所示。

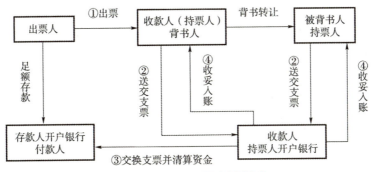

图 6-9　借记支票流转程序

图 6-10　贷记支票流转程序

1. 单位为收款人的现金支票业务处理

单位客户签发本单位为收款人的现金支票，在支票背面签章后提交开户银行，相当于单位客户申请现金支取，处理流程如图 6-11 所示。

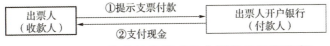

图 6-11　单位为收款人的现金支票业务处理流程

前台柜员受理业务，提取 5 万元及以上大额现金时，须出具单位经办人身份证及复印件。柜员审核单位客户所提交相关凭证：

（1）现金支票必须记载事项是否齐全、正确。
（2）出票金额、日期、收款人名称是否涂改。
（3）支票是否在提示付款期内。
（4）是否在支票背面"收款人签章"处签章，其签章是否与收款人名称一致。
（5）支票是否已办理挂失止付。
（6）该单位是否在本行开立基本存款账户，账户内是否有足够金额。
（7）是否符合国家现金管理的规定，若提取 5 万元及以上大额现金，是否提前预约；大额现金支取是否审批用途、额度，并在现金支票背面左上角签字。
①若提取支票金额在 5 万元以上 20 万元以内（不含 20 万元），须经业务主管审批授权。
②若提取支票金额在 20 万元以上，须经支行长（网点负责人）审批授权。

2. 个人为收款人的现金支票业务处理

个人为收款人的现金支票业务相当于单位客户签发现金支票，交付给个人，由个人持票做现金支取，该业务处理流程如图 6-12 所示。

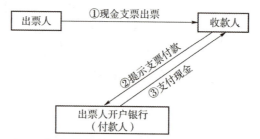

图 6-12　个人为收款人的现金支票业务处理流程

个人客户在现金支票背面注明有效身份证件名称、号码及发证机关后提交开户银行。

3. 收款人提交开户银行转账支票业务处理

收款人提交开户银行转账支票的业务处理流程如图 6-13 所示。若出票人和收款人在同网点开户，两个开户银行合二为一，则流程图中不包含④和⑥，其他流程不变；若收款人提交出票人开户银行转账支票，则流程图中的②和③受理环节指向出票人开户银行（付款人），付款人自己受理该票据则无须考虑④交换支票和⑥清算资金，待审核完毕将款项划拨并传递进账单凭证至收款人开户银行，收款人开户银行收妥入账并通知开户收款。

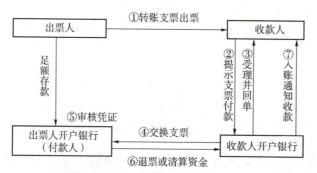

图 6-13　收款人提交开户银行转账支票的业务处理流程

（1）出票。

出票人签发转账支票，与收款人进行结算并将支票交付收款人。

（2）提示付款。

收款人在支票提示付款有效期内到开户银行提示付款，填写一式三联进账单，连同转账支票一并提交开户银行要求兑付。

（3）收款人开户银行受理业务。

收款人开户银行审核票据，在第一联进账单加盖业务受理章作为回单递交收款人。

收款人开户银行进账单二、三联专夹保管，将转账支票传递至出票人开户银行要求审核。

（4）退票或银行间清算。

出票人开户银行审核转账支票，若支票审核有误，进行退票处理；若支票审核无误，将票款划转至收款人开户银行。

（5）收妥入账。

收款人开户银行将票款划转至收款人账户，将第三联进账单作为收账通知递交收款人。

4. 出票人提交开户银行转账支票业务处理

出票人提交开户银行转账支票，该支票是自己签发自己到银行主动要求付款，并未将支票交付收款人，该业务处理流程如图6-14所示。

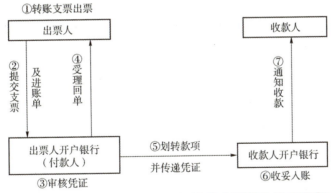

图6-14　出票人提交开户银行转账支票业务处理流程

（1）出票。

出票人与收款人债权债务关系产生，然后出票人签发转账支票。

（2）提示付款。

出票人填写一式三联进账单，进账单上的入账账号为收款人账号。然后连同转账支票一并提交开户银行主动要求付款。

（3）出票人开户银行受理业务。

出票人开户银行审核票据，在第一联进账单盖章后作为回单递交出票人。

出票人开户银行审核支票无误后，将票款划转至收款人开户银行并传递进账单等相关凭证。

（4）收妥入账。

收款人开户银行将票款划转至收款人账户，留存第二联进账单记账，将第三联进账单作为收账通知递交收款人。

6.4.2 银行汇票的业务处理

银行汇票的流转程序如图6-15所示。

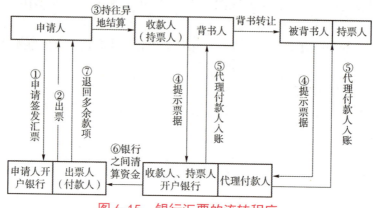

图6-15 银行汇票的流转程序

1. 申请

申请人填写一式三联银行汇票申请书并提交开户银行申请签发银行汇票。

2. 出票

申请人开户银行审核凭证无误后收取票款，签发一式四联银行汇票；留存第一、四联，将第二、三联银行汇票递交申请人。

3. 提示付款

申请人将第二、三联银行汇票交予收款人。

提示付款期内，收款人填写进账单或支款凭条，补充填写银行汇票"实际结算金额""多余金额"并在汇票背面签章后一并提交开户银行要求兑付。

4. 付款并清算

收款人开户银行审核票据，审核无误后代理出票银行支付款项至收款人账户并递交回单。

收款人开户银行留存银行汇票第二联记账。

收款人开户银行将第三联银行汇票传递至出票银行并清算资金。

6.4.3 商业汇票的业务处理

1. 银行承兑汇票业务处理

银行承兑汇票的业务处理流程如图6-16所示。

（1）出票。

付款人以真实商品交易为基础签发一式三联银行承兑汇票。

（2）承兑。

付款人向开户银行提交承兑申请。

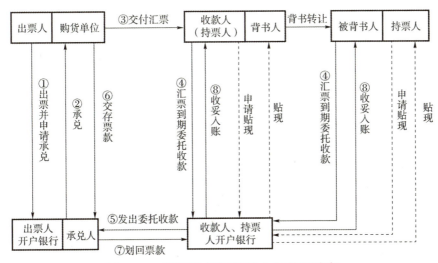

图 6-16 银行承兑汇票的业务处理流程

付款开户银行审核凭证,无误后与付款人签订"银行承兑协议"并在汇票票面进行承兑,留存第一联银行承兑汇票。

(3)委托收款。

付款人将第二、三联银行承兑汇票交予收款人。

收款人委托开户银行依据银行承兑汇票收取款项。

收款人开户银行向承兑银行发出收款委托。

(4)到期支付票款。

承兑银行审核收款人开户银行传递凭证。

汇票到期后,承兑银行扣收付款人票款并划转至收款人开户银行。

(5)收妥入账。

收款人开户银行将票款划转至收款人账户并通知收款人。

2. 商业承兑汇票业务处理

商业承兑汇票的业务处理流程如图 6-17 所示。

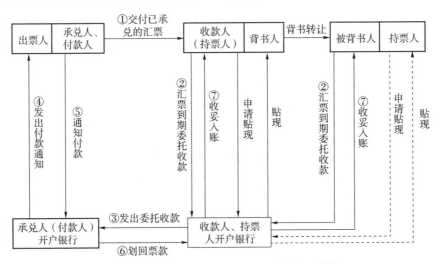

图 6-17 商业承兑汇票的业务处理流程

（1）交付已承兑的汇票。

付款人以真实商品交易为基础使用一式三联商业承兑汇票。第一联承兑人留存，第二联为商业承兑汇票联，第三联是出票人存根联。汇票已被除银行外的其他客户或付款人承兑，交由收款人。

（2）委托收款。

付款人将第二联银行承兑汇票交予收款人。

收款人委托开户银行依据商业承兑汇票收取款项。

收款人开户银行向承兑人开户银行发出收款委托。

（3）到期支付票款。

承兑人开户银行审核收款人开户银行传递凭证。

汇票到期后，承兑人开户银行收取承兑人票款并划转至收款人开户银行。

（4）收妥入账。

收款人开户银行将票款划转至收款人账户并通知收款人。

6.4.4 银行本票业务处理流程

银行本票业务的处理流程如图 6-18 所示。

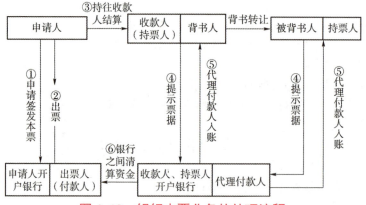

图 6-18 银行本票业务的处理流程

申请人填写一式三联银行本票申请书并提交开户银行申请签发银行本票，申请人开户银行审核凭证无误后收取票款，签发一式两联银行本票；留存第一联，将第二联银行本票递交申请人。申请人将第二联银行本票交予收款人。提示付款期内，收款人填写进账单或支款凭条，在银行本票背面签章后一并提交开户银行要求兑付。收款人开户银行审核票据，审核无误后代理出票银行支付款项至收款人账户并递交回单。收款人开户银行传递凭证至出票人开户银行并清算资金。

【学习测试】

1. 2013年7月1日，福成百货（法人代表：刘兰，开户银行：中国工商银行城北支行，账号：9876543210123456789）向蓝光文具有限责任公司（法人代表：何琳，开户银行：中信银行城北支行，账号：2345678901123456789）购进一批文具，金额6 000元整，使用转账支票结算方式进行付款。

要求：

（1）请以福成百货财务人员身份签发一份转账支票；

（2）福成百货财务人员将该支票提交开户银行，请简述福成百货开户银行柜员的处理流程；

（3）福成百货财务人员签发后，将该支票移交蓝光文具有限责任公司相关人员，请分角色模拟此种情形下银行柜员的处理。

2. 2013年6月5日，A公司为支付B公司货款给B公司开出一张30万元的银行承兑汇票。B公司获此汇票后，因向C公司购买一批钢材而将该汇票背书转让给C公司，但事后不久，B公司发现C公司根本无货可供，完全是一场骗局。于是，便马上通知付款人停止向C公司支付票款。C公司获此票据后，并未向付款人请求支付票款，而是将该汇票又背书转让给了D公司，以支付其所欠工程款。D公司获此汇票时，不知道C公司以欺诈方式从B公司获得该汇票，B公司已通知付款人停止付款的情况，即于2013年7月1日向付款人请求付款。付款人在对该汇票进行审查之后即为拒绝付款，理由是：C公司以欺诈行为从B公司获得票据的行为为无效票据行为，B公司已通知付款人停止付款。该汇票未记载付款日期，为无效票据。随即，付款人便作成退票理由书，交付于D公司。根据本案例提供的事实，请回答下列问题：

（1）付款人可否以C公司的欺诈行为为由拒绝向D公司支付票款？为什么？

（2）A公司开出的汇票未记载付款日期，是否为无效票据？为什么？

（3）D公司的付款请求权得不到实现时，可以向本案的哪些当事人行使追索权？

【学习评价】

1. （1）以福成百货财务人员身份签发一份转账支票，票据如下。

（2）福成百货开户银行柜员的处理流程为：_____
_____
_____

（3）分角色模拟此种情形下银行柜员的处理。
_____
_____
_____
_____

2. （1）付款人_____以 C 公司的欺诈行为为由拒绝向 D 公司支付票款。理由如下：_____
_____
_____

（2）A 公司开出的汇票未记载付款日期，为_____
票据。理由如下：_____
_____
_____
_____

（3）D 公司的付款请求权得不到实现时，可以向本案以下当事人行使追索权：___
_____
_____
_____
_____

【能力拓展】

案例分析

1. 太原空港公司的业务员杨某将以自己为收款人的一张银行汇票抵押给某物资公司的胡某用以购油。胡某假冒杨某，持汇票到北务信用社，要求将汇票金额转为3个月定期存款。该社在汇票上被背书人处填写北务信用社和委托收款字样（背书人签章处为空白），通过票据交换系统提交给顺义工行，在解付汇票款项之前先行垫付汇票金额，并以现金方式支付给"提示付款人"。顺义工行在汇票上无背书人签章、没有填写实际结算金额的情况下，将汇票款项解付。事发后，太原空港公司以顺义工行和北务信用社未尽审查义务错误付款为由，向法院提起诉讼，要求两被告赔偿损失。

根据你已学的银行汇票相关知识进行分析，法院应如何裁决？

子模块 5　理解票据权利

【知识准备】

6.5.1　票据权利的定义与时效

1. 票据权利的定义

票据权利是持票人向票据债务人或关系人请求支付票据金额的权利，包括付款请求权和追索权。

（1）付款请求权。

付款请求权是持票人向付款人或承兑人请求按照票据上记载的金额付款的权利，是第一次权利。付款请求权的作用是指持票人得以向承兑人或者付款人请求支付票据金额。它是票据权利的基本功能。若付款请求权顺利实现，票据的第二次请求权也就不必发生而归于消灭。

（2）追索权。

追索权是持票人在不获承兑或不获付款时，向其前手，包括出票人、背书人或保证人请求偿还票据金额、利息或其他法定费用的权利，是第二次权利。可以说，追索权是补救付款请求权不足的票据权利。但是，追索权与付款请求权是两种独立的权利。追索权的行使并非以恢复和保障付款请求权为目的，而是独立发生功效。

2. 票据权利时效

持票人对票据的出票人和承兑人的权利，自票据到期日起 2 年。见票即付的汇票、本票，自出票日起 2 年；持票人对支票出票人的权利，自出票日起 6 个月；持票人对前手的追索权，自被拒绝承兑或者被拒绝付款之日起 6 个月；持票人对前手的再追索权，自清偿日或者被提起诉讼之日起 3 个月。

6.5.2　取得票据权利的基本条件和取得票据权利的方式

1. 取得票据权利的基本条件

票据权利是一种证券权利，与票据具有不可分离性。票据权利的发生以做成票据为必要，票据权利的转让以交付票据为必要，票据权利的取得以取得票据、占有票据为必要。持票人只有取得票据，才能取得并享有票据权利。《中华人民共和国票据法》在票据取得方面规定了两个基本条件：一是持票人取得票据时必须是善意的，有恶意或重大过失，不得享有票据权利。例如，规定以欺诈、偷盗、胁迫等手段取得票据的，或者明知有前列情形，处理恶意取得票据的，不得享有票据权利；持票人因重大过失取得不符合本法规定的票据的，不得享有票据权利。二是持票人取得票据时，必须给付对价（对价是指票据双方当事人认可的相对应的代价），无对价取得票据的，不得享有优于其前手的权利。

2. 取得票据权利的方式

在两个基本条件下，持票人取得票据的方式大致有以下四种：

（1）依出票而取得。

出票行为是指"出票人签发票据并将其交付给收款人的票据行为"（《中华人民共和国票据法》（简称《票据法》）第二十条）。它是创设票据权利的基础，也是使其他票据行为产生效力的必要前提和绝对条件。

但因出票行为取得的票据权利也要受到一定的限制，即在出票人的票据能力欠缺的情况下，出票人不承担票据责任；另外，以偷窃、胁迫、欺诈或其他恶意、重大过失取得票据的，出票人不承担对直接相对人或者取得人的票据责任，但须承担对善意持票人的付款义务。

（2）依转让而取得。

根据民法理论，一般的债权都可以转让的方式而取得。票据作为债权的一种也具有此特性，而且票据作为流通证券，其转让较一般债权的转让更方便、灵活。比如转让票据权利无须通知票据义务人，新权利人一般不承受原权利人在权利上的瑕疵等。所以，依法转让取得票据权利是最常见的取得方式。

（3）依其他法定事由而取得。

根据《票据法》的规定，持票人因税收、继承、赠予、企业分立和合并、企业破产、财产清算等法定事由可以取得票据权利。

（4）善意取得。

善意取得是指票据受让人依《票据法》所定的票据转让方式，善意地从无处分权人之手取得票据，从而享有票据权利的一种法律制度。从权利取得方式来讲，善意取得应属于"依转让而取得"之列，但其不同于一般的转让取得。

6.5.3 票据丧失后的补救措施

《票据法》对票据的丧失规定有一定的补救方法，以保护权利人的利益。《票据法》所规定的补救措施主要有三种，即挂失止付、公示催告、提起诉讼。

1. 挂失止付

挂失止付指票据丧失后，失票人填写挂失止付通知书，详细填明挂失止付人名称、票据丧失时间、票据丧失事由、票据种类、票据号码、票据金额、出票日期、付款日期、付款人名称、收款人名称、挂失止付人的姓名、联系地址、联系方法等事项，并由失票人签章，交由票据付款人通知其停止付款的暂行性失票救济行为。

《票据法》第十条规定："票据丧失，失票人可以及时通知票据的付款人挂失止付，但是，未记载付款人或者无法确定付款人及其代理付款人的票据除外。"这里的失票人，即票据的最后合法占有人。

付款人或者代理付款人收到挂失止付通知书后，查明挂失票据确未付款时，应立即暂停支付。付款人或者代理付款人在收到挂失止付通知书之前，已经向持票人付款的，不再承担责任，但付款人或者代理付款人恶意或者重大过失付款的除外。

付款人或者代理付款人自收到挂失止付通知书之日起 12 日内没有收到人民法院的

止付通知书的，自第13日起，持票人提示付款并依法向持票人付款的，不再承担责任。

失票人应当在通知挂失止付后3日内，也可以在票据丧失后，依法向人民法院申请公示催告，或者向人民法院提起诉讼。

绝对丧失的票据（票据已毁灭，本身已不存在）、无效票据不得办理挂失。

书面挂失手续各阶段的要求：

（1）书面挂失。失票人丧失票据后，应填写挂失止付申请书向付款人或代理付款人书面申请挂失。书面挂失有效期为12天，若12天内银行未收到法院送达的止付通知书，在12日届满后自动解挂。

（2）法院通知挂失。失票人在办理书面挂失后3日内，也可以在票据丧失后，依法向人民法院申请公示催告，或者向人民法院提起诉讼。人民法院决定受理公示催告申请，将通知付款人及代理付款人停止支付。银行在办理书面挂失后12日内收到失票人或法院送达的止付通知书时，应办理法院通知挂失，该挂失无期限直至公示催告程序终结。

（3）公示催告。银行在停止支付期间，收到人民法院发出的公示催告通知，应办理公示催告手续。依照《中华人民共和国民事诉讼法》（2017修正）第二百一十九条和第二百二十条的规定，公示催告的期间，由人民法院根据情况决定，但不得少于60日。支付人收到人民法院停止支付的通知，应当停止支付，至公示催告程序终结。公示催告期间，转让票据权利的行为无效。

（4）解挂。当办理书面挂失或者法院通知挂失后，可办理解挂手续，若客户已经办理书面挂失手续，则凭原"单位银行账户特殊业务申请书"办理解挂手续，若收到法院送达的解止付通知，也可办理解挂手续。办理了解挂的票据，可正常解付。

办理票据挂失业务时，还应符合《票据法》《支付结算办法》的相关规定。

2. 公示催告

公示催告指人民法院票据失票人的申请，以公告的方式，通知票据付款人立即停止支付，告知并催促利害关系人在指定的期限内，向人民法院申请权利，如不申报权利，人民法院将依法做出判决，宣告票据无效的程序。所谓失票人的失票行为，是指原持票人所持票据因焚烧、磨损、污损而完全灭失或因遗失、盗窃、抢劫等原因而失去了对票据占有的情况。

公示催告是丧失票据的人在丧失票据后，申请人民法院宣告票据无效，从而使票据权利与票据相分离，丢失票据的人仍然占有票据权利的一种特殊的诉讼程序。公示催告程序只有申请人，没有对方当事人，故其只能是最后持有票据并可以依据主张权利的。申请公示催告的人持有的票据包括汇票、本票和支票，但必须是可以背书转让的。无论是经背书，还是尚未背书，也无论是被盗窃、被诈骗、自己遗失，还是灭失，只要不是因票据持有人本人的意思而丧失票据的，都可以申请公示催告。

（1）申请公示催告流程。

①申请所需的材料。失票人前往票据付款地法院办理公示催告时，应准备如下材料：本单位的营业执照（金融机构还须附带金融机构经营许可证复印件）；加盖公章的介绍信；加盖公章的"授权委托书"、加盖公章的"法定代表人身份证明书"；加盖公章的"公示催告申请书"；等等。

②申请的有效期。即向法院提出公示催告申请的有效期。《票据法》规定："失票人应当在挂失止付后3日内向人民法院申请公示催告；或在票据丧失后，直接向人民法院申请公示催告。"

③申请的对象。即受理法院。其必须是申请公示催告的票据的付款人所在地，或承兑人所在地的基层人民法院。

④申请书须记载的内容。公示催告的申请书上应包括申请人名称、地址、电话、票据种类、票据金额、出票人、持票人、背书人、日期、票号、申请的理由和其他相关事项。

（2）公示催告的受理程序。

人民法院在接到有效的"公示催告申请书"后，按照程序判断是否受理；对超过付款提示期间的票据丧失以后，失票人申请公示催告的，人民法院应当依法受理。

①受理的主要工作。人民法院在决定受理符合法定条件的公示催告申请后，向申请单位出具"案件受理通知书"；人民法院决定受理的同时，通知票据的付款人停止支付，向票据付款人发出"停止支付通知书"；人民法院在决定受理公示催告申请后的3日内，以文字形式向社会公示，告知并催促利害关系人申报权利。

②受理的有效期。公示催告的有效期由人民法院决定，应当不得少于60日；付款人停止付款的时间从人民法院发出通知时开始，到公示催告程序终结。

③利害关系人。在公示催告期间，利害关系人应向人民法院申报权利；在申报权利时，如果申报人申报的票据权利与失票人（申请人）主张的票据权利发生冲突，失票人（申请人）或权利申报人可以另行向人民法院起诉。

④失票人（申请人）。失票人应凭法院的"止付通知书"到票据付款人（承兑行）办理挂失止付手续，并填写"挂失止付通知书"；请求法院与《人民法院报》联系，并支付刊登"公示催告"费用，收妥发出联系函件和费用寄出收据；留意《人民法院报》刊出公告的日期，做好刊登日公告的收集和复印。

（3）公示催告的终结。公示催告通过以下方式可终结：

①权利申请。人民法院在收到利害关系人权利申报后，即以裁定形式终结公示催告程序，并向申请人和付款人或代理付款人发出通知书。

②提示付款。在公示催告期间票据被提示付款，付款人应以票据已被止付为由暂不付款，并迅速通知失票人和法院，法院终结原有的公示催告程序。

③除权判决。公告期满，并不意味着持票人可以拿到票款；申请人应自公告期满1个月内向法院提交除权判决申请书，由法院做出判决；只有当人民法院对该票据做出除权判决，公示催告程序才可终结；判决仍须经公告15日后生效，生效之日起，申请人有权请求付款人付款。

3. 提起诉讼

（1）票据丧失后提起的诉讼具有以下特点：在失票人提起诉讼之前，可能已经向付款人发出了挂失止付的通知；此类诉讼的被告既可以是付款人，也可以是出票人、背书人等其他票据债务人；诉讼请求的内容是要求付款人或者其他票据债务人在票据到期日或判决生效后支付或清偿票面金额及相应的利息。

（2）在实务中，提起诉讼的情况一般有：失票人已经确认票据遗失，并且确认了拾到者，经请求不得归还时，可以直接起诉；失票人已经确认票据被盗，并且确认了被盗者，可以直接起诉；失票人申请公示催告期间，在权利申报期限内，申报人申报权利与申请人主张权利发生争执，申报人或申请人可以向人民法院提起诉讼；在申报权利期间，利害关系人因正当理由不能在判决前向法院申报权利的，应在知道或者应当知道判决公告之日起一年内，向做出判决的法院提起诉讼。

（3）票据诉讼中的注意事项：失票人向法院提起诉讼时，必须提供所丧失票据的有关书面证明，证明内容应包括已丧失票据所记载的内容和持有该票据的事实依据，并提供必要的证据，如商业汇票正反面复印件、贴现凭证原件、前手出具的相关证明等；在普通诉讼中，票据丧失期间的转让行为只要符合相关法律的规定，善意持票人的利益仍受保护；丧失的票据在判决做出之前出现，并被提示付款时，付款人应以票据已被止付为由暂不付款，并迅速通知失票人和法院，法院终结原有的票据遗失诉讼程序。

失票人与提示付款人对票据权利无争议时，由真正的票据债权人持有票据并依法享有票据权利。失票人与提示付款人对票据权利有争议的，任何一方均可向人民法院提起票据权利纠纷诉讼，请求人民法院依法确认。

【学习测试】

1. 票据权利有哪些?
2. 取得票据权利的基本条件是什么?
3. 取得票据权利的方式有哪些?
4. 票据丧失后的补救措施有哪些?
5. 东方电子有限责任公司供销员罗天平遗失一张已盖好单位及有关人员印章的空白转账支票,立即报告了东方电子有限责任公司,东方电子有限责任公司当即通知了开户银行,并在当地媒体发出了遗失声明。

事隔4天,红叶服装有限责任公司持银行退回的支票到该厂要求支付8 500元货款。东方电子有限责任公司以该支票已声明作废为由拒绝承担任何责任。红叶服装有限责任公司遂诉至法院。

法院认为,被告东方电子有限责任公司遗失空白转账支票后,虽然通知了开户银行,并在有关新闻单位播出了"遗失声明",但这种提醒有关方面注意的作法,并不具法律效力。

为此,被告东方电子有限责任公司应负主要责任,承担3/4的经济损失;原告红叶服装有限责任公司在接受转账支票时,未核对持票人身份,造成持票人冒用他人已挂失的支票,因此,也应负一定责任,承担1/4的经济损失。

通过这个案例,你得到的启示是什么?

【学习评价】

1. 票据权利包括:＿＿＿＿＿＿＿＿＿＿＿＿＿＿＿＿＿＿＿＿＿＿＿＿＿＿＿＿＿＿＿＿＿

2. 取得票据权利的基本条件是:＿＿＿＿＿＿＿＿＿＿＿＿＿＿＿＿＿＿＿＿＿＿＿＿

3. 取得票据权利的方式有:＿＿＿＿＿＿＿＿＿＿＿＿＿＿＿＿＿＿＿＿＿＿＿＿＿＿

4. 票据丧失后的补救措施有:＿＿＿＿＿＿＿＿＿＿＿＿＿＿＿＿＿＿＿＿＿＿＿＿

5. 启示是:＿＿＿＿＿＿＿＿＿＿＿＿＿＿＿＿＿＿＿＿＿＿＿＿＿＿＿＿＿＿＿＿＿＿＿＿

【能力拓展】

2012年2月，某水泥有限责任公司因购买原告的耐磨钢球，将票面金额为壹拾万圆的银行承兑汇票一张在背书人栏签章后，交付给原告业务员张某，但未在涉案票据背面记载被背书人名称和背书日期。2012年3月，张某私自将该汇票向王某贴现（张某所得贴现额用于个人挥霍），王某以96 200元的价格向被告某产品销售中心进行了贴现（后王某因涉嫌非法经营案被公安局取保候审），被告取得票据后，委托某银行收款，付款行以该票据已被挂失止付为由拒绝付款。原告以涉案票据遗失为由向法院申请公示催告，被告在规定期限内向该院申报权利，法院终结了公示催告程序。现原告向法院起诉主张票据权利。案中所涉票据从票面形式上看，背书连续，背书人均在"背书人签章"处签章且被背书人栏均有被背书人名称，但均未记载背书时间。

对上述案件有两种不同意见：

第一种意见认为，被告取得涉案票据时已支付对价，且不存在欺诈、偷盗、威胁、暴力恐吓等手段，不存在恶意或重大过失，根据票据法的规定，只要持有人不是通过欺诈、偷盗、胁迫等手段或者系基于恶意、重大过失取得票据，并支付了相应对价，即享有票据权利，故被告对涉案票据应享有票据权利。

第二种意见认为，张某未经原告同意将涉案汇票私自与王某进行票据贴现，王某又将票据贴现给被告，两次贴现实质上是从事票据买卖活动，该行为直接违反了《票据法》第十条的规定，破坏并扰乱了金融秩序，贴现行为无效，所以被告对涉案有票据权利。

请问：你同意哪一种意见，理由是什么？

子模块 6　理解同城票据交换

【知识准备】

同城票据交换

6.6.1　同城票据交换的含义

同城票据交换是由当地中国人民银行统一组织、实施和管理的，为了满足收、付款人在同一城市或规定区要素但不在同一行开户的企事业单位和个人之间办理资金清算的需要，由开户银行将有关的结算票据持往指定场所相互交换代收、代付票据，相互交换清算资金头寸的金融行为。

6.6.2　票据交换的种类与原则

1. 票据交换种类

支票、银行汇票、银行本票、特种转账凭证、信汇、进账单、托收凭证、税单等遵循各地中国人民银行规定的允许参加同城交换业务的各种票据统称为交换票据。交换票据分为借方票据和贷方票据。其中，借方票据为支票、本票、汇票、特种转账借方凭证、财政拨款专用凭证、一般缴款单、托收凭证等；贷方票据为进账单、电汇凭证、财政拨款凭证、财政直接支付凭证、特种转账贷方凭证等。

2. 票据交换原则

同城票据交换必须坚持"及时处理、差额清算、先借后贷、收妥抵用、银行不予垫款"的原则。

6.6.3　票据交换行和交换所

票据交换行是指参加同城票据交换业务的机构，票据清算行是指代理本级和其他票据交换行跟中国人民银行进行同城票据交换资金清算的机构。票据清算行本身也有可能为票据交换行。

票据交换所是指实施票据交换及清算职能的当地中国人民银行的执行机构。交换所号是系统内区别各地区交换所编制的号码。交换所号由4位数字组成，交换所号的编码规则：前2位省代码，后2位顺序号。

6.6.4　票据交换交易模式

同城票据交换的交易模式支持分散提出分散提入、分散提出集中提入、集中提出集中提入三种。分散提出分散提入模式是指每个票据交换行都在票交所有一个交换行号和交换席位，仅负责本行同城票据的提出业务、提入业务以及提入和提出票据的清算。分散提出集中提入模式是指定一个代理交换行（代理交换行可为集中处理中心），代理其他票据交换行办理集中办理提入业务，提出业务仍由每个票据交换行自行办理。代理交换行和被代理交换行均具有交换行号和交换席位。办理资金清算时，代理交换行负责清算提入票据资金，被代理交换行负责清算本行提出票据资金。集中提出集中提入模式是指指定一个代理交换行，代理其他票据交换行集中提出业务和提入业务，代理交换行和被代理交换行共用一个交换席位和交换行号。代理交换行负责被代理交换行提入和提出票据资金的清算。

6.6.5 票据退票

退票业务是指在处理同城交换业务时，将不能付款或收款的票据或结算凭证退回的行为，包括提出借方票据退票、提出贷方票据退票、提入借方票据退票、提入贷方票据退票。提出借方票据退票是指提出行提出的借方票据被提入行退回；提出贷方票据退票是指提出行提出的贷方票据被提入行退回；提入借方票据退票是指提入行将提入的审核不通过的借方票据退回至提出行；提入借方票据退票是指提入行将提入的审核不通过的贷方票据退回至提出行。

提入借方票据后若需要退票，必须在提入票据场次的下一场退票。超过规定的退票时间后不允许退票。退票截止时间和票据抵用时间以当地中国人民银行同城票据清算管理办法为准。

例如，某票据交换行于4月1日的一场提入一张借方票据，若需要退票，则必须于4月1日的二场将此票提出退票；某票据交换行于4月1日的一场提出一张借方票据，若在4月1日的二场提入时，没有收到这张票据，表明对方行同意付款，则可办理借方票据收妥入账。

6.6.6 收妥入账

收妥入账是指提出行提出借方票据时，仅将借方票据收妥，但尚未转入客户账户，在超过退票时间未收到对方行退票，表明对方行同意付款，再将款项转入客户账户。

（1）提出借方票据的收妥入账，提出行在下一场次未收到退票信息并资金清算完毕后入账。

（2）同一日期的同一场次中，同一票据号码不允许提出多次，且提出日期及场次应与实际参与中国人民银行交换的日期和场次保持一致。

（3）在办理票据提出后，出现需要修改交换场次的票据时，可以通过将票据从"已提出"修改为"待提出"后再重新办理提出的方式来紧急变更改票据的交换场次。

（4）前台柜员要严格按当地中国人民银行交换时间的规定办理，在提出票据时应区分不同场次交换的票据，不得压场。

6.6.7 交换轧差

交换轧差是指网点按照中国人民银行提供的票据交换提入提出清单，将本机构的轧差金额（借或贷）根据中国人民银行轧差单金额进行核对，以验证提入提出票据金额相符的业务。

（1）系统轧差金额 =（提出借方金额 + 提入贷方金额）-（提出贷方金额 + 提入借方金额）；借方为开户行收款，轧差金额为正数，贷方为开户行付款，轧差金额为负数。

（2）前台柜员必须严格按照中国人民银行轧差清单办理内部资金清算，若轧差不平，则必须查找原因，暂时无法查明原因的，必须做挂账处理。

【学习测试】

    1. 如何理解同城票据交换中的同城？

    2. 同城票据交换必须坚持什么原则？

    3. 什么情况下需要进行退票？

【学习评价】

    1. 同城票据交换中的同城是指：_____

_____

_____

    2. 同城票据交换必须坚持的原则有：_____

_____

_____

    3. 遇到以下情况需要进行退票：_____

_____

_____

【能力拓展】

    试总结一下同城票据交换中可能存在的风险点。

请把分模块六的主要内容在本页通过思维导图的形式呈现出来。

分模块七　结算三方式

【分模块概述】

分模块七在于帮助学习者认识支付结算的三方式（汇兑、委托收款和托收承付），了解汇兑、委托收款、托收承付的概念与种类，掌握汇兑、委托收款、托收承付的基本规定，能够依规进行汇兑、委托收款、托收承付结算的业务处理，树立维护国家金融安全、保护客户合法权益的良好品质，具备严守秘密的银行从业人员职业操守，具备行为守法、业务合规、履职遵纪的行业规范。

【项目目标】

知识目标：熟悉汇兑、委托收款、托收承付的概念与种类；
　　　　　掌握汇兑、委托收款、托收承付的基本规定。
技能目标：能够依规进行汇兑、委托收款、托收承付结算业务的处理。
素质目标：树立维护国家金融安全、保护客户合法权益的良好品质；
　　　　　具备严守秘密的银行从业人员职业操守；
　　　　　具备行为守法、业务合规、履职遵纪的行业规范。

【知识地图】

模块三　公司结算 — 分模块七　结算三方式
- 子模块1　熟悉汇兑业务
- 子模块2　熟悉委托收款业务
- 子模块3　熟悉托收承付业务

子模块 1　熟悉汇兑业务

【知识准备】

7.1.1　汇兑概述

1. 汇总概念

汇兑是汇款人委托银行将其款项支付给收款人的结算方式。单位和个人的各种款项的结算均可使用汇兑结算方式。汇为付款人委托银行，汇出资金；兑为收款人委托银行，兑付资金。

2. 汇兑的分类

汇兑根据划转款项的方法不同以及传递方式的不同可以分为信汇和电汇两种，由汇款人自行选择。信汇是汇款人向银行提出申请，同时交存一定金额及手续费，汇出行将信汇凭证以邮寄方式寄给汇入行，授权汇入行向收款人解付一定金额的一种汇兑结算方式。电汇是汇款人将一定款项交存汇款银行，汇款银行通过电报或电传给目的地的分行或代理行（汇入行），指示汇入行向收款人支付一定金额的一种汇款方式。

在这两种汇兑结算方式中，信汇费用较低，但速度相对较慢，而电汇具有速度快的优点，但汇款人要负担较高的电报电传费用，因而通常只在紧急情况下或者金额较大时适用。另外，为了确保电报的真实性，汇出行在电报上加注双方约定的密码；信汇则不须加密码，签字即可。

3. 汇兑的特点

汇兑结算适用范围广，手续简便易行、灵活方便，因而是一种应用极为广泛的结算方式。汇总结算主要有四个特点：

第一，无论是信汇还是电汇，都没有金额起点的限制，不管款多款少都可使用。

第二，汇兑结算属于汇款人向异地主动付款的一种结算方式。它对于异地上下级单位之间的资金调剂、清理旧欠以及往来款项的结算等都十分方便。汇兑结算方式还广泛地用于先汇款后发货的交易结算方式。如果销货单位对购货单位的资信情况缺乏了解或者商品较为紧俏的情况下，可以让购货单位先汇款，等收到货款后再发货以免收不回货款。当然购货单位采用先汇款后发货的交易方式时，应详尽了解销货单位资信情况和供货能力，以免盲目地将款项汇出却收不到货物。如果对销货单位的资情情况和供货能力缺乏了解，可将款项汇到采购地，在采购地开立临时存款户，派人监督支付。

第三，汇兑结算方式除了适用于单位之间的款项划拨外，也可用于单位对异地的个人支付有关款项，如退休工资、医药费、各种劳务费、稿酬等，还可适用个人对异地单位所支付的有关款项，如邮购商品、书刊等。

第四，汇兑结算手续简便易行，单位或个人很容易办理。

7.1.2　行内转账

1. 基本规定

行内转账是指依据转账支票等付款凭证，办理×××银行单位客户账户或内部账户与行内其他客户账户或内部账户之间的资金支付业务。在公司结算集中处理系统中办理行内转账业务时，若付款账户为内部账户，则内部账户必须为应解汇款及临时存款账户或待报解（缴税）内部户，其他内部账户的付款业务应通过资金清算系统办理。行内转账业务可通过转账支票/普通支票、电汇凭证、特种转账凭证等票据或结算凭证办理。

出票人签发空头支票，签章与预留银行签章不符的支票，使用支付密码，支付密码填写错误的支票，银行应予以退票。对屡次签发的，已列入黑名单管理的单位，银行停止向其出售支票及办理支付结算业务。申请使用支付密码单的客户，转账支票上除加盖客户的预留印鉴外还必须填写支付密码。对已受理的支票必须及时将款项划往收款人，不得压票。

转账支票的出票人使用三联进账单主动通过付款人向收款人开户银行提示划款的，不在背书人签章栏签章。持票人使用三联进账单向付款人提示付款的，须在背书人签章栏签章，但不要填明委托收款字样和被背书人名称。转账支票的付款人以背书栏是否签章区别是出票人或持票人向其提示付款。办理转账支票业务时，须符合中国人民银行以及本行有关人民币银行支付结算管理的相关规定。

对于单位银行结算账户向个人银行结算账户转账单笔超过 5 万元的，存款人若在付款用途栏或备注栏注明事由，可不再另行出具付款依据。但对具有可疑交易特殊的存款人，应要求其出具书面付款依据或相关证明文件。如果客户未提供相关依据或相关依据不符合规定，则应拒绝办理转账业务。

2. 行内转账业务处理流程图

行业转账业务的处理流程如图 7-1 所示。

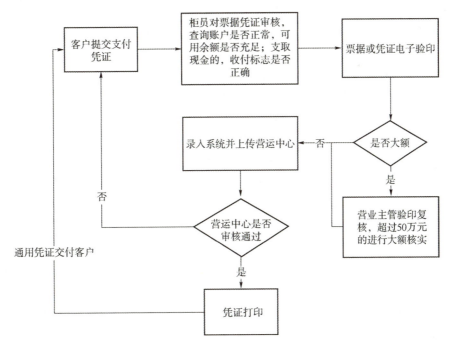

图 7-1　行内转账业务的处理流程

3. 操作注意事项

（1）填单。

当收付款账户均为单位账户时，客户可填写转账支票/普通支票（支票的具体使用范围当地中国人民银行另有规定的，从其规定）和进账单一式三联，也可填写电汇凭证一式三联。

当付款账户为单位账户，收款人为银行内部账户或个人账户时，客户可填写支票及进账单一式三联，也可填写电汇凭证一式三联。

当付款账户为应解汇款账户时，前台柜员应填写特种转账贷方凭证一式三联。

因银行内部错误导致给收款账户重复上账或串户的，若错误交易已经隔日无法取消，那么经客户同意后，前台柜员应填写公司结算业务审批单，注意原交易信息（包括交易日期、交易流水号、受理号、交易金额、凭证号码等）及错误原因，经营业主管或支行长签字审批后，前台柜员填写特种转账借方凭证一式三联，将错误金额调整回原付款人账户。

财政拨款凭证、一般缴款书、税单等当地财政部门制定的支付凭证的使用范围和填写要求按照当地财政部门或中国人民银行的规定执行。

（2）支票审核注意事项。

①支票是否属本行出售的真实票据；

②是否超过提示付款期限；

③支票上的名称与进账单是否一致，进账单是否套写；

④出票人的签章是否符合规定，与预留银行的签章是否相符，使用支付密码的，其密码是否涂改；

⑤支票必须记载的事项是否齐全，出票金额、出票日期、收款人名称是否更改，其他记载事项的更改是否由原记载人签章证明；

⑥支票的大小写金额是否一致，与进账单的金额是否相符；

⑦支票的出票日期是否使用中文大写，书写是否规范；

⑧背书转让的支票是否按规定的范围转让，其背书是否连续，背书人签章是否与预留印鉴相符，背书使用粘单的是否按规定在粘接处签章；

⑨支票正面记载"不得转让"字样的，是否背书转让；

⑩支票是否已办理挂失止付。

属于第①项不符，伪造、变造支票的，应扣留支票并通知保卫部门，请持票人协助追查支票的来源；属于第②～⑥项、第⑧～⑩项不符的不予受理，将支票和进账单退回持票人。属于第⑦项不符的，出票日期使用小写填写的，网点不予受理。大写日期未按要求规范填写的，网点可予受理，不得退票，但由此造成的损失，由出票人自行承担。

（3）电汇凭证审核注意事项。

前台柜员按照相关业务规定对电汇凭证进行人工检查，票面检查的内容主要包括：

①电汇凭证应为当日（若因为银行原因导致当日资金无法汇出的，由经办前台柜员填写公司结算业务审批单，注明无法汇出的原因，交营业主管或支行长审批）；

②凭证是否为套写；

③付款人的签章是否符合规定，与预留银行的签章是否相符，使用支付密码的，其密码是否涂改；

④要素填写是否齐备，委托日期、收款人账号户名及金额等重要事项是否涂改，其他事项涂改是否签章；

⑤金额填写是否规范，大、小写是否一致；

⑥个人客户汇款是否注明"现金"字样、个人客户的联系电话和身份证件号码。

4. 风险提示

（1）客户填写的各类凭证，柜员不得代客户填写，可能导致责任不清，发生经济纠纷。

（2）委托背书的签章与银行预留印鉴不相符；支票及凭证的记载要素不全、不符、错误。前台柜员和中心人员应严格按照票面记载信息进行系统输入。

（3）尚未过退票期限而提前给客户入账，造成银行资金风险。

（4）提交的支票属伪、变造支票，支票及凭证的记载要素不全、不符、错误，前台柜员和中心人员未审查出即予以受理。

（5）提交支票或其他支付凭证的印鉴与银行预留印鉴不相符。

（6）审核客户印鉴时，如未通过电子验印，必须做到双人折角验印，确保客户印鉴的真实性。

（7）凭证未被套写，可能导致资金案件。

（8）未认真审核身份证件的真实性，可能导致提供洗钱渠道等风险，造成客户资金安全风险。

（9）前台柜员、营业主管在业务处理的相关环节，应及时在凭证上加盖个人名章，否则可能导致出错环节不明，责任不清。

（10）汇往个人结算账户资金严格审核，可能会导致恶意套现。

7.1.3 跨行汇款

跨行汇款是指依据电汇凭证等付款凭证，办理行内单位客户账户或内部账户与他行账户之间的资金支付业务。在公司结算集中处理系统中办理跨行汇款业务时，若付款账户为内部账户，则内部账户必须为应解汇款及临时存款账户或待报解（缴税）内部户，其他内部账户的跨行汇款业务应通过资金清算系统办理。这里仅规范依托中国人民银行现代化支付系统办理的跨行汇款业务。

现代化支付系统机构是指现代化支付系统的参与者，包括直接参与者和间接参与者。直接参与者是指直接与支付系统城市处理中心连接并在中国人民银行开设清算账户的银行金融机构。间接参与者是指未在中国人民银行开设清算账户而委托直接参与办理资金清算的银行。例如，中国邮政储蓄银行总行作为直接参与者一点接入现代化支付系统，各分支机构作为现代化支付系统的间接参与者接入现代化支付系统。

支付系统行号是现代化支付系统参与者身份的唯一标识，是跨行交易中的重要基础数据，既是支付业务分发的路径，也是资金清算的依据。其编码标准为：支付系统行号由3位行别代码、4位地区代码、4位分支机构序号和一位校验码共12位定长数字构成。

对已发送的贷记业务，可以通过报文发起撤销申请。国家处理中心未清算资金的，立即办理撤销；已清算资金的，不能撤销。发起行对发起的支付业务需要退回的，可通过大额支付系统或小额支付系统发送退回请求。接收行收到发起行的退回请求，未贷记接收人账户的，立即办理退回。接收行已贷记接收人账户的，对发起人的退回申请，应通知发起行由发起人与接收人协商解决；对发起行的退回申请，由发起行与接收行协商解决。

单位客户不得直接以现金方式汇款，必须将现金存入账户，再办理汇款业务。

1. 实时付款

（1）基本规定。

实时付款业务是用于办理通过大额支付系统由付款人发起的主动付款业务，且收款人为单个客户账号。

按照《中国人民银行办公厅关于调整大额支付系统和人民币跨境支付系统运行时间有关事项的通知》（银办发〔2018〕83号）文件有关规定，大额支付系统在法定工作日受理业务时间为前一自然日20:30至当日17:15，每日清算窗口时间为17:15至17:30，具体时间以中国人民银行规定为准。每个法定节假日前一日20:30至当日8:30为特殊工作日，仅受理人民币跨境支付系统参与者发起的注资及资金拆借业务。中国人民银行根据管理需要可以调整运行工作日及运行时间。

大额支付系统处理下列支付业务：规定金额起点以上的跨行贷记支付业务；规定金额起点以下的紧急跨行贷记支付业务；商业银行行内需要通过大额支付系统处理的贷记支付业务；特许参与者发起的即时转账业务；城市商业银行银行汇票资金的移存和兑付资金的汇划业务；中国人民银行会计营业部门、国库部门发起的贷记支付业务及内容转账业务；中国人民银行规定的其他支付清算业务。

大额支付系统逐笔实时处理支付业务，全额清算资金。

大额支付业务优先级次如下。

①大额特急汇兑业务：仅适用于救灾、战备款项；

②大额紧急汇兑业务：对于汇款人要求的加急汇款业务，没有金额起点限制；

③大额普通汇兑业务：根据《清算总中心关于优化支付系统部分业务处理渠道的通知》（银办发〔2019〕115号）有关要求，汇款金额起点为100万元，低于起点金额的跨行普通汇款业务需通过小额支付系统办理。

（2）操作注意事项。

当单位客户办理大额付款业务时，交易类别须选择转账，手续费、汇划费通过账户扣收；当个人办理现金电汇业务时，交易类型须选择现金，同时还须输入现金销账编号、现金用途。

当低于起点金额限制（100万元以下），客户办理加急汇兑业务时，柜员须选择加急标志为"加急"。

当付款账号为内部账户时，手续费收取方式选择柜员手工输入，手续费、汇划费金额手工输入为0。

（3）风险提示。

①未及时进行系统查询、异常往账的处理，影响客户的经济活动，给客户带来经济损失，同时影响银行声誉。

②客户填写的各类凭证，柜员不得代客户填写，可能导致责任不清，发生经济纠纷。

③汇出行应严格审核各类付款凭证，严禁受理客户提交的内容不全、填写不规范、印章不符的付款凭证，未发现其缺陷而为其办理汇兑。

④审核客户印鉴时，如未通过电子验印，必须做到双人折角验印，确保客户印鉴的真实性。

⑤汇往个人结算账户资金未严格审核，可能会导致恶意套现。

⑥向客户收取手续费应符合相关收费规定，否则容易引起客户投诉。

2. 普通付款

普通付款业务是指付款人发起的，通过小额支付系统办理的主动付款业务。

收款人为单个客户账号。

小额支付系统按照 7×24 小时不间断的运行模式。

小额支付系统处理下列支付业务：规定金额起点以下的跨行贷记支付业务；定期向指定的付款人开户银行发起的批量收款业务，如水、电；定期向指定的收款人开户银行发起的批量付款业务，如代付工资、保险金；中国人民银行会计营业部门、国库部门发起的贷记支付业务及内容转账业务；中国人民银行规定的其他支付清算业务。

小额支付系统指令批量发送，轧差净额清算资金。

3. 普通收款

普通收款用于收款人通过小额支付系统主动发起向付款人账户收款的业务，即单笔小额定期借记业务。

4. 定期付款

（1）基本规定。

定期付款交易即小额定期贷记业务，是指付款人开户行（简称付款行）依据与付款人事先签订的协议，定期向指定收款人开户行（收款行）发起的批量付款业务。其业务特点是单个付款人同时付给多个收款人。

定期付款包括下列业务种类：代付工资业务；代付保险金、养老金业务；银联代理收单机构清算商户资金业务、代收付中心发起的定期代付业务也属于定期贷记业务；中国人民银行规定的其他定期贷记支付业务。

小额定期贷记业务主要包括以下几个阶段：签订协议；付款行进行小额定期签约；付款人向付款行提交业务清单；付款行发起定期贷记业务；收款行接收贷记报文并将款项转入客户账。

付款行对发起的定期贷记支付业务需要撤销的，应当通过小额支付系统发送撤销申请。支付业务未纳入轧差的，立即办理撤销；已纳入轧差的，不能撤销。申请撤销只能撤销批量包，不能撤销批量包中单笔支付业务。

付款行对已纳入轧差的定期贷记支付业务需要退回的，应当通过小额支付系统发出退回申请。收款行收到退回申请，应当在当日至迟下一个法定工作日 11:00 前发出退回应答。收款行未贷记收款人账户的，立即办理退回；已贷记收款人账户的，不得办理退回，应当通知付款行由付款人与收款人自行协商解决。付款行可以申请整包退回，也可以申请退回批量包中的单笔支付业务。

收款行对收到的有差错的支付业务，应当主动通过小额支付系统向付款行查询后办理退回。

（2）风险提示。

①付款人提供的定期付款明细清单未加盖单位公章或预留印鉴，款项支付后，若双方存在纠纷，银行方无法出具具有法律效力的凭据；

②在发起定期付款业务前，未将系统数据和定期贷记明细清单进行核对，导致出现收款人账号、户名出错等情况，造成银行资金损失。

5. 定期收款

（1）基本规定。

定期收款业务即小额定期借记业务，是指收款人开户行（简称收款行）依据当事各方事先签订的协议，定期向指定付款人开户行（简称付款行）发起的批量收款业务。

定期收款包括下列业务种类：代收水、电、煤气等公用事业费业务；国库批量扣税业务；中国人民银行规定的其他定期借记支付业务。

小额定期借记业务主要包括以下几个阶段：签订协议；收款行进行定期签约；付款行进行合同库维护；收款人向收款行提交业务清单；收款行发起定期借记业务；付款行接收借记报文并返回借记回执；收款行接收借记回执并将款项转入客户账。

定期借记业务的处理周期最长为 $T+N$（$0 \leqslant M \leqslant N < 5$，$N$ 和 M 为整数）日。其中，T 为借记业务发起时间；M 为中国人民银行业务主管部门统一规定的借记回执返回基准时间；N 为借记业务回执返回最长期限，由客户委托银行业金融机构或清算组织发起借记业务时负责填写，但必须小于 5 个工作日。借记回执信息最长返回时间内遇法定节假日和小额支付系统停运日顺延。

收款行发起定期借记支付业务时，应当根据收款人的委托，记载借记回执信息的最长返回时间。收款人未指定返回时间的，收款行应当填写中国人民银行规定的返回基准时间。

付款行收到借记业务后，立即检查协议，执行扣款。付款人当日账户足够支付的进行账务处理；付款人账户不足支付的，于次日直至借记回执信息最长时间内执行扣款并做账务处理。

付款行对原包业务全部扣款成功的应立即返回借记业务回执包；到期日原包业务无论扣款是否成功，应返回借记业务回执包。

付款清算行到期未返回借记业务回执的，小额支付系统自动在借记回执信息返回到期日的次日予以撤销。借记支付业务被小额支付系统自动撤销的，收款行可向小额支付系统再次提交该批借记业务。

付款行对发起的定期借记支付业务回执需要撤销的，应当通过小额支付系统发送撤销申请。支付业务未纳入轧差的，立即办理撤销；已纳入轧差的，不能撤销。申请撤销只能撤销批量包，不能撤销批量包中单笔支付业务。

收款行对已发出的定期借记支付业务需要付款行停止付款的，应当使用规定格式报文申请止付。付款行收到止付通知后，应当在当日至迟下一个法定工作日 11:00 前发出止付应答。付款行对未发出借记回执信息的，立即办理止付；对已经发出借记回执信息的，不予止付。

申请止付可以整包止付，也可以止付批量包中的单笔支付业务。申请止付为整包止付且付款行同意止付的，付款行不再向收款行返回定期借记支付业务回执。

付款行对已确认付款并纳入轧差的借记支付业务回执需要退回的，应当通过小额支付系统发出退回申请。

收款行收到退回申请，应当在当日至迟下一个法定工作日 12:00 前发出退回应答。收款行未贷记收款人账户的，立即办理退回；已贷记收款人账户的，不得办理退回，应当通知付款行由付款人与收款人自行协商解决。付款行可以申请整包退回，也可以申请退回批量包中的单笔支付业务。

收款行对收到的有差错的支付业务，应当主动通过小额支付系统向付款行查询后办理退回。

（2）风险提示。

①合同库维护不正确，导致向收款行付款出错，产生客户纠纷；

②付款人提供的代收费清单未加盖单位公章或预留印鉴，若双方存在纠纷，银行方无法出具具有法律效力的凭据；

③在发起定期借记业务前，未将系统数据和代收费清单进行核对，出现付款人账号户名出错等情况，造成银行资金损失和客户纠纷；

④收款行发起定期借记业务后，待收到付款回执时，资金才入客户账，因此"定期借记往账凭证"须加盖已受理戳记，避免产生客户纠纷；

⑤收款行若收到拒绝付款回执，须加盖已受理戳记；

⑥付款行必须在借记回执到期日内向收款行返回借记回执；

⑦收款行未认真审查收款人出具的申请资料，或在已经收到借记回执的情况下，发起借记业务止付，导致银行资金损失和客户纠纷。

【学习测试】

1. 对于出票人签发的空头支票，银行该怎么处理呢？
2. 支票和电汇凭证的审核注意事项有哪些？
3. 跨行汇款的种类有哪些？
4. 实时付款、普通付款和定期付款的区别是什么？
5. 普通收款和定期收款的区别是什么？

【学习评价】

1. 对于出票人签发的空头支票，银行的处理方式为：_____
_____
2. 支票的审核注意事项有：_____
_____
_____
电汇凭证的审核注意事项有：_____
_____
_____
_____
3. 跨行汇款的种类有：_____
_____
4. 实时付款、普通付款和定期付款的区别是：_____
_____
5. 普通收款和定期收款的区别是：_____
_____

【能力拓展】

案例分析

A公司与B公司签订了商品购销合同，B公司（购货方）经手人依照合同到工商银行营业部办理货款电汇。银行经过审查受理了凭证，并加盖"受理凭证专用章"。B公司经手人将回单传给A公司（销货方）。A公司见单发货后却迟迟收不到电汇款，去银行查询，方知银行因B公司账上无款，没有转账。A公司多次追缴未果，于是向法院起诉，认为B公司以空头电汇回单欺骗他们，银行予以受理有过错，两者应连带承担民事责任。

（1）本案中银行有无过错？

（2）法院该如何判理此案？

子模块 2　熟悉委托收款业务

【知识准备】

7.2.1　委托收款基本规定

1. 委托收款的含义与适用范围

委托收款是收款人委托银行向付款人收取款项的结算方式。单位和个人凭已承兑商业汇票、债券、存单等付款人债务证明办理款项的结算，均可以使用委托收款结算方式。委托收款在同城、异地均可以使用。

2. 委托收款的特点

（1）无起点金额限制。无论金额大小，均可办理委托收款。
（2）无地域限制。同城、异地均可办理委托收款。
（3）无限定使用对象。企业和个人均可使用。

3. 委托收款的种类

委托收款根据结算款项的划回方式分为邮划和电划两种，由收款人选用。邮划是以邮寄方式由付款人开户银行向收款人开户银行传递划款报单和凭证的方式；电划是以电报（网络传递）方式由付款人开户银行向收款人开户银行传递划款报单和凭证的方式。

4. 委托收款的要项

签发委托收款凭证必须记载下列事项：表明"委托收款"的字样；确定的金额；付款人名称；收款人名称；委托收款凭据名称及附寄单证张数；委托日期；收款人签章。欠缺记载上列事项之一的，银行不予受理。

委托收款以银行以外的单位为付款人的，委托收款凭证必须记载付款人开户银行名称；以银行以外的单位或在银行开立存款账户的个人为收款人的，委托收款凭证必须记载收款人开户银行名称；未在银行开立存款账户的个人为收款人的，委托收款凭证必须记载被委托银行名称。欠缺记载的，银行不予受理。

5. 同城特约委托收款

在同城范围内，收款人收取公用事业费或根据国务院的规定，可以使用同城特约委托收款结算。

使用同城特约委托收款结算方式收取公用事业费，必须具有收付双方事先签订的经济合同，由付款人向开户银行授权，并经开户银行同意，报经中国人民银行当地分支行批准。

6. 委托

收款人办理委托收款应向银行提交委托收款凭证和有关的债务证明。

7. 付款

银行接到寄来的委托收款凭证及债务证明，审查无误办理付款。

（1）以银行为付款人的，银行应在债务证明到期日将款项主动支付给收款人。

（2）以单位为付款人的，银行应及时通知付款人，按照有关办法规定，需要将有关债务证明交给付款人，并签收。

付款人应于接到通知的当日书面通知银行付款。

按照有关办法规定，付款人未在接到通知日的次日起3日内通知银行付款的，视同付款人同意付款，银行应于付款人接到通知日的次日起第4日上午开始营业时，将款项划给收款人。

付款人提前收到由其付款的债务证明，应通知银行于债务证明的到期日付款。付款人未于接到通知日的次日起3日内通知银行付款，付款人接到通知日的次日起第4日在债务证明到期日之前的，银行应于债务证明到期日将款项划给收款人。

银行在办理划款时，付款人存款账户不足支付的，应通过被委托银行向收款人发出未付款项通知书。按照有关办法规定，债务证明留存付款人开户银行的，应将其债务证明连同未付款项通知书邮寄被委托银行转交收款人。

8. 拒绝付款

付款人审查有关债务证明后，对收款人委托收取的款项需要拒绝付款的，可以办理拒绝付款。

（1）以银行为付款人的，应自收到委托收款及债务证明的次日起3日内出具拒绝证明连同有关债务证明、凭证寄给被委托银行转交收款人。

（2）以单位为付款人的，应在付款人接到通知日的次日起3日内出具拒绝证明，持有债务证明的，应将债务证明送交开户银行。银行将拒绝证明、债务证明和有关凭证一并寄给被委托银行，让其转交收款人。

7.2.2 委托收款业务处理

1. 委托收款结算业务流程

委托收款结算业务处理流程如图7-2所示。

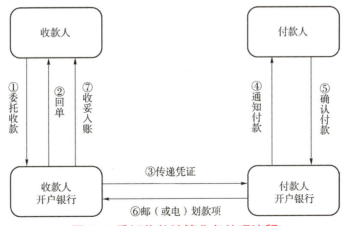

图7-2 委托收款结算业务处理流程

2. 发出委托收款

（1）客户填单。

客户填写一式五联委托收款凭证，提供相关债务证明。

（2）柜面审核。

①收款人是否在本行开户，是否有相关债务证明或票据。

②托收凭证是否填明委托日期、金额、收付款人名称等事项，要素填写是否齐全，委托日期、收付款人账号户名及金额等重要事项是否涂改，金额填写是否规范，大小写金额是否一致。

③凭证是否套写，各联次填写的内容是否一致。

④所附单证种类、数量、金额、号码的张数与托收凭证记载内容是否相符。

⑤办理银行承兑汇票托收的，对汇票信息进行初审，包括：汇票是否是统一规定印制的凭证，是否真实，是否超过提示付款期限；汇票必须记载事项是否齐全，大、小写金额是否一致；需背书的票据，其背书是否连续，背书使用粘单的是否按规定在粘接处加盖骑缝章，注明"不得转让"字样的是否背书转让，是否填写被背书人名称。对于受理时未超过提示付款期，但有可能在邮寄至付款行时已经超过提示付款期的汇票，可由客户出具因此原因被拒付由客户自行承担风险的声明。

⑥前台柜员对客户在托收凭证第二联及票据背书人处加盖的预留印鉴进行验印。

（3）办理发出操作。

前台柜员审核无误后，在托收凭证第一联加盖已受理戳记，第二联加盖柜员名章，并办理系统操作。

（4）凭证流转及签章。

前台柜员在托收凭证第三联加盖结算专用章。前台柜员将托收凭证第一联交还给客户；托收凭证第三、四、五联与相关债务证明或汇票原件一起邮寄至付款人开户行；汇票复印件一份作内通附件上缴稽核，另一份与邮寄单留底联随第二联托收凭证专夹保管，并且在第二联托收凭证上记载系统产生的"票据托收编号"。

3. 收到委托收款

（1）收到委托收款凭证。

付款人开户银行收到收款人开户银行寄来的委托收款凭证第三、四、五联及有关债务证明。

（2）审核委托收款凭证和相关债务证明。

付款人开户银行审核时，应注意以下几点：

①凭证相关记载事项是否齐全；

②付款人是否在本行开户；

③所附单证张数与凭证记载是否相符；

④第三联凭证上是否盖收款人开户"结算专用章"。

审核不通过的，应将托收凭证及相关附件退回原托收行；审核通过的，在托收凭证第五联加盖柜员名章。

（3）通知付款人付款。

前台柜员打印通用凭证，将第三、四联托收凭证专夹保管，第五联托收凭证加盖已办理戳记，连同债务证明等单证一并交付款人通知其付款（根据双方协议，可由付款人来行自取或派人送达，对距离较远的付款人也可邮寄）。

4. 委托收款到期付款

委托收款到期，根据不同情况做如下处理。

（1）付款人全额承付的处理。

①付款人开户银行抽出专夹保管的第三、四联委托收款凭证，审核付款人账户有足够资金支付全部款项；

②进入系统操作，按规定将款项划转收款人开户银行；

③转账后，在第三、四联委托收款凭证上盖业务章和名章，第四联凭证寄收款人开户行或作电传依据，第三联作记账凭证留存；销记"收到委托收款凭证登记簿"。

（2）付款人部分拒付的处理。

①受理并审核付款人提交的委托收款部分拒付理由书，抽出专夹保管的第三、四联委托收款凭证与之核对，并在凭证上作相应记录；

②进入系统操作，按规定将承付部分款项划转收款人开户银行；

③提交完成后，第一联拒付理由书盖业务章后作回单退还付款人，第三、四联拒付理由书连同第四联委托收款凭证盖业务章后邮寄收款人开户行或作电传依据，其余单证留存；销记"收到委托收款凭证登记簿"。

（3）全部拒付的处理。

①受理并审核付款人提交的委托收款全部拒付理由书和相关债务证明，抽出专夹保管的第三、四联委托收款凭证与之核对，并在凭证上作相应记录；

②进入系统操作，作全部拒付记录；

③提交完成后，第一联拒付理由书盖业务章后作回单退还付款人，第三、四联拒付理由书和第四联委托收款凭证盖业务章后连同相关债务证明邮寄收款人开户行，其余留存备查；销记"收到委托收款凭证登记簿"。

（4）无款支付的处理。

①付款期满未收到付款人拒付理由书，但付款人存款账户余额不足支付全部款项，付款人开户银行应通知付款人交回全部单证；

②付款人开户银行收到付款人交回全部单据，抽出专夹保管的第三、四联委托收款凭证，并在委托收款凭证上注明退回日期和"无款支付"字样；

③进入系统操作，填制三联付款人未付款通知书；

④签章后，第二、三联未付通知书和第四联委托收款凭证及有关债务证明一并退回收款人开户银行，其余单证留存备查；销记"收到委托收款凭证登记簿"。

5. 收到委托收款划回的处理

收款人开户银行收到委托收款划回，根据不同情况做相应处理。

（1）收到划回款项的处理。

①收到付款人开户银行寄来邮划报单和第四联委托收款凭证或部分拒付理由书（如为电划，填制补充报单），抽出留存的第二联委托收款凭证与之核对；

②审核报单和凭证，进入系统操作，将款项转入收款人账户；

③提交成功后再在凭证上签章，第四联委托收款凭证（或电划贷方补充报单）作收账通知交收款人，其余单证留存；销记"发出委托收款凭证登记簿"。

（2）收到退回单证的处理。

①收到付款人开户行寄来两联全部拒付理由书或未付款通知书及相关债务证明，抽出留存的第二联委托收款凭证；

②审核凭证和债务证明，进入系统操作，记录全部拒付或无款支付；

③提交成功后在凭证上签章，一联拒付理由书或未付款通知书，连同相关债务证明专夹留交收款人，其余单证留存备查；销记"发出委托收款凭证登记簿"。

7.2.3 风险提示

（1）未到付款期且未收到付款人的同意付款通知，即办理委托收款的付款业务，造成银行资金损失。

（2）未认真审查客户的拒付理由即办理拒付，造成客户纠纷。

【学习测试】

1. 委托收款的要项有哪些?
2. 付款人如何确认付款?
3. 什么情况下可以使用同城特约委托收款?
4. 委托收款到期,付款人开户银行的处理有几种情况?分别是什么?

【学习评价】

1. 委托收款的要项有:＿＿＿＿＿＿＿＿＿＿＿＿＿＿＿＿＿＿＿＿＿＿＿＿
   ＿＿＿＿＿＿＿＿＿＿＿＿＿＿＿＿＿＿＿＿＿＿＿＿＿＿＿＿＿＿＿＿＿＿
   ＿＿＿＿＿＿＿＿＿＿＿＿＿＿＿＿＿＿＿＿＿＿＿＿＿＿＿＿＿＿＿＿＿＿
   ＿＿＿＿＿＿＿＿＿＿＿＿＿＿＿＿＿＿＿＿＿＿＿＿＿＿＿＿＿＿＿＿＿＿

2. 付款人确认付款的方式为:＿＿＿＿＿＿＿＿＿＿＿＿＿＿＿＿＿＿＿＿＿
   ＿＿＿＿＿＿＿＿＿＿＿＿＿＿＿＿＿＿＿＿＿＿＿＿＿＿＿＿＿＿＿＿＿＿
   ＿＿＿＿＿＿＿＿＿＿＿＿＿＿＿＿＿＿＿＿＿＿＿＿＿＿＿＿＿＿＿＿＿＿
   ＿＿＿＿＿＿＿＿＿＿＿＿＿＿＿＿＿＿＿＿＿＿＿＿＿＿＿＿＿＿＿＿＿＿

3. 可以使用同城特约委托收款的情况是:＿＿＿＿＿＿＿＿＿＿＿＿＿＿＿＿
   ＿＿＿＿＿＿＿＿＿＿＿＿＿＿＿＿＿＿＿＿＿＿＿＿＿＿＿＿＿＿＿＿＿＿

4. 委托收款到期,付款人开户银行的处理有:＿＿＿＿＿＿种情况。分别是:＿＿＿＿＿
   ＿＿＿＿＿＿＿＿＿＿＿＿＿＿＿＿＿＿＿＿＿＿＿＿＿＿＿＿＿＿＿＿＿＿
   ＿＿＿＿＿＿＿＿＿＿＿＿＿＿＿＿＿＿＿＿＿＿＿＿＿＿＿＿＿＿＿＿＿＿

【能力拓展】

20××年9月6日,中国建设银行河北石家庄市学苑路支行(行号058808)收到开户单位河北明月建筑安装有限责任公司(法人代表:李明,账号:9876543211234)提交的一式五联电划委托收款凭证和一张商业承兑汇票,该汇票金额为600 000元,到期日为20××年9月15日,汇票承兑人为北京丽华灯饰厂(账号123456789123456789),开户银行:中国工商银行北京分行营业部,行号:398798),银行经审核后将有关凭证寄交中国工商银行北京分行营业部。

20××年9月10日中国工商银行北京分行营业部收到委托收款凭证和商业承兑汇票,当日通知汇票承兑人。

20××年9月15日中国工商银行北京分行营业部未收到汇票承兑人提出任何异议,且承兑人存款账户有足够资金支付票款。

20××年9月16日中国建设银行河北石家庄市学苑路支行收到划回票款600 000元。

要求:

(1)根据上述资料,以河北明月建筑安装有限责任公司财务人员身份填制有关托收凭证。

(2)分别以中国建设银行河北石家庄市学苑路支行和中国工商银行北京分行营业部柜员身份处理该笔委托收款结算业务。

子模块 3　熟悉托收承付业务

【知识准备】

7.3.1　托收承付基本规定

1. 托收承付的概念

托收承付是指根据购销合同由收款人发货后委托银行向异地付款人收取款项，由付款人向银行承认付款的结算方式。

2. 办理条件

使用托收承付结算方式的收款单位和付款单位必须是国有企业、供销合作社，以及经营管理较好并经开户银行审查同意的城乡集体所有制工业企业。

办理托收承付结算的款项必须是商品交易，以及因商品交易而产生的劳务供应的款项。代销、寄销、赊销商品的款项不得办理托收承付结算。

收付双方使用托收承付结算必须签有符合法律规定的购销合同，并在合同上订明使用托收承付结算方式。

收付双方办理托收承付结算，必须重合同、守信用。收款人对同一付款人发货托收累计3次收不回货款的，收款人开户银行应暂停收款人向该付款人办理托收；付款人累计3次提出无理拒付的，付款人开户银行应暂停其向外办理托收。

收款人办理托收必须具有商品确已发运的证件（包括铁路、航运、公路等运输部门签发运单、运单副本和邮局包裹回执）。

没有发运证件，属于下列情况的，可凭其他有关证件办理托收：

（1）内贸、外贸部门系统内商品调拨，自备运输工具发送或自提的；易燃、易爆、剧毒、腐蚀性强的商品，以及电、石油、天然气等必须使用专用工具或线路、管道运输的，可凭付款人确已收到商品的证明（粮食部门凭提货单及发货明细表）。

（2）铁道部门的材料厂向铁道系统供应专用器材，可凭其签发注明车辆号码和发运日期的证明。

（3）军队使用军列整车装运物资，可凭注明车辆号码、发运日期的单据；军用仓库对军内发货，可凭总后勤部签发的提货单副本，各大军区、省军区也可比照办理。

（4）收款人承造或大修理船舶、锅炉和大型机器等，生产周期长，合同规定按工程进度分次结算的，可凭工程进度完工证明书。

（5）付款人购进的商品，在收款人所在地转厂加工、配套的，可凭付款人和承担加工、配套单位的书面证明。

（6）合同规定商品由收款人暂时代为保管的，可凭寄存证及付款人委托保管商品的证明。

（7）使用"铁路集装箱"或将零担凑整车发运商品的，由于铁路只签发一张运单，可凭持有发运证件单位出具的证明。

（8）外贸部门进口商品，可凭国外发来的账单、进口公司开出的结算账单。

3. 金额起点

托收承付结算每笔的金额起点为10 000元。新华书店系统每笔的金额起点为1 000元。

4. 托收承付的要项

签发托收承付凭证必须记载下列事项：表明"托收承付"的字样；确定的金额；付款人名称及账号；收款人名称及账号；付款人开户银行名称；收款人开户银行名称；托收附寄单证张数或册数；合同名称、号码；委托日期；收款人签章。

托收承付凭证上欠缺记载上列事项之一的，银行不予受理。

5. 托收

收款人按照签订的购销合同发货后，委托银行办理托收。

（1）收款人应将托收凭证并附发运证件或其他符合托收承付结算的有关证明和交易单证送交银行。收款人如需取回发运证件，银行应在托收凭证上加盖"已验发运证件"戳记。

对于军品托收，有驻厂军代表检验产品或有指定专人负责财务监督的，收款人还应当填制盖有驻厂军代表或指定人员印章（要在银行预留印模）的结算通知单，将交易单证和发运证件装入密封袋，并在密封袋上填明托收号码；同时，在托收凭证上填明结算通知单和密封袋的号码。然后，将托收凭证和结算通知单送交银行办理托收。没有驻厂军代表使用代号明件办理托收的，不填结算通知单，但应在交易单证上填写保密代号，按照正常托收办法处理。

（2）收款人开户银行接到托收凭证及其附件后，应当按照托收的范围、条件和托收凭证记载的要求认真进行审查，必要时，还应查验收付款人签订的购销合同。凡不符合要求或违反购销合同发货的，不能办理。审查时间最长不得超过次日。

6. 承付

付款人开户银行收到托收凭证及其附件后，应当及时通知付款人。通知的方法可以根据具体情况与付款人签订协议，采取付款人来行自取、派人送达、对距离较远的付款人邮寄等。付款人应在承付期内审查核对，安排资金。

承付货款分为验单付款和验货付款两种，由收付双方商量选用，并在合同中明确规定。

（1）验单付款。验单付款的承付期为3天，从付款人开户银行发出承付通知的次日算起（承付期内遇法定休假日顺延）。付款人在承付期内，未向银行表示拒绝付款，银行即视作承付，并在承付期满的次日（法定休假日顺延）上午银行开始营业时，将款项主动从付款人的账户内付出，按照收款人指定的划款方式，划给收款人。

（2）验货付款。验货付款的承付期为10天，从运输部门向付款人发出提货通知的次日算起。对收付双方在合同中明确规定，并在托收凭证上注明验货付款期限的，银行从其规定。

付款人收到提货通知后，应立即向银行交验提货通知。付款人在银行发出承付通知的次日起10天内，未收到提货通知的，应在第10天将货物尚未到达的情况通知银行。在第10天付款人没有通知银行的，银行即视作已经验货，于10天期满的次日上午银行开始营业时，将款项划给收款人；在第10天付款人通知银行货物未到，而以后收到提货通知没有及时送交银行，银行仍按10天期满的次日作为划款日期，并按超过的天数，计扣逾期付款赔偿金。

采用验货付款的，收款人必须在托收凭证上加盖明显的"验货付款"字样戳记。托收凭证未注明验货付款，经付款人提出合同证明是验货付款的，银行可按验货付款处理。

（3）不论是验单付款还是验货付款，付款人都可以在承付期内提前向银行表示承付，并通知银行提前付款，银行应立即办理划款；因商品的价格、数量或金额变动，付款人应多承付款项的，须在承付期内向银行提出书面通知，银行据以随同当次托收款项划给收款人。

付款人不得在承付货款中，扣抵其他款项或以前托收的货款。

7. 逾期付款

付款人在承付期满日银行营业终了时，如无足够资金支付，其不足部分，即为逾期未付款项，按逾期付款处理。

（1）付款人开户银行对付款人逾期支付的款项，应当根据逾期付款金额和逾期天数，按每天万分之五计算逾期付款赔偿金。

逾期付款天数从承付期满日算起。承付期满日银行营业终了时，付款人如无足够资金支付，其不足部分，应当算作逾期1天，计算1天的赔偿金。在承付期满的次日（遇法定休假日，逾期付款赔偿金的天数计算相应顺延，但在以后遇法定休假日应当照算逾期天数）银行营业终了时，仍无足够资金支付，其不足部分，应当算作逾期2天，计算2天的赔偿金。依次类推。

银行审查拒绝付款期间，不能算作付款人逾期付款，但对无理的拒绝付款，而增加银行审查时间的，应从承付期满日起计算逾期付款赔偿金。

（2）赔偿金实行定期扣付，每月计算一次，于次月3日内单独划给收款人。在月内有部分付款的，其赔偿金随同部分支付的款项划给收款人，对尚未支付的款项，月终再计算赔偿金，于次月3日内划给收款人；次月又有部分付款时，从当月1日起计算赔偿金，随同部分支付的款项划给收款人，对尚未支付的款项，从当月1日起至月终再计算赔偿金，于第3月3日内划给收款人。第3月仍有部分付款的，按照上述方法计扣赔偿金。

赔偿金的扣付列为企业销货收入扣款顺序的首位。付款人账户余额不足全额支付时，应排列在工资之前，并对该账户采取"只收不付"的控制办法，待一次足额扣付赔偿金后，才准予办理其他款项的支付。因此而产生的经济后果，由付款人自行负责。

（3）付款人开户银行对付款人逾期未能付款的情况，应当及时通知收款人开户银行，由其转知收款人。

（4）付款人开户银行要随时掌握付款人账户逾期未付的资金情况，当账户有款时，必须将逾期未付款项和应付的赔偿金及时扣划给收款人，不得拖延扣划。在各单位的流动资金账户内扣付贷款，要严格按照国务院关于国营企业销货收入扣款顺序的规定（即从企业销货收入中预留工资后，按照应缴纳税款、到期贷款、应偿付货款、应上缴利润的顺序）扣款；同类性质的款项按照应付时间的先后顺序扣款。

（5）付款人开户银行对不执行合同规定、三次拖欠货款的付款人，应当通知收款人开户银行转知收款人，停止对该付款人办理托收。收款人不听劝告，继续对该付款人办理托收，付款人开户银行对发出通知的次日起1个月之后收到的托收凭证，可以拒绝受理，注明理由，原件退回。

（6）付款人开户银行对逾期未付的托收凭证，负责进行扣款的期限为3个月（从承付期满日算起）。在此期限内，银行必须按照扣款顺序陆续扣款。期满时，若付款人仍无足够资金支付该笔尚未付清的欠款，则银行应于次日通知付款人将有关交易单证（单证已作账务处理或已部分支付的，可以填制应付款项证明单）在2日内退回银行。银行将有关结算凭证连同交易单证或应付款项证明单退回收款人开户银行转交收款人，并将应付的赔偿金划给收款人。对付款人逾期不退回单证的，开户银行应当自发出通知的第3天起，按照该笔尚未付清欠款的金额，每天处以万分之五但不低于50元的罚款，并暂停付款人向外办理结算业务，直至退回单证。

8. 拒绝付款

对下列情况，付款人在承付期内，可向银行提出全部或部分拒绝付款：

（1）没有签订购销合同或购销合同未订明托收承付结算方式的款项。

（2）未经双方事先达成协议，收款人提前交货或因逾期交货付款人不再需要该项货物的款项。

（3）未按合同规定的到货地址发货的款项。

（4）代销、寄销、赊销商品的款项。

（5）验单付款，发现所列货物的品种、规格、数量、价格与合同规定不符，或货物已到，经查验货物与合同规定或发货清单不符的款项。

（6）验货付款，经查验货物与合同规定或与发货清单不符的款项。

（7）货款已经支付或计算有错误的款项。

不属于上述情况的，付款人不得向银行提出拒绝付款。

外贸部门托收进口商品的款项，在承付期内，订货部门除因商品的质量问题不能提出拒绝付款，应当另行向外贸部门提出索赔外，属于上述其他情况的，可以向银行提出全部或部分拒绝付款。

付款人对以上情况提出拒绝付款时，必须填写"拒绝付款理由书"并签章，注明拒绝付款理由，涉及合同的应引证合同上的有关条款。属于商品质量问题，需要提出商品检验部门的检验证明；属于商品数量问题，需要提出数量问题的证明及其有关数量的记录；属于外贸部门进口商品，应当提出国家商品检验或运输等部门出具的证明。

开户银行必须认真审查拒绝付款理由，查验合同。对于付款人提出拒绝付款的手续不全、依据不足、理由不符合规定和不属于本条七种拒绝付款情况的，以及超过承付期拒付和应当部分拒付提为全部拒付的，银行均不得受理，应实行强制扣款。

对于军品的拒绝付款，银行不审查拒绝付款理由。

银行同意部分或全部拒绝付款的，应在拒绝付款理由书上签注意见。部分拒绝付款，除办理部分付款外，应将拒绝付款理由书连同拒付证明和拒付商品清单邮寄收款人开户银行转交收款人。全部拒绝付款，应将拒绝付款理由书连同拒付证明和有关单证邮寄收款人开户银行转交收款人。

9. 重办托收

收款人对被无理拒绝付款的托收款项，在收到退回的结算凭证及其所附单证后，需要委托银行重办托收，应当填写四联"重办托收理由书"，将其中三联连同购销合同、有关证据和退回的原托收凭证及交易单证，一并送交银行。

经开户银行审查确属无理拒绝付款的，可以重办托收。

10. 其他相关规定

收款人开户银行对逾期尚未划回，又未收到付款人开户银行寄来逾期付款通知或拒绝付款理由书的托收款项，应当及时发出查询。付款人开户银行要积极查明，及时答复。

付款人提出的拒绝付款，银行按照规定审查无法判明是非的，应由收付双方自行协商处理，或向仲裁机关、人民法院申请调解或裁决。

收款人开户银行对逾期尚未划回，又未收到付款人开户银行寄来逾期付款通知或拒绝付款理由书的托收款项，应当及时发出查询。付款人开户银行要积极查明，及时答复。

未经开户银行批准使用托收承付结算方式的城乡集体所有制工业企业，收款人开户银行不得受理其办理托收；付款人开户银行对其承付的款项应按规定支付款项外，还要对该付款人按结算金额处以百分之五罚款。

7.3.2 托收承付业务处理

1. 托收承付结算业务流程

托收承付结算业务处理流程如图 7-3 所示。

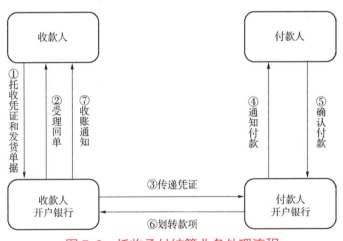

图 7-3 托收承付结算业务处理流程

2. 发出托收承付

（1）客户填单。

客户填写一式五联托收凭证，提交发运证件或其他符合托收承付结算的有关证明和交易单证。

（2）柜面审核。

①托收款项是否符合支付结算办法规定的范围、条件、金额起点以及其他有关规定。

②收款人是否在本行开户。

③托收凭证是否填明委托日期、金额、收付款人名称及账号、收付款人开户行名称、托收附寄单证张数或册数、合同名称及号码，要素填写是否齐全。金额填写是否规范，大小写金额是否一致。凭证是否套写，各联次填写的内容是否一致。采用验货付款的，是否在托收凭证上加盖明显的"验货付款"字样戳记。

④发运证件或其他符合托收承付结算的有关证明和交易单证是否齐全，对无法提供发运证件的，要审查其是否符合托收承付结算方式规定的其他条件。

⑤必要时，应查验收付款人签订的购销合同。

⑥前台柜员对客户在托收凭证第二联加盖的预留印鉴进行验印。

（3）办理发出操作。

前台柜员审核无误后，在托收凭证第一联加盖已受理戳记，第二联加盖柜员名章，并办理系统操作。

（4）凭证流转及签章。

前台柜员在托收凭证第三联加盖结算专用章。前台柜员将第一联托收凭证交给收款人。对收款人提供的发运证件需带回保管或自寄的，应在各联凭证和发运证件上加盖"已验发运证件"戳记并注明发运日期和发运号码，然后将发运证件退给收款人。将第二联托收凭证专夹保管，将三、四、五联托收凭证连同交易单证，一并寄付款人开户行。

3. 收到托收承付

（1）收到托收凭证和相关单证。

付款人开户行收到收款人开户行寄来的托收凭证第三、四、五联及相关单证。

（2）审核托收凭证和相关单证。

①付款人是否在本行开户。

②托收凭证相关记载事项是否齐全。

③有无商品确已发运的证件(对无法提供发运证件的，要审查其是否符合托收承付结算方式规定的其他条件，或托收凭证上是否加盖"已验发运证件"戳记)。

④所附单证张数与凭证是否相符。

⑤第三联凭证上是否盖收款人开户行"结算专用章"。

审核不通过的，应将托收凭证及相关附件退回原托收行，审核通过的，在托收凭证第五联加盖柜员名章。

（3）通知付款人付款。

审核凭证和单证无误后，进入系统做收到托收承付凭证交易处理；交易成功后，在托收承付凭证第五联填写收到日期和承付期，加盖业务章，连同有关单证一并及时送交付款人签收，并通知其付款。

4. 托收承付到期付款

验单付款的承付期为3天，从银行对付款人发出承付通知日的次日（付款人来行自取的，为银行收到托收凭证日的次日）算起（承付期内遇例假日顺延），必须邮寄的，应加邮寄时间；验货付款的承付期为10天，从运输部门向付款人发出提货通知日的次日算起。

（1）全额付款。

验单付款的，客户在验单承付期内未提出拒付申请的；验货付款的，付款人向银行交验提货通知或付款人在银行发出承付通知的次日起的第 10 天没有通知银行的，银行视作已经验货的，若付款账户有足额资金支付全部款项，前台柜员办理托收承付全额付款。

通过大小额等汇划方式付款的，前台柜员在原专夹保管的托收凭证第三、四联上加盖已办理戳记；通过同城提出付款的，前台柜员在原专夹保管的托收凭证第三联上加盖已办理戳记，第四联按照提出贷方票据流程办理提出。其余凭证随通用凭证上交会计稽核。

（2）提前付款。

不论验单付款还是验货付款，付款人承付期内提前向银行出具表示承付的书面通知书的，前台柜员办理托收承付提前付款。

通过大小额等汇划方式付款的，前台柜员在原专夹保管的托收凭证第三、四联上加盖已办理戳记；通过同城提出付款的，前台柜员在原专夹保管的托收凭证第三联上加盖已办理戳记，第四联按照提出贷方票据流程办理提出。其余凭证随通用凭证上交会计稽核。

（3）多承付款。

因商品的价格、数量或金额变动，付款人应多承付款项的，填写"多承付理由书"（以拒绝付款理由书代替，划去"拒绝付款"并标准"多承付"字样）一式四联并加盖预留印鉴，前台柜员审核验印通过后，在第二联加盖名章并办理托收承付到期付款。

通过大小额等汇划方式付款的，前台柜员在原专夹保管的托收凭证第三、四联和"多承付理由书"第一、二、三联加盖已办理戳记，"多承付理由书"第一联交客户，"多承付理由书"第三、四联邮寄收款人开户行，其余凭证随通用凭证上交会计稽核。

通过同城提出付款的，前台柜员在原专夹保管的托收凭证第三联和"多承付理由书"第一、二、三联加盖已办理戳记，托收凭证第四联按照提出贷方票据流程办理提出，"多承付理由书"第一联交客户，"多承付理由书"第三、四联邮寄收款人开户行，其余凭证随通用凭证上交会计稽核。

（4）部分付款。

在承付期满日营业终了前，付款单位账户余额不足全额支付时，前台柜员在托收凭证上注明当天可以扣收的金额、票据托收编号及托收承付金额，填写特种转账借方凭证一式三联，根据当前可扣收的金额办理托收承付部分付款。付款后根据未付款项填写三联"到期未收通知书"。

前台柜员在特种转账借方凭证各联次加盖已办理戳记，特种转账借方凭证第一联交客户，在"到期未收通知书"第一、二联加盖已办理戳记，第二、三联通知书寄收款人开户行转知收款人，第一联"到期未收通知书"和托收凭证第三、四联托收凭证按付款人及先后日期单独保管，其余凭证随通用凭证一同上交会计稽核。

（5）逾期付款。

部分付款后，其不足部分作为逾期未付款项。前台柜员要随时掌握付款人账户逾期未付的资金情况，付款账户有款时，填写特种转账借方凭证，将逾期未付款项和应付的赔偿金及时扣划给收款人。

前台柜员在原托收凭证上注明已扣金额，若款项未结清，则原第一联"到期未收通知书"和原托收凭证第三、四联托收凭证按付款人及先后日期继续单独保管，若款项已经结清，则在三、四联托收凭证上加盖已办理戳记随通用凭证上交会计稽核。

（6）无款支付。

逾期付款期（从承付期满日算起3个月）满日，付款人仍无足够资金支付该笔尚未付清的欠款时，前台柜员应填写四联"索回单证通知书"，第一联加盖已办理戳记交付款人。

前台柜员收到付款人交回的第五联托收凭证（已部分付款的除外）和有关交易单证（单证已做账务处理或已部分支付的，可以填制应付款项证明单），核对无误后，在托收凭证备注栏注明单证退回日期和"无款支付"字样，在"索回单证通知书"第二联加盖柜员名章后办理托收承付无款支付。

前台柜员在"索回单证通知书"第二、三联加盖已办理戳记，通知书第三、四联、托收凭证第四联和客户交回的托收凭证、相关交易单证或应付款项证明单退回收款人开户银行转交收款人，通知书第二联、托收凭证第三联随通用凭证上交会计稽核。

（7）拒绝付款（全部拒付或部分拒付）。

前台柜员收到付款人提交加盖预留银行印鉴的四联"拒绝付款理由书"、有关拒付证明、第五联托收凭证及所附单证，应严格按照支付结算办法有关托收承付拒绝付款的规定对付款人提出的拒绝付款理由进行认真审查。审查后，对手续不全、依据不足、理由不符合规定和不属于支付结算办法有关托收承付中七种可以拒绝付款情况的，以及超过承付期拒付或将部分拒付提为全部拒付的，均不得受理。对不同意拒付的，要实行强制扣款；对不同意拒付的，要实行强制扣款；对因无理的拒绝付款而增加银行审查时间的，从承付期满日起，为收款人计扣逾期付款赔偿金。

拒绝付款的，前台柜员在第一、二、三联"拒绝付款理由书"加盖业务已办理戳记，第一联交付款人，第二联和托收凭证第三联随通用凭证上交会计稽核，第三、四联"拒绝付款理由书"连同有关的拒付证明和第四、五联托收凭证及单证一并寄收款人开户行。

部分拒付的，前台柜员根据拒绝付款理由书和托收凭证，对付款人同意承付部分的办理支付，支付后在第一、二、三联"拒绝付款理由书"加盖业务已办理戳记，第一联交付款人，第二联和托收凭证第三联随通用凭证上交会计稽核，第三、四联"拒绝付款理由书"、第四联托收凭证连同拒付部分的商品清单和有关证明寄收款人开户行。

5. 托收承付销记

（1）全额划回和提前付款的处理。

收款人开户行收到通过行内汇划、现代化支付系统等渠道收到的托收承付划回款项及有关汇划凭证后，应与留存的第二联托收凭证进行核对。经审查无误后，凭入账凭证办理托收承付销记。如果通过行内或大小额汇划入账，则打印入账信息作为入账凭证；如果通过同城提入凭证，则以提入的原始凭证作为入账凭证。

前台柜员在入账凭证的各联和原托收凭证第二联加盖已办理戳记，入账凭证的客户联交客户，其余凭证随通用凭证一同上交会计稽核。

（2）多承付款划回的处理。

收款人开户行收到寄来的第三、四联"多承付理由书"，应与留存的第二联托收凭证进行核对，经审查无误后，在原托收凭证上注明多承付金额，并办理托收承付销记。如果通过行内或大小额汇划入账，则打印入账信息作为入账凭证；如果通过同城提入凭证的，则以提入的原始凭证作为入账凭证。

前台柜员在入账凭证的各联和原托收凭证第二联加盖已办理戳记，入账凭证的客户联交客户，其余凭证随通用凭证一同上交会计稽核。

（3）部分划回的处理。

收款人开户行审核收到的二、三联"到期未收通知书"和通过行内汇划、现代化支付系统等渠道收到的托收承付划回款项及有关入账凭证后，应与留存的第二联托收凭证进行核对，经审查无误后，在凭证上注明部分划回的金额及日期，并凭入账凭证办理托收承付销记。通过行内或大小额汇划入账的，则打印入账信息作为入账凭证；通过同城提入凭证的，则以提入的原始凭证作为入账凭证。

前台柜员在入账凭证的各联加盖已办理戳记。入账凭证客户联和"到期未收通知书"第三联交收款人，"到期未收通知书"第二联和原托收凭证第二联专夹保管，其余凭证随通用凭证一同上交会计稽核。

（4）逾期划回的处理。

收款人开户行收到通过行内汇划、现代化支付系统等渠道收到的逾期款项及有关汇划凭证后，在原专夹保管的第二联托收凭证上注明"逾期付款"字样并注明划回的金额。前台柜员凭入账凭证办理托收承付销记。如果通过行内或大小额汇划入账，则入账信息作为入账凭证；如果通过同城提入凭证的，则以提入的原始凭证作为入账凭证。

前台柜员在入账凭证的各联加盖已办理戳记，若款项已结清，则在原托收凭证第二联加盖已办理戳记，原"到期未收通知书"第二联和原托收凭证第二联随通用凭证一同上交会计稽核。

（5）无款支付的处理。

收款人开户行在逾期付款期满后收到三、四联"索回单证通知书"和第四、五联托收凭证（部分无款支付时收到第四联托收凭证）及付款人退回有关单证，经核对无误后，在原第二联托收凭证备注栏注明"无款支付"字样。

前台柜员将"索回单证通知书"第四联和第四、五联托收凭证（部分无款支付系第四联托收凭证）连同有关单证退给收款人。其余凭证随通用凭证一同上交会计稽核。

（6）全部拒付的处理。

收款人开户行收到"拒绝付款理由书"第三、四联，托收凭证第四、五联及拒付证明和有关单证，抽出第二联托收凭证进行核对，核对无误后在托收凭证上注明"全部拒付"字样。

前台柜员将托收凭证第四、五联及有关单证、"拒绝付款理由书"第四联及拒付证明退给收款人。其余凭证随通用凭证一同上交会计稽核。

（7）部分拒付的处理。

收款人开户行收到拒绝付款理由书"第三、四联，托收凭证第四联及拒付证明和有关单证，并且收到通过行内汇划、现代化支付系统等渠道收到的托收承付划回款项及有关汇划凭证后，应与留存的第二联托收凭证进行核对，在第二联托收凭证备注栏注明"部分拒付"字样。前台柜员凭入账凭证办理托收承付销记。如果通过行内或大小额汇划入账的，则打印入账信息作为入账凭证；如果通过同城提入凭证的，则以提入的原始凭证作为入账凭证。

前台柜员在入账凭证的各联加盖已办理戳记。前台柜员将入账凭证的客户联、托收凭证第四联、"部分拒绝付款理由书"第四联、拒付部分的商品清单和证明一并交给收款人，其余凭证随通用凭证一同上交会计稽核。

7.3.3 风险提示

（1）未认真审核托收款项是否符合支付结算办法规定的范围、条件、金额起点以及未认真审核收款人的托收凭证及相关发货证明即受理收款人的托收承付申请，造成客户纠纷。

（2）承付期未满且未收到付款人的同意付款通知即办理托收承付的付款业务，造成银行资金损失。

（3）未认真审查客户的拒付理由即办理拒付，造成客户纠纷。

【学习测试】

1. 托收承付时，无发运证件怎么办？
2. 办理托收承付的款项有什么要求？
3. 托收承付到期付款的处理情况有哪些？

【学习评价】

1. 托收承付时，无发运证件的可按以下情况办理托收：＿＿＿＿＿＿
＿＿＿＿＿＿＿＿＿＿＿＿＿＿＿＿＿＿＿＿＿＿＿＿＿＿＿＿＿＿＿＿
＿＿＿＿＿＿＿＿＿＿＿＿＿＿＿＿＿＿＿＿＿＿＿＿＿＿＿＿＿＿＿＿
＿＿＿＿＿＿＿＿＿＿＿＿＿＿＿＿＿＿＿＿＿＿＿＿＿＿＿＿＿＿＿＿
＿＿＿＿＿＿＿＿＿＿＿＿＿＿＿＿＿＿＿＿＿＿＿＿＿＿＿＿＿＿＿＿

2. 办理托收承付的款项的要求有：＿＿＿＿＿＿＿＿＿＿＿＿＿
＿＿＿＿＿＿＿＿＿＿＿＿＿＿＿＿＿＿＿＿＿＿＿＿＿＿＿＿＿＿＿＿

3. 托收承付到期付款的处理情况有：＿＿＿＿＿＿＿＿＿＿＿＿
＿＿＿＿＿＿＿＿＿＿＿＿＿＿＿＿＿＿＿＿＿＿＿＿＿＿＿＿＿＿＿＿

【能力拓展】

20××年3月10日,中国建设银行河北石家庄市学苑路支行(行号058808)收到开户单位河北明月建筑安装有限责任公司(法人代表:李明,账号:9876543211234)提交一式五联邮划托收承付凭证、交易发票和铁路运单(合同上注明"验单付款"),金额900 000元,付款人为深圳华强有限责任公司(账号2567894321678),开户银行:中国工商银行深圳福田支行,行号:436579),交易合同名称:建材销售合同(号码为B201784526),银行经审核后同意受理,并将有关凭证和单据寄付款人开户行。

20××年3月15日中国工商银行深圳福田支行收到托收承付凭证和交易发票、铁路运单,当日通知付款人。

20××年3月18日承付期满,中国工商银行深圳福田支行未收到付款人提出任何异议,次日办理划款,但付款人存款账户只能支付500 000元。

20××年3月24日中国建设银行河北石家庄学苑路支行收到划回部分托收款500 000元。

20××年4月5日中国工商银行深圳福田支行从付款人存款账户结清该笔剩余托收款400 000元并计付赔偿金(按每日万分之五计算)。

20××年4月9日中国建设银行河北石家庄市学苑路支行收到划回剩余托收款400 000元和赔偿金。

要求:

(1)根据上述资料,以河北明月建筑安装有限责任公司财务人员身份填制托收凭证。

(2)以中国建设银行河北石家庄市学苑路支行柜员身份处理上述托收承付业务。

(3)以中国工商银行深圳福田支行柜员身份处理上述托收承付结算业务。

请把分模块七的主要内容在本页通过思维导图的形式呈现出来。

模块四　票据业务

分模块八　票据承兑与贴现

【分模块概述】

分模块八主要介绍票据承兑、票据贴现和票据转贴现。通过该模块的学习，让学生熟悉票据承兑、票据贴现和票据转贴现的概念及相关规定，能够进行相应的业务处理，具备一定的风险识别与防范意识，树立维护国家金融安全、保护客户合法权益的良好品质，具备严守秘密的银行从业人员职业操守，具备行为守法、业务合规、履职遵纪的行业规范。

【分模块目标】

知识目标：熟悉票据承兑、票据贴现、票据转贴现的概念及相关规定。
技能目标：能够进行票据承兑、票据贴现、票据转贴现的相关业务处理；
　　　　　能够识别票据承兑、票据贴现、票据转贴现相应环节的风险点并进行防范。
素质目标：树立维护国家金融安全、保护客户合法权益的良好品质；
　　　　　具备严守秘密的银行从业人员职业操守；
　　　　　具备行为守法、业务合规、履职遵纪的行业规范。

【知识地图】

```
模块四　票据业务 ── 分模块八　票据承兑与贴现 ┬── 子模块1　熟悉票据承兑
                                            ├── 子模块2　熟悉票据贴现
                                            └── 子模块3　熟悉票据转贴现
```

子模块 1　熟悉票据承兑

【知识准备】

8.1.1　票据承兑的概念

票据承兑是指商业汇票付款人承诺在汇票到期日支付汇票金额的票据行为。承兑为汇票所独有。汇票的发票人和付款人之间是一种委托关系，发票人签发汇票，并不等于付款人就一定付款，持票人为确定汇票到期时能得到付款，在汇票到期前向付款人进行承兑提示。如果付款人签字承兑，那么他就对汇票的到期付款承担责任，否则持票人有权对其提起诉讼。票据承兑是商业汇票的承兑人在汇票上记载一定事项承诺到期支付票款的票据行为。商业汇票一经银行承兑，承兑银行必须承担到期无条件付款的责任。因此，票据承兑属于银行的一项授信业务。

8.1.2　票据承兑的相关规定

商业汇票承兑包括纸质商业汇票承兑和电子商业汇票承兑。其中，纸质商业汇票期限最长不超过6个月，电子商业汇票期限最长不超过1年。办理商业汇票承兑业务应遵循"严格审查业务背景、综合考虑风险收益、审慎落实还款来源"的原则。

承兑申请人除具备银行基本信贷政策规定条件外，还必须具备：在银行开立存款账户的法人及其他经济组织；与银行建立有真实的委托付款关系；资信状况良好，具有支付汇票金额的可靠资金来源；具有真实、合法的交易关系和债权债务关系，能够提供合法、有效、真实的商品购销合同；申请办理有授信风险敞口银行承兑汇票的出票人（承兑申请人），必须符合银行一般风险授信审批和信用评级条件要求，与银行建立信贷关系。

办理商业汇票承兑业务必须以真实、合法的交易关系和债权债务关系为基础，严禁办理无真实合法交易的承兑业务，严禁办理业务量与其实际经营情况明显不符的承兑业务，严禁与票据中介或资金掮客合作。

办理业务过程中，发现客户、客户的资金或者其他资产、客户的交易或者试图进行的交易与洗钱、恐怖融资等犯罪活动相关的，应及时向同级反洗钱牵头管理部门报告，并对客户的相关业务采取禁止办理等风险控制措施。

8.1.3　商业汇票承兑业务处理流程

这里以××银行为例，具体演示银行承兑汇票的承兑申请与受理、承兑调查、承兑审查、承兑审批、承兑出票、承兑后管理、查复、付款确认、解付及垫款、换票及注销、票据保管的业务处理。

1. 承兑申请与受理

申请办理商业汇票承兑业务的客户应同时具备以下条件：在××银行开立存款账户，

并依法从事经营活动的企（事）业法人或其他组织；资信状况良好，具有到期支付汇票金额的可靠资金来源，在银行融资无重大不良信用记录；有真实、合法的商品或劳务交易背景；能够提供符合要求的担保；承兑行要求的其他条件。

对存在下列情形之一的客户严禁办理承兑业务：逃废银行债务的；有承兑垫款余额的；曾以非法手段骗取金融机构承兑的。

符合条件的承兑申请人应填写"××银行商业汇票承兑业务申请书"（简称"申请书"），并提交以下资料。

（1）基础资料。

①营业执照或事业单位法人证书、组织机构代码证、税务登记证（或多证合一的营业执照）、基本账户开户许可证。

②法定代表人（负责人）身份证明及签字样本，非法定代表人前来办理业务的，还应提交法定代表人签署的"授权委托书"、代理人身份证明及签字样本。

③公司章程或组织文件，公司章程或组织文件对办理信贷业务有限制的，应提供有权机构（人）同意的决议或授权书。

④近三年年度财务报告及最近一期财务报表，成立不足三年的，提交成立以来的年度财务报告及最近一期财务报表，根据法律和国家有关规定财务报表须经审计的，应提供具有相应资格的会计师事务所的审计报告；对于办理低风险承兑业务的客户，可仅提供近一年及最近一期的财务报告。

对于上述资料已具备并仍然有效的，可不要求客户重复提供。

（2）业务资料。

①"申请书"。

②交易双方签订的合法、有效的商品购销或劳务交易合同原件及复印件（复印件须与原件核对一致）。

③承兑行要求提供的其他资料。

（3）担保资料。

采取担保方式的，还应提供担保相关资料。

①如为保证的，保证人收集资料的深度与广度按照××银行担保管理办法的相关规定执行。

②如为抵（质）押担保的，应提供相应的权属证明、抵（质）押评估报告及××银行认可的其他资料。由承兑申请人以外的第三人提供抵（质）押担保的，还应提供担保人的主体资料。

2. 承兑调查

客户经理负责对客户的基本情况、业务情况、担保情况等进行调查，严格审查客户需求的合理性和真实性。承兑业务调查须由两名客户经理共同完成，并留存上门调查影像。调查范围包括但不限于以下内容：

（1）承兑申请人基本情况。

①营业执照或事业单位法人证书、组织机构代码证、税务登记证（或多证合一的营业执照），应真实、有效，需年检的应年检合格并在有效期内。

②法定代表人身份证明上记载的或法定代表人授权委托书上签署的姓名应与营业执照上的记载相符，法定代表人、代理人的签章、签字应真实、有效。

③公司章程应真实、有效。公司章程对办理信贷业务有限制的，应提供章程要求的股东会或董事会决议或其他文件。股东会或董事会决议内容应包括申请信贷业务用途、期限、金额、担保方式及委托代理人等，股东会或董事会决议应由出席股东签字，应达到公司合同章程或组织文件规定的有效签字人数，并注明召开日期，加盖公章。

④从事特殊行业或按规定应取得环保许可的，应持有有权部门的相应批准文件，且有关证照应在有效期内。

⑤企业历史沿革、主业变迁、股权结构、主要出资人及出资金额、组织架构、公司治理、内部控制、资金管理模式、经营发展战略、实际控制人及其所控制的利益集团整体情况以及主要关联关系等。

⑥企业法定代表人及主要经营管理人员、财务负责人的基本情况和信用记录情况。

⑦客户应在××银行开立存款账户。

（2）生产经营情况。

①企业生产经营现状，包括采购、研发、生产、销售、投融资等。

②企业经营规划和重大投资计划等。

（3）财务状况。

①财务处理情况及财务报表质量，包括审计意见、报表间勾稽对应关系、财务报表附注等。

②分析近三年主营业务收入、主营业务成本、毛利率等经营指标以及现金流的构成和变动趋势，与其所处行业的平均水平进行比较；分析近三年财务报表的变化趋势是否符合行业发展的一般情况；通过比较各期财务报告，预测承兑申请人财务状况的变化趋势。

③分析承兑申请人偿债能力、盈利能力、营运能力指标；重点关注财务报表中应收账款、应收票据、应付账款、应付票据、存货、其他应收款、其他应付款等的真实状况，关注变动较大的科目和指标，分析指标变动对承兑申请人经营的影响等。

（4）信用状况及偿付能力。

①企业信用状况，包括承兑申请人在各金融机构授信和用信情况、还本付息情况、存款及结算往来情况、对外担保情况，以及与商业合作伙伴的合作状况、履约情况、诉讼情况等。

②是否有明确、充足、合法的还款资金来源（包括生产经营产生的现金流、综合收益及其他合法收入等），还款来源与企业经营周期、利润水平、还款额等是否匹配。

③企业各项经营计划的落实情况，如对工业企业，调查其销售货款回笼是否顺畅，回笼周期与银行承兑汇票期限是否对称；对物资贸易或批发企业，调查其所购货物是否已落实销售下游，先货后款方式清算的货物在运输中是否出现毁损；对施工企业，调查其所承包工程的投资是否落实，工程材料款是否按时到位等。

（5）真实交易关系情况。

要求企业提供购销合同等相关贸易背景证明材料，并进行必要的交易背景调查。调查范围包括但不限于以下内容：

①商品、劳务交易内容应在营业执照的经营范围内并具有合理性,承兑额度与企业经营规模相匹配。

②交易合同的供需双方签章、签字应清晰,名称应与银行承兑汇票的付款人、收款人的名称一致。

③如交易合同已记载履约的有效期限,则应在其有效期内办理承兑业务,如果为分期执行(付款)合同,本次承兑业务应在合同规定的分期执行阶段。

④交易合同无重复使用现象,即交易合同项下已承兑额度加上本次申请承兑额度应小于或等于合同金额。

⑤交易合同中应包含以银行承兑汇票作为结算方式,汇票用途应为该货款支付或劳务支付。

⑥交易合同主要记载要素之间的逻辑对应关系应合理,如商品定价和商品物流的方向应符合客观实际。

⑦对于水、电、煤、油、燃气等公用企事业单位作为收款人,如客户因特殊原因不能提供其与相关企事业的商业交易合同,可出具加盖公章的供应计划或内部调拨单等;

⑧如承兑申请人与其上游供应商只签订年度总合同,应向××银行提供年度总合同、合同项下的年度订货单及与该笔业务对应的采购明细清单等能够证明贸易背景真实性的相关材料。

⑨关联企业母子公司或下属关联企业间,直接或间接以对方为交易对象的,要严格审查其交易及债权债务关系的真实性。

(6)担保情况。

①对提供保证金担保的,保证金来源必须合法,原则上应为客户正常的经营收入或货款回笼,严防利用银行贷款、贴现资金转为保证金滚动开票套取资金。保证金来源不合法的,禁止办理承兑业务。

②对保证担保的,应参照承兑申请人调查内容对保证人基本情况、生产经营、财务、信用等情况进行调查,还应重点调查保证人的保证能力、与承兑申请人的关系、提供保证的原因、保证意愿等。

③对抵(质)押担保的,应实地查看抵(质)押物,调查了解其位置、权属状态、估值情况、是否已经抵(质)押及变现能力等。

④对存单质押的,仅接受××银行开具的个人定期存单或单位定期存单作为质押标的物。"单位定期存款证实书"不得作为质押的权利凭证,应转换为"单位定期存款存单"后才可办理质押。

⑤对银行承兑汇票质押的,出质人与其前手之间应具有真实合法的商品或劳务交易关系;银行承兑汇票必须真实有效、要式完整、背书连续、签章规范有效、权属清晰、合法合规且尚未到期。应要求出质人在出质汇票上正确背书记载"质押"字样并签章。不得将要素不全、克隆、变造、伪造的票据作为质押物;票据不得处于挂失止付、冻结或公示催告等状态;不得接受票据上记载"不得转让""委托收款""现金""质押"等字样的汇票。

对于纸质银行承兑汇票质押,应采取电子或实地查询等方式向承兑银行进行查询,以确定票面要素是否齐全有效、真实相符，是否挂失、止付、冻结或公示催告，他行是否已办理贴现或质押等。

银行承兑汇票质押，应在承兑行可用且有效的授信额度内办理；如果承兑行不在××银行授信范围内，则应在出质人可用且有效的授信额度内办理。

客户经理应根据调查分析情况撰写调查报告。对于低风险承兑业务，客户经理应填写"××银行低风险承兑业务调查表"（简称"调查表"），可不撰写调查报告。

其中，调查报告至少应包括下述内容：

①调查详细情况，包括所采取的调查方法、调查程序，可以认定真实的相关资料及认定的依据、无法认定是否真实的相关资料及无法认定的原因。

②企业基本情况及主体资格，包括历史沿革、股权结构、法人治理结构、经营者素质及管理水平、主要关联企业情况等。

③企业生产经营及财务状况，包括行业状况、区域状况、战略定位、产品、技术、市场、竞争力分析、财务和非财务分析等。

④企业偿付能力及信用情况，包括还款资金来源、经营计划落实情况，在金融机构信用总量及信用记录，在××银行信用及合作情况等。

⑤真实交易关系情况。

⑥保证金及担保情况。

⑦收益与风险评估。

⑧调查结论及建议包括是否同意承兑，对承兑金额、期限、保证金比例、收费、担保等的建议，以及限制性条件、注意事项等。

调查完毕，客户经理应同时填制"申请材料收妥单"，并在"××银行商业汇票承兑业务审查审批表"（简称"审查审批表"）中签署意见。

前台业务主管对客户经理调查过程及调查结果负责。前台业务主管在"审查审批表"中签署明确意见后，由客户经理将业务资料移交审查部门进入审查审批环节。

3. 承兑审查

承兑业务应严格按照××银行授信业务审批权限和授信管理体系要求进行审查、审批。审查岗收到业务部门提交的业务资料、调查报告或调查表后，应独立进行审查分析，全面评价承兑业务风险因素。审查内容主要包括：

①业务材料是否齐全、合规，包括承兑申请人基础资料、承兑业务资料、担保资料、调查报告（或"调查表"）等。

②汇票用途符合国家产业政策和我行信贷政策。

③兑申请人基本情况，包括主体资格的合法性，经营资格和办理信贷业务的资格等。

④承兑申请人经营状况、财务状况、信用状况，包括承兑申请人产品、技术、市场、竞争力等情况，财务规范性、财务报表完整性和合理性，重点审查出票人的短期偿债能力和现金流量情况，判断出票人按期偿付汇票的能力。

⑤真实交易关系审查，主要审查商品、劳务交易内容是否在企业经营范围内，企业银行承兑汇票签发量是否与其实际经营状况和业务规模相匹配，所申请汇票金额、期限、收款人等要素是否与交易背景相关证明材料相匹配，交易合同要式是否完整、合理，交

易是否符合经济运行规律等。

⑥担保情况审查,包括保证金比例是否符合要求,保证金资金来源是否合法,保证人是否具备担保资格和能力,抵(质)押物是否合规、有效、足值等。

⑦业务部门风险效益分析结论是否合理。

⑧其他需要审查的事项。

审查岗应根据审查分析情况撰写审查报告。对于低风险承兑业务,审查岗应根据审查分析情况出具审查意见,可不撰写审查报告。

其中,审查报告应包括下述内容:

①承兑申请人主体资格、办理信贷业务资格等基本情况。

②承兑申请人信用状况、经营状况及财务状况评价。

③真实交易关系评价。

④担保评价。

⑤承兑要素分析,分析承兑金额、期限、保证金缴存比例、担保方式、手续费率、违约条款等要素的设定是否合理。

⑥承兑收益分析,分析办理承兑业务给我行带来的收益情况。

⑦审查结论,包括对客户调查报告的评价以及是否同意办理承兑业务的结论;对拟同意的,应根据实际情况提出限制性条件、合同加列条款以及监管要求等。

审查完成后,审查岗应在"审查审批表"中签署明确的审查意见,将相关业务资料连同审查报告(低风险承兑业务可不提供)提交审批。

4. 承兑审批

商业汇票承兑业务可以采取单人审批、双人审批和会议审批三种审批方式,具体规定参照××银行法人客户授信业务基本操作规程。如超出本级行审批权限,则逐级报批。

审批人员应独立进行审批并发表书面审批意见,审批要点包括承兑业务的合法、合规性、承兑主体资格、财务状况、信用状况、贸易背景、担保情况等,尤其应对调查、审查环节提示的风险事项及签署的意见进行审核。

敞口承兑业务实行有权终审人签批制。审批完成后,有权审批行审查审批部门应将审批结论或贷审会审议意见表提交有权终审人。有权终审人应对审查审批环节提示的风险事项及签署的意见进行审核,对存在的问题提出质询。有权终审人签批后,审查审批部门应及时以审批决策意见通知单的形式通知经办行业务部门,同时有权终审人应在"审查审批表"中签署明确意见。

对于低风险承兑业务,应将相关业务资料提交有权审批人审批,其中有权审批人由行长或者有审批资格的受权人担任。有权审批人应对审查审批环节提示的风险事项及签署的意见进行审核,对存在的问题提出质询,开展独立审批工作。审批通过后在"审查审批表"中签署明确意见。

5. 承兑出票

(1)签署承兑协议。

审批同意后,经办机构客户经理及时落实签约条件,按最终审批同意的金额、期限等填制"商业汇票银行承兑协议"(简称"承兑协议")及担保、抵(质)押合同。协议填制完成后，前台业务主管应对协议文本、协议要素等进行审核。审核通过后，与客户正式签署承兑协议及担保、抵（质）押合同。

特殊情况下需对部分制式条款进行修改的，应报法律合规部门审批。

（2）承兑条件落实。

协议签署完毕后，经办机构客户经理应根据审批内容、合同约定及时落实承兑条件，前台业务主管对承兑条件落实情况进行核实。重点落实以下内容：

①"承兑协议"及其项下的担保、抵（质）押合同正式签署生效。

②客户实际履行了"承兑协议"和担保、抵（质）押合同中约定在承兑前应履行的义务，包括将抵押物权属证书、抵押物登记证明、质物及质押权利凭证等相关文件资料交由××银行实际保管，足额缴存保证金等，具体抵质押办理手续按××银行担保管理办法相关规定执行。

③承兑申请人和保证人生产经营、资信状况未发生重大不利变化。

④没有不利于××银行的其他重大事项。

⑤客户已经履行了其他约定的义务。

承兑条件落实完毕后，客户经理将"承兑协议"、审批材料及承兑条件落实证明材料等提交放款审核岗进行审核。

放款审核岗应重点审核以下内容：

①审批材料载明的承兑条件是否已全部落实，且有对应资料。

②条件落实相关资料是否完整；资料中要素填写及签章是否清晰完备、规范；相关资料间关键要素是否一致，包括"承兑协议""审批表"中承兑申请人名称、金额、期限、担保方式等关键信息是否一致，承兑条件落实证明材料中关键要素是否与审批表内容一致等。

③审核发现问题的，放款审核岗应将该笔业务退回客户经理并告知理由，由其补充完善。

审核通过后，放款审核岗应填制"承兑通知单"交客户经理。客户经理一并将承兑通知单、承兑协议和审查审批表原件提交承兑行柜面，并通知承兑申请人办理出票手续。

（3）出票。

承兑行柜面接到承兑通知单、承兑协议和审查审批表后，按以下步骤办理出票。

①保证金止付。提供保证金的，经办柜员应根据"承兑协议"列明的保证金金额审核保证金账号，并确认该笔保证金已处于止付状态。

②出售空白银行承兑汇票。承兑行经办柜员根据"承兑协议"上列明的汇票张数、金额等向客户出售银行承兑汇票，收取工本费、手续费、敞口风险管理费，登记重要物品交接登记簿，并由客户签收。

③汇票填写。承兑行经办柜员要求客户根据"承兑协议"约定的金额、期限、收款人等正确填写汇票并签章，或由承兑行经办柜员打印后交客户审查并签章。原则上，客户不得将未经承兑的银行承兑汇票带出银行，必须在柜台完成出票手续。

④汇票审核。承兑行经办柜员应按规定对汇票要素进行审核，审核内容包括汇票要素以及必须记载的事项是否齐全、有效；应对客户的签章进行验印，核对客户的签章是否符合规定，是否与预留印鉴一致；汇票上记载的出票人名称、收款人名称、账号、金

额是否与"承兑协议"和审批材料相符等。

⑤汇票签章。审核无误后,承兑行经办柜员在汇票第一、二、三联上填写承兑协议编号,加盖经办人名章,交经办主管复核。复核无误后,经办主管在第二联汇票"承兑人签章"处加盖汇票专用章及其名章。

⑥汇票交付。承兑行经办柜员复印汇票第二联,将汇票第二联复印件作为业务档案管理,将汇票第二、三联连同"承兑协议"一份交给客户,并进行账务处理。

⑦汇票第一联、"审查审批表"复印件及"承兑协议"一份由承兑行经办主管专夹保管。其余业务资料上交营运中心保管。

⑧电子银行承兑汇票经××银行签收发送完成出票。

出票手续完成后,对纸质银行承兑汇票,承兑行应在办理承兑业务后的次一工作日内将承兑汇票影像及票面信息传送至中国票据交易系统(简称票交所系统)进行承兑信息登记,承兑行经办柜员应登记"商业汇票承兑业务登记簿",逐条列明汇票信息;对电子银行承兑汇票,可在系统中查询"商业汇票承兑业务登记簿"并及时核对。

6. 承兑后管理

客户经理原则上应在承兑后两个月内向客户收齐汇票项下交易确已履行的增值税发票、单据等证明材料,对其进行审查,补充该笔承兑业务档案。对属于国家增值税管理和发票管理税收法律、法规和规章制度等所列不得开具增值税发票的商品交易,因其特殊性无增值税发票作附件,申请人可提交其他能够证实银行承兑汇票具有真实商品或劳务交易背景的其他税务发票或书面证明。收齐上述证明材料不得超过承兑汇票有效期。

证明材料复印件上应加盖"与原件核对一致"字样的印章并签章确认,增值税发票原件正面应注明承兑银行名称、日期、金额等相关信息,并留存加盖企业公章的复印件,由经办人双人签章后整理归档,防止虚假交易及发票重复使用。

审查要点为:

(1)增值税发票、单据字迹清晰,要素齐全,印章清晰有效,逐张查验、核实真伪后打印留存核实结果。

(2)严格审查合同、增值税发票对应关系,确保发票、单据上记载的商品名称、数量、单价、日期等要素与交易合同匹配。

(3)增值税发票、单据不得重复使用。当一张增值税发票、单据对应多笔承兑业务时,其金额应大于或等于累计办理的承兑金额。

(4)对年度总合同项下年度订货单、该笔业务对应的采购明细清单、产品入库单列示内容进行双人现场检查,并保存核验记录。

敞口承兑业务发生后,公司业务部门应在承兑后15天内对汇票交付情况、限制条款落实情况等进行首次跟踪检查,并按规定进行日常检查。低风险承兑业务(首笔除外)可在承兑后一个月内完成首次跟踪检查。承兑后日常检查时间、频次、检查内容和相关要求参照××银行公司授信业务贷后管理办法执行。敞口承兑业务检查完成后应按照批发授信管理的要求撰写检查报告。低风险承兑业务检查完成后,应填制"商业汇票承兑业务检查报告单"并归档备查。

应重点检查以下方面：

（1）是否按规定用途使用银行承兑汇票，汇票项下的商品劳务交易是否确已履行，有无套取银行信用的行为。

（2）承兑申请人生产、经营、管理、主要财务指标等情况是否正常。

（3）保证人的保证资格与保证能力是否发生变化；抵押物、质物的价值是否发生变化；保证金账户金额是否足额，是否存在被挪用的情况。在"承兑协议"项下到期日最迟的一笔承兑汇票尚未解付之前，应保持担保措施的完整充分和持续有效，不得以"承兑协议"项下的一笔或多笔承兑汇票已经到期解付为由提前解除在部分抵、质押物（权利）上设立的担保或减轻保证人的担保责任。

（4）承兑申请人在承兑银行、其他银行存贷款及其或有负债变化情况。

（5）有无逃避偿付到期承兑汇票资金的行为。

（6）其他影响承兑申请人到期兑付能力的重大事项。

在检查过程中，如发现异常情况，应及时向前台业务主管报告，做好记录并采取相应措施。如发现重大问题，可向上级主管行直至总行报告。

承兑汇票未到期发现出票人被依法宣告破产或因违法经营被责令停止业务活动的，承兑行应视同票据到期，并按承兑协议中的规定处理。

上级行应对下级行的承兑业务定期和不定期进行现场及非现场检查。对银行承兑汇票凭证的管理应加大现场检查力度。

业务部门应建立承兑业务台账，与系统数据、承兑行登记簿按月核对，并做好记录。

7. 查复

纸质银行承兑汇票收到他行查询时，承兑行经办柜员应将查询书交由经办主管与银行承兑汇票第一联进行核对，核对无误后在查询书上签署查复内容，发出查复。查复信息应完整规范，明确列示汇票票号、金额、是否我行签发及有无挂失、止付、他行查询等信息。待查复后，将上述查询书放置汇票第一联后进行保管，为他行再次查询做好记录。

承兑行对多行、多次查询的票据需引起重视。对可疑票据应采取标注等方式加强查复、注销和支付款项等环节的风险控制。

8. 付款确认

电子银行承兑汇票一经承兑即视同承兑人已进行付款确认。

对于纸质银行承兑汇票，承兑行收到付款确认请求，应当在3个工作日内根据不同情况做出应答。

收到票据实物后及付款确认应答前，经办主管抽出专夹保管的纸质银行承兑汇票第一联、"承兑协议"，由具备票据审验资格的经办柜员、经办主管或票据中心审验人员对收到的银行承兑汇票第二联进行双人审验，对银行承兑汇票第二联上的客户印鉴及汇票专用章进行验印，对银行承兑汇票的真实性、合法性、有效性进行审查。审查内容主要是该汇票是否为本行承兑，其金额、期限、收款人名称有无更改，背书是否连续、规范，委托收款凭证记载事项是否与汇票一致，汇票是否超过提示付款期，汇票是否超过有效期，汇票是否已进入公示催告程序或已被法院止付等。

审查无误后，出具"商业汇票真伪审验意见表"，经办柜员审批通过付款确认，在

"商业汇票承兑业务登记簿"中标注"已进行付款确认应答"字样。审批拒绝的，应及时说明理由。

9. 解付及垫款

客户经理至少应于汇票到期前10个工作日起，关注客户在银行的存款情况。若账户存款不足以支付票款，则应通知承兑申请人按票面金额将资金存入其账户用以付款。

汇票到期，承兑行应于当日将汇票金额从客户存款账户或保证金账户扣划至银行"应解汇款及临时存款"账户。足额扣款成功后，承兑行经办柜员应将扣划票款凭证复印件交公司部门，公司部门审核无误后，按照银行担保管理规定办理退还保证金、抵押物、质物手续。

电子银行承兑汇票付款。持票人在提示付款期内提示付款的，银行应在收到提示付款请求的当日至迟次日（遇法定休假日、大额支付系统非营业日、电子商业汇票系统非营业日顺延）付款或拒绝付款。持票人超过提示付款期提示付款的，在做出合理说明后，仍可向银行提示付款，银行应予受理，并在规定的期限内付款或拒绝付款。

通过票交所提示付款的，票交所直接从承兑行划付票款。

纸质银行承兑汇票付款。承兑行收到提示付款时，应抽出专夹保管的汇票第一联、"承兑协议"，对收到的汇票第二联及持票人开户银行委托收款凭证进行认真审查，由具备票据审验资格的经办柜员、经办主管或票据中心审验人员对汇票第二联进行双人审验，同时对客户印鉴及汇票专用章进行验印，并出具"商业汇票真伪审验意见表"。审查无误后，经办柜员应按规定及时划付票款，将到期解付凭证复印件交客户经理，由客户经理在台账上对该笔承兑予以注销。

对于已进行付款确认的，除挂失止付、公示催告等合法抗辩情形外，票交所直接从承兑行划付票款。

解付完成后，承兑行应将解付后的银行承兑汇票第一联、第二联加盖"已解付"戳记并做剪角处理（须保留票号），并将已解付汇票及业务资料上交营运中心保管。

承兑行收到人民法院发出的止付通知或者公示催告等司法文书并确认相关票据未付款的，应当立即停止支付，直到公示催告程序终结。承兑行应及时通过票交所进行止付影像上传、止付、解止付等信息登记。

承兑行存在合法抗辩事由拒绝支付的，应自接到商业汇票的次日起3日内，做拒绝付款证明，连同纸质银行承兑汇票邮寄持票人开户银行转交持票人。

汇票到期，扣划承兑申请人存款和保证金后，仍不能足额支付票款的，经办行应按规定办理垫款手续，填写"承兑垫款申请审批表"，按照承兑业务的审批授权，逐级报送审批。垫款转为承兑申请人在我行的逾期贷款，按"承兑协议"约定计收利息。同时采取以下措施：

承兑行经办柜员应按规定将垫款的汇票号码、承兑申请人名称、汇票金额、垫款金额、垫款日期、承兑协议编号等情况书面通知客户经理登记台账。客户经理接到通知后，应于3个工作日内填写"××银行商业汇票承兑垫款通知书"，加盖经办机构公章后送承兑申请人、保证人，就垫付款进行催收。

有抵押、质押或保证担保的，按照合同约定及有关规定及时处理抵押物、质物或要求保证人履行担保义务，并将所得款项优先偿付所垫资金。

经催收和追偿仍无法收回垫款的，应根据具体情况，及时采取包括诉讼在内的多种手段进行转化处理。

10. 换票及注销

（1）换票。

对于已完成承兑记账操作，但因票面信息有误或打印不完整等原因需要换票的纸质银行承兑汇票，承兑行最迟可在出票后的次一工作日内进行换票处理。承兑行应及时对原承兑信息登记进行撤销，并完成换票后承兑信息登记。

经办柜员应于换票当日将被换票处理的银行承兑汇票一式三联剪角（须保留票号）并分别加盖"已作废"戳记，将作废的汇票及相关资料上交营运中心保管。

（2）注销。

存在以下情形的，出票人可申请注销票据。

对已承兑未使用的银行承兑汇票，出票人可向承兑行申请注销票据。出票人应提交银行承兑汇票第二、三联原件和"××银行商业汇票注销申请书"（简称"注销申请书"）。

对于超过票据权利时效的银行承兑汇票，出票人可向承兑行申请注销票据。出票人应提交"注销申请书"及银行承兑汇票第三联。

承兑行收到注销申请时，经办主管抽出专夹保管的汇票第一联、"承兑协议"认真进行审查，由具备票据审验资格的经办柜员、经办主管或票据中心审验人员对收到的汇票第二联进行双人审验，同时对客户印鉴及汇票专用章进行验印，并出具"商业汇票真伪审验意见表"。审查无误后交公司业务部门进行审核。公司业务部门应调阅该笔承兑业务资料，审查申请内容是否真实、相符，退票理由是否合理，并在注销申请书上签署明确意见。审核通过后按我行规定核销票据，经办柜员应将注销的银行承兑汇票一式三联剪角（须保留票号）并加盖"已注销"戳记，将注销的汇票及相关资料交营运中心保管。

11. 票据保管

承兑行收到进行付款确认或委托收款的实物票据，应妥善保管，避免折压、损坏。日间双人眼同在监控下将汇票放入保险柜保管，日终双人眼同放入业务主管尾箱寄库保管。

承兑行应加强对实物票据的管理，定期对票据保管情况进行核对检查，至少每旬检查一次。二级分行运营管理部门人员至少每月检查一次，检查时应仔细核对库存票据张数、金额等，并将核对情况登记查库登记簿。

对于超过提示付款期限请求付款、超过票据权利时效请求付款及票据挂失止付的处理按照《票据法》及《支付结算办法》相关规定执行。

商业汇票承兑业务档案资料的收集、整理、归档和保管按照××银行档案管理办法相关规定执行。

8.1.4 风险防范

（1）银行承兑汇票必须建立在真实的贸易背景之上，不得签发融资性银行承兑汇票。

（2）出票人必须有到期解付银行承兑汇票的能力，根据贸易结算需要及自身的资金运作能力签发票据。

（3）必须采取严格措施，确信企业到期有足够的资金解付银行承兑汇票，才给予承兑资格。

（4）谨防操作风险。银行承兑汇票必须按章操作，现实操作中经常出现逆程序办理承兑、银行贷款转保证金循环承兑等违章操作问题。

银行承兑汇票产品使用案例

1. 企业基本情况

四川吉峰农机连锁股份有限公司始创于1994年，正式运营于1998年。公司主要从事国内外名优农机产品的引进推广、品牌代理、特许经营、农村机电专业市场开发，已形成传统农业装备、载货汽车、农用中小型工程机械、通用机电产品等四大骨干业务体系，同时开展泵站及节水灌溉工程勘测设计、设备供应、安装施工等业务。

公司现有直营店近100家、加盟店600余家，网络覆盖川渝地区及云南、贵州、陕西、江苏、广东、广西等地，在全国农机流通连锁类企业综合实力排名中位居第一位。

公司上游供应商包括福田雷沃、常州东风、久保田（苏州）、洋马农机（中国）、一拖等，公司在经营过程中与供应商形成稳定和谐的区域代理经销关系。

2. 银行切入点分析

公司每年大量向上游采购农机，然后销售给农户。平均周转天数为60天，非常适合银行承兑汇票。由于该公司销售额较大，对上游客户处于强势地位，上游客户接受银行承兑汇票。多家银行在向客户营销时，推荐使用银行承兑汇票。

3. 银企合作情况

银行提供综合授信业务安排：

（1）公司向招商银行股份有限公司红照壁支行申请为期一年、金额为5 000万元、利率为基准利率下浮10%的综合授信业务。授信业务的种类为承兑汇票敞口。

（2）公司向中信银行股份有限公司成都分行申请为期一年、金额为5 000万元、利率为基准利率下浮10%的综合授信业务。授信业务的种类为承兑汇票敞口。

（3）公司向成都银行股份有限公司郫县支行申请为期一年、金额为6 000万元、利率为基准利率下浮10%的综合授信业务。授信业务的种类为承兑汇票敞口。

（4）公司向交通银行四川省分行申请为期一年、金额为10 000万元、利率为基准利率下浮10%的综合授信业务。授信业务的种类为承兑汇票敞口。

【点评】

四川吉峰农机连锁股份有限公司的业务操作模式非常适合银行承兑汇票，经销农机产品，实物交易。银行通过提供银行承兑汇票，可以吸收非常稳定的保证金存款（保证金比例肯定在承兑汇票额度的30%以上），2 000万元银行承兑汇票额度，可以吸收至少600万元存款。同样是这样一个客户，如果提供2 000万元贷款，银行存款沉淀很难超过200万元。所以，对不同的客户，精准选择银行授信产品非常重要。对企业而言，使用银行承兑汇票也可以有效降低融资成本。

【学习测试】

1. 石家庄长城开发科技有限公司为 G 行授信客户，授信额度为 500 万元。现石家庄长城开发科技有限公司申请开立银行承兑汇票一张，收款人为河北恩百电子有限公司，票面金额为 100 000 元，期限为 1 个月，保证金比例为 75%，手续费率为 0.05%，垫款利率为 6.14‰，合同号 201710230000002。

（1）石家庄长城开发科技有限公司申请开立银行承兑汇票需要具备的条件有哪些？

（2）什么是保证金存款？石家庄长城开发科技有限公司需提供多少保证金？G 行的手续费是多少？

（3）试比较承兑调查和信贷贷前调查的异同点。

【学习评价】

1. 石家庄长城开发科技有限公司申请开立银行承兑汇票需要具备的条件有：＿＿＿
＿＿＿＿＿＿＿＿＿＿＿＿＿＿＿＿＿＿＿＿＿＿＿＿＿＿＿＿＿＿＿＿＿＿＿＿＿＿＿
＿＿＿＿＿＿＿＿＿＿＿＿＿＿＿＿＿＿＿＿＿＿＿＿＿＿＿＿＿＿＿＿＿＿＿＿＿＿＿
＿＿＿＿＿＿＿＿＿＿＿＿＿＿＿＿＿＿＿＿＿＿＿＿＿＿＿＿＿＿＿＿＿＿＿＿＿＿＿

2. 保证金存款的概念是：＿＿＿＿＿＿＿＿＿＿＿＿＿＿＿＿＿＿＿＿＿＿＿＿＿＿
＿＿＿＿＿＿＿＿＿＿＿＿＿＿＿＿＿＿＿＿＿＿＿＿＿＿＿＿＿＿＿＿＿＿＿＿＿＿＿

石家庄长城开发科技有限公司需要提供的保证金为＿＿＿＿＿＿＿＿＿＿＿元。

G 行收取的手续费为＿＿＿＿＿＿＿＿＿＿＿元。

3. 承兑调查和信贷贷前调查的相同点：＿＿＿＿＿＿＿＿＿＿＿＿＿＿＿＿＿＿＿
＿＿＿＿＿＿＿＿＿＿＿＿＿＿＿＿＿＿＿＿＿＿＿＿＿＿＿＿＿＿＿＿＿＿＿＿＿＿＿

承兑调查和信贷贷前调查的不同点：＿＿＿＿＿＿＿＿＿＿＿＿＿＿＿＿＿＿＿＿＿
＿＿＿＿＿＿＿＿＿＿＿＿＿＿＿＿＿＿＿＿＿＿＿＿＿＿＿＿＿＿＿＿＿＿＿＿＿＿＿
＿＿＿＿＿＿＿＿＿＿＿＿＿＿＿＿＿＿＿＿＿＿＿＿＿＿＿＿＿＿＿＿＿＿＿＿＿＿＿

【能力拓展】

请查阅"敞口银行承兑汇票"相关概念及特点，判断其是否属于商业银行对企业的授信行为。

子模块 2　熟悉票据贴现

【知识准备】

8.2.1　票据贴现的概念及特色优势

票据贴现是指商业汇票的持票人在汇票到期日前，为了取得资金贴付一定利息将票据权利转让给金融机构的票据行为，是金融机构向持票人融通资金的一种方式。票据贴现适用于持有票据并具有短期融资需求的企业法人及其他组织。其具有以下特色优势：票据贴现能够减少企业应收票据款项，并将其即时转化为现金资产，提高资产流动性的同时优化财务报表结构；相较于传统贷款，票据贴现能够加快公司资金周转速度，从而提高资金利用效率；票据贴现能够盘活企业既有资产，减少利息支出等相关财务费用，提高资产利用率的同时降低企业融资成本；票据贴现操作手续简便快捷，融资方式实用高效，符合企业迅捷融资的需求。

8.2.2　票据贴现业务品种

根据票据载体的不同，可以为分为纸质票据贴现业务和电子票据贴现业务；根据票据承兑人的不同，可以分为银行承兑汇票贴现和商业承兑汇票贴现。下面介绍几种典型的票据贴现业务产品。

1. 买方付息票据贴现业务

买方付息票据贴现业务是指商业汇票的持有人（卖方）将未到期商业汇票转让给银行，银行在向买方收取贴付利息后，按票面金额将全款支付给持票人的一种票据贴现业务操作形式。

2. 卖方付息票据贴现业务

卖方付息票据贴现业务是指商业汇票持票人将未到期的商业汇票转让给银行，银行按票据金额扣除贴现利息后，将余额付给持票人的一种票据业务操作模式。

3. 协议付息票据贴现业务

协议付息票据贴现业务是指卖方企业（收款人）在销售商品后，持买方企业（付款人）交付的未到期商业汇票到银行办理贴现，并根据买卖双方协商，分担支付票据贴现利息的一种票据贴现业务形式。

4. 回购式贴现业务

回购式贴现业务是指已在银行办理贴现业务的客户，在票据到期之前可根据自身资金安排的需要，随时将该票据进行回购，银行根据其实际用款天数，将已收取的剩余时间的贴现利息返还客户的一种票据业务操作形式。

5. 先贴后查业务

先贴后查业务是指持票人将未到期的银行承兑汇票贴现转让给银行，银行在核定的限额内,在票据查询查复确认前,先按票面金额扣除贴现日至汇票到期前一日的利息后付给票款的一种业务操作形式。

6. 代理贴现业务

代理贴现业务是指商业汇票贴现申请人通过与其代理人、贴现银行签订三方协议,委托其代理人在贴现银行代为办理票据贴现手续,贴现银行审核无误后,直接将贴现款项划付给贴现申请人的一种票据贴现业务形式。

7. 放弃部分追索权票据贴现业务

放弃部分追索权票据贴现业务是指银行从持票人手中买入未到期的银行承兑汇票(商业承兑汇票),同时承诺在基交易真实的情况下,票据发生兑付风险时放弃对贴现申请人(持票人)追索权的一种票据贴现业务形式。

8.2.3 票据贴现的相关规定

办理商业汇票贴现业务应严格执行国家有关法律法规,以真实的商品、劳务交易为基础,严禁对无法交易背景的商业汇票办理贴现。

贴现申请人必须同时具备以下条件:在银行开立基本存款账户或一般存款账户或临时存款账户,经工商行政管理机关(或主管机关)核准登记的企(事)业法人、其他经济组织、个体工商户;出票人或其前手之间具有真实合法的商品或劳务交易关系;持有尚未到期且要式完整的商业承兑汇票或银行承兑汇票。

客户申请办理贴现,需提交以下材料:

营业执照(正本或副本)复印件,未实施三证合一的企业,还须提交税务登记证、组织机构代码证复印件;经办人身份证件原件及复印件、法定代表人身份证或授权代理人身份证明复印件;票据业务申办委托书(需加盖公章且代理人已签字或盖章且要素填写完整);纸质商业汇票原件及其正反复印件,或信托电子商业汇票系统向贴现行提交的电子商业汇票贴现申请指令;交易合同原件及其复印件;相关税务发票原件及其复印件;纸质商业汇票贴现凭证(需加盖公章或财务专用章,且与预留印鉴一致);法人客户信息查询使用授权书;符合规定格式的"贴现协议"(需要素填写完整、加盖公章或合同专用章、法定代表人或授权代理人加盖私章或签名);贴现行要求提交的其他材料。

商业汇票贴现利率按照银行相关规定执行。办理业务过程中,发现客户、客户的资金或者其他资产、客户的交易或者试图进行的交易与洗钱、恐怖融资等犯罪活动相关的,应及时向同级反洗钱牵头管理部门报告,并对客户的相关业务采取禁止办理等风险控制措施。

不得办理贴现业务的情况有:法定要素不全;背书不连续;内容有涂改,有关签章不符合要求;注有"不得转让""委托收款""质押"(已解除质押的除外)字样;银行承兑汇票金额、期限等不符合规定;处于公示催告期间的银行承兑汇票;对银行承兑汇票真实性有疑问的;承兑附有条件的;其他不得办理贴现业务的情形。

8.2.4 票据贴现的业务处理流程

以××银行为例,其票据贴现的业务处理流程如图 8-1 所示。

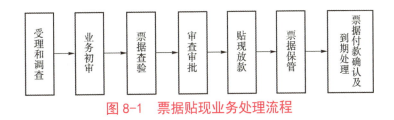

图 8-1 票据贴现业务处理流程

8.2.5 风险管理

（1）严禁贴现不具有真实贸易背景的票据，防止客户通过虚假贸易背景套取银行资金。

（2）严禁办理贴现人为出票人的回头背书票据。

（3）办理贴现业务时应关注贴现申请人经营规模、营业收入与其贴现票据金额是否匹配，严禁办理贴现金额明显超过贴现申请人经营规模的贴现业务。

（4）已贴现的商业汇票在保管和托收过程中不慎灭失，贴现行应立即通知承兑人或及时向承兑行挂失止付，并于挂失止付3日内依法向人民法院申请公示催告或提起诉讼。

（5）贴现行在已贴现票据中发现假票、克隆票或其他票据欺诈行为的，应及时暂停或取消贴现申请人办理商业汇票贴现业务资格并逐级上报，录入商业票据系统黑名单。同时应立即采取有效的资产保全措施，按照贴现合同约定直接从贴现申请人存款账户扣收票款，对未收回部分按约定计收利息。

有以下情形之一的，商业银行总行可暂停经办机构办理票据贴现业务资格，并给予通报批评：以虚假票据或已办理贴现和转贴现业务的票据复印件申请贴现，恶意套取信贷资金的；无真实贸易背景或提供票据查询查复虚假证明或查复内容不完整的；经办行超过法定期限未行使票据权利，导致票据权利丧失，造成信贷资金损失的；发生贴现案件或被当地银行监管严重处罚的；商业银行总行认为需要暂停或取消其办理贴现业务资格的。

票据贴现业务案例

某银行为广西新柴机器股份有限公司办理大客户银承特殊直贴业务。

1. 企业基本情况

广西新柴机器股份有限公司是广西区内为数不多的大型优质企业之一，是某银行重点客户。该客户是标源大户，每年有大量贴现业务，由于销售经常收到一些城市商业银行、农村信用社的银行承兑汇票，该客户的开户银行对这些小银行承兑的票据都不能办理贴现，广西新柴机器股份有限公司对此问题很头疼。

2. 银行切入点分析

某银行营销该公司办理贴现业务，考虑到广西新柴机器股份有限公司实力较强，该银行为该公司核定5亿元授信额度一直没有启用，银行设计，占用该公司一般授信额度，为广西新柴机器股份有限公司办理农村信用社票据贴现业务。考虑到银行对广西新柴机器股份有限公司有追过权，因此认为该种融资方式风险可控。

3. 银企合作情况分析

广西新柴机器股份有限公司对银行提出的合作思路非常感兴趣,该银行经过积极营销,顺利完成1.5亿共计92张银票的银承特殊直贴业务。票据到期,银行顺利收回票据款项。

【点评】

对于票源大户,应当提供高效的服务操作,首先应是快速的反应,通常交票即贴。可以为客户核定一个专项用于贴现授信额度,同时提前与企业签订协议,约定本银行提供最高额的贴现承诺。企业承诺:一旦出现虚假票据,或者票据到期托收未能及时收回款项,随时提供等额票据进行替换或回购票据;银行承诺见票即贴。大客户通常会配合银行这些要求。

总之,大客户要求其实不难满足,客户经理关键在于必须提前做好准备,提出切实的解决方案。不可以简单地将大客户需求直接报送分行、总行,一味等待上级的帮助。同时切记,对大客户的服务必须保持连续性,绝对不可以朝令夕改。

【学习测试】

1. 简述贴现的概念。
2. 办理贴现业务时,贴现申请人必须具备的条件有哪些?
3. 请比较票据贴现与贷款,说明其相同点与不同点。

【学习评价】

1. 贴现是指:＿＿＿＿＿＿＿＿＿＿＿＿＿＿＿＿＿＿＿＿＿＿＿＿＿
2. 办理贴现业务时,贴现申请人必须具备的条件有:＿＿＿＿＿＿＿＿＿
＿＿＿＿＿＿＿＿＿＿＿＿＿＿＿＿＿＿＿＿＿＿＿＿＿＿＿＿＿＿＿＿＿
＿＿＿＿＿＿＿＿＿＿＿＿＿＿＿＿＿＿＿＿＿＿＿＿＿＿＿＿＿＿＿＿＿
3. 票据贴现与贷款的相同点是:＿＿＿＿＿＿＿＿＿＿＿＿＿＿＿＿＿＿
＿＿＿＿＿＿＿＿＿＿＿＿＿＿＿＿＿＿＿＿＿＿＿＿＿＿＿＿＿＿＿＿＿

票据贴现与贷款的不同点是:＿＿＿＿＿＿＿＿＿＿＿＿＿＿＿＿＿＿＿
＿＿＿＿＿＿＿＿＿＿＿＿＿＿＿＿＿＿＿＿＿＿＿＿＿＿＿＿＿＿＿＿＿
＿＿＿＿＿＿＿＿＿＿＿＿＿＿＿＿＿＿＿＿＿＿＿＿＿＿＿＿＿＿＿＿＿

【能力拓展】

案例分析

1. 鱼龙农产品有限责任公司与紫金经济发展有限责任公司联营，向玉山银行申请签发银行承兑汇票。玉山银行开出3张汇票，其中一张收款人为宏泰有限责任公司，金额为3 000万元。其他2张收款人为益和有限责任公司，金额为2 500万元和4 000万元。在鱼龙农产品有限责任公司与紫金经济发展有限责任公司联营合同中约定，除经签发银行同意外，该有关汇票不得贴现或转让。玉山银行也在合同上签了字。紫金经济发展有限责任公司收到汇票后，分别将其交给宏泰有限责任公司和益和有限责任公司。宏泰有限责任公司收到金额为3 000万元汇票和玉山银行发来的"予以确认，到期付款"的确认书后，根据联营合同，向有关单位支付了商品和代清偿债务。益和有限责任公司收到汇票后，将其中一张金额为2 500万元的在龙口银行贴现，另一张金额为4 000万元汇票背书以后转让给万达工贸有限责任公司。万达工贸有限责任公司又到南海银行贴现，南海银行与万达工贸有限责任公司签订了汇票贴现契约，同时经省人民银行分行查询汇票情况。

南海银行收到玉山银行复电：汇票不予贴现。但是南海银行仍然按汇票贴现契约予以贴现。玉山银行以受到欺骗为由起诉，要求判决汇票无效，持票人交回汇票。

请问：南海银行的贴现是否合法？

2. 2016年12月末,中国邮政储蓄银行甘肃省分行对武威文昌路支行核查中发现,吉林蛟河农商行购买该支行理财的资金被挪用,由此暴露出该支行原行长以中国邮政储蓄银行武威市分行名义,违法违规套取票据资金的案件,涉案票据票面金额79亿元,非法套取挪用理财资金30亿元。

案发后,银监会高度重视,立即启动重大案件查处工作机制,同时,启动立案调查,依法查处违法违规行为。一是对案发机构中国邮政储蓄银行武威市分行罚款9 050万元,分别取消该行原主持工作的副行长及其他3名班子成员2～5年高管任职资格,禁止文昌路支行原行长终身从事银行业工作,并依法移送司法机关;对中国邮政储蓄银行甘肃省分行原行长、1名副行长分别给予警告。二是对违规购买理财的机构吉林蛟河农商行罚没7 744万元,分别取消该行董事长、行长2年高管任职资格,对监事长给予警告,分别禁止资金运营官、金融市场部总经理2年从事银行业工作。三是对绍兴银行、南京银行镇江分行、厦门银行、河北银行、长城华西银行、湖南衡阳衡州农商行、河北定州农商行、广东南粤银行、邯郸银行、乾安县农村信用联社等10家违规交易机构共计罚款12 750万元,对33名相关责任人做出行政处罚,其中,取消3人高管任职资格,禁止1人从事银行业工作。

请同学们查阅了解此案件具体情况,分析导致此案件发生的原因。

子模块 3　熟悉票据转贴现

【知识准备】

8.3.1　票据转贴现的含义及特色优势

商业汇票转贴现业务指金融机构为了取得资金，将未到期的已贴现商业汇票再以贴现方式向另一金融机构转让的票据行为，是金融机构间融通资金的一种方式。

商业汇票转贴现业务适用于具有票据业务经营资格、符合同业业务准入条件的金融机构。其具有以下特色优势：商业汇票转贴现业务能够实现金融机构票据资产的灵活买入与卖出，从而调节资产规模，优化存贷比等核心指标；商业汇票转贴现业务能使金融机构有效调节资金头寸，提高资产流动性的同时兼顾资产收益性；商业汇票转贴现业务能够调节金融机构资产负债率，提高资产配置效率，优化既有资产结构；商业汇票转贴现业务能够降低金融机构筹资成本，减少资产风险。

8.3.2　商业汇票转贴现业务的相关规定

转贴现分为转贴现买入和转贴现卖出。转贴现买入分为买断和买入返售。转贴现卖出分为卖断和卖出回购。转贴现买断业务是指转贴现行买入经持票人背书转让的已贴现尚未到期商业汇票的业务。转贴现卖断业务是指转贴现行向其他金融机构背书转让已贴现尚未到期商业汇票的业务。买入返售业务是指转贴现行对持票人持有的已贴现尚未到期的商业汇票实施限时购买，持票人按约定的时间、价格和方式将商业汇票赎回的业务。卖出回购业务是指转贴现行将持有的已贴现尚未到期的商业汇票依约定方式和价格向其他金融机构限时转让，并按约定的时间、价格和方式将商业汇票赎回的业务。

商业汇票转贴现业务的开办条件：现行有效的营业执照副本（或正本）与金融许可证复印件；营业执照或金融许可证经营范围明确其具有票据融资业务资格；若未明确，须提供证明其具有从事票据融资业务资格的监管部门批复文件、公司章程等其他证明文件；银行各级票据融资业务经营机构要求的其他材料。

转贴现期限从办理转让之日起到汇票到期日止，纸质票据最长不超过 6 个月。

转贴现申请人和转贴现卖出对象必须是经监管部门批准有权经营票据业务的金融机构法人及其授权、转授权分支机构。

【学习测试】

1. 简述转贴现的概念。
2. 贴现、转贴现和再贴现的交易主体有什么不同?

【学习评价】

1. 转贴现是指:_____
_____
2. 贴现的交易主体是:_____
转贴现的交易主体是:_____
再贴现的交易主体是:_____

【能力拓展】

1. 请上网查阅了解商业汇票质押式回购业务,并说明该业务的特色优势。

2. 2014年4月17日,中国银监会依据《中华人民共和国银行业监督管理法》第二十一条和第四十六条对中信银行股份有限公司常振明做出银监发〔2014〕13号行政处罚决定,罚款共计人民币40万元。案由为转贴现业务风险管控不足、银行承兑汇票贸易背景真实性审查不到位。

请问:此行政处罚给你带来的启示是什么?

请把分模块八的主要内容在本页通过思维导图的形式呈现出来。

分模块九　电子汇票业务

【分模块概述】

分模块九主要介绍电子汇票业务，使学生通过该模块的学习，熟悉电子商业汇票的概念与基本规定，理解电子汇票业务的相关票据行为，熟悉电子票据业务流程，对于客户的需求有着敏锐的意识，能够积极营销电子汇票业务。

【分模块目标】

知识目标：熟悉电子商业汇票和电子商业汇票系统的概念；
　　　　　熟悉电子商业汇票的基本规定。
技能目标：理解电子汇票业务的相关票据行为；
　　　　　熟悉电子票据业务流程。
素质目标：能够根据客户需求适时地营销电子汇票业务产品。

【知识地图】

模块五　现金管理 — 分模块十　现金管理业务
- 子模块1　初识现金管理业务
- 子模块2　了解现金管理业务的主要内容、服务对象与申请条件
- 子模块3　熟知现金管理业务相关规定

子模块 1　认识电子商业汇票

【知识准备】

9.1.1　电子商业汇票的概念与分类

电子商业汇票是指出票人依托电子商业汇票系统，以数据电文形式制作的，委托付款人在指定日期无条件支付确定金额给收款人或者持票人的票据。电子商业汇票分为电子银行承兑汇票和电子商业承兑汇票。电子银行承兑汇票由银行业金融机构、财务公司（统称金融机构）承兑；电子商业承兑汇票由金融机构以外的法人或其他组织承兑。电子商业汇票的付款人为承兑人。电子商业汇票的付款人为承兑人。

9.1.2　电子商业汇票系统

电子商业汇票系统是经中国人民银行批准建立，依托网络和计算机技术，接收、存储、发送电子商业汇票数据电文，提供与电子商业汇票货币给付、资金清算行为相关服务的业务处理平台。

上海票据交易所股份有限公司（简称上海票据交易所）是中国人民银行指定的电子商业汇票系统运营者，负责电子商业汇票系统的建设和运营。

电子商业汇票信息以上海票据交易所电子商业汇票系统信息为准。电子商业汇票的数据电文格式和票据显示样式由中国人民银行统一规定。

通过电子商业汇票系统发送和流转的业务处理信息，应符合中国人民银行规定的信息格式，并采用电子签名方式保障数据安全。

9.1.3　电子商业汇票的基本规定

电子商业汇票为定日付款票据。电子商业汇票的付款期限自出票日起至到期日，最长不得超过 1 年。

客户办理电子商业汇票业务必须使用认证证书进行电子签名，电子签名是银行电子商业汇票业务的唯一有效签章。票据当事人在电子商业汇票上的电子签名，银行认为是该当事人的真实意图。

客户办理电子商业汇票业务过程中，发现客户、客户的资金或者其他资产、客户的交易或者试图进行的交易与洗钱、恐怖融资等犯罪活动相关的，应及时向同级反洗钱牵头管理部门报告，并对客户的相关业务采取禁止办理等风险控制措施。

电子商业汇票系统运行时间由上海票据交易所统一规定。银行电子商业汇票业务的系统运行时间与上海票据交易所运行时间保持一致。

交付是指票据当事人将电子商业汇票发送给受让人，且受让人签收的行为。出票人签发电子商业汇票时，应将其交付收款人。电子商业汇票背书，背书人应将电子商业汇票交付被背书人。电子商业汇票质押解除，质权人应将电子商业汇票交付出质人。

签收是指票据当事人同意接受其他票据当事人的行为申请，签章并发送电子指令予以确认的行为。

驳回是指票据当事人拒绝接受其他票据当事人的行为申请，签章并发送电子指令予以确认的行为。

出票人或背书人在电子商业汇票上记载了"不得转让"事项的，电子商业汇票不得继续背书。

票据当事人做出行为申请，行为接收方未签收且未驳回的，票据当事人可撤销该行为申请。电子商业汇票系统为行为接收方的，票据当事人不得撤销。

电子商业汇票的出票日是指出票人记载在电子商业汇票上的出票日期。

电子商业汇票的拒绝付款日是指驳回提示付款申请的指令进入电子商业汇票系统的日期。

电子商业汇票追索行为的发生日是指追索通知的指令进入电子商业汇票系统的日期。

承兑、背书、保证、质押解除、付款、追索清偿等行为的发生日是指相应的签收指令进入电子商业汇票系统的日期。

对于电子商业承兑汇票，在票据责任解除前不得为承兑人办理账户销户手续；对于电子银行承兑汇票，在票据责任解除前不得为出票人即申请人办理账户销户手续。

电子商业汇票各类票据行为的必须记载事项按照中国人民银行《电子商业汇票业务管理办法》及上海票据交易所相关规定执行。

【学习测试】

1. 解释电子商业汇票和电子商业汇票系统。
2. 电子商业汇票的种类有哪些?
3. 对比纸质票据与电子商业汇票,说明电子商业汇票的特点。

【学习评价】

1. 电子商业汇票是指:_____

_____

电子商业汇票系统是指:_____

_____

2. 电子商业汇票的种类有:_____
3. 与纸质票据相比,电子商业汇票具有以下特点:_____

_____

_____

【能力拓展】

选择一家商业银行,通过上网、实地调查等方式了解其开办的电子商业汇票业务的产品有哪些,并说明这些产品的特色和开办条件。

子模块 2　理解相关票据行为

【知识准备】

9.2.1　出票

电子商业汇票的出票是指出票人签发电子商业汇票并交付收款人的票据行为。出票人在电子商业汇票交付收款人前，可办理票据的未用退回。出票人不得在提示付款期后将票据交付收款人。电子商业汇票的出票人必须为银行业金融机构以外的法人或其他组织。电子银行承兑汇票的出票人应在承兑银行开立人民币银行结算账户。

电子商业汇票出票必须记载下列事项：表明"电子银行承兑汇票"或"电子商业承兑汇票"的字样；无条件支付的委托；确定的金额；出票人名称；付款人名称；收款人名称；出票日期；票据到期日；出票人签章。

出票人可在电子商业汇票上记载自身的评级信息，并对记载信息的真实性负责，但该记载事项不具有票据上的效力。评级信息包括评级机构、信用等级和评级到期日。

9.2.2　承兑

电子商业汇票的承兑是指付款人承诺在票据到期日支付电子商业汇票金额的票据行为。电子商业汇票交付收款人前，应由付款人承兑。电子商业汇票一经承兑即视同付款人已在上海票据交易所进行付款确认。

电子银行承兑汇票的出票人向银行提示承兑的，应提供有效的、用以证明真实交易关系或债权债务关系的交易合同或其他证明材料，并在电子商业汇票上做相应记录，银行负责审核。

电子银行承兑汇票由真实交易关系或债权债务关系中的债务人签发，并交由金融机构承兑。电子银行承兑汇票的出票人与收款人不得为同一人。

电子商业承兑汇票的承兑有以下几种方式：真实交易关系或债权债务关系中的债务人签发并承兑；真实交易关系或债权债务关系中的债务人签发，交由第三人承兑；第三人签发，交由真实交易关系或债权债务关系中的债务人承兑；收款人签发，交由真实交易关系或债权债务关系中的债务人承兑。

承兑人应在票据到期日前承兑电子商业汇票。承兑人承兑电子商业汇票，必须记载下列事项：表明"承兑"的字样；承兑日期；承兑人签章。

承兑人可在电子商业汇票上记载自身的评级信息，并对记载信息的真实性负责，但该记载事项不具有票据上的效力。

9.2.3　转让背书

转让背书是指持票人将电子商业汇票权利依法转让给他人的票据行为。票据在提示付款期后，不得进行转让背书。转让背书应当基于真实、合法的交易关系和债权债务关系，或以税收、继承、捐赠、股利分配等合法行为为基础。

转让背书必须记载下列事项：背书人名称；被背书人名称；背书日期；背书人签章。

9.2.4 贴现、票据交易和再贴现

贴现是指持票人在票据到期日前，将票据权利背书转让给金融机构，由其扣除一定利息后，将约定金额支付给持票人的票据行为。

票据交易包括转贴现、质押式回购和买断式回购等。转贴现是指卖出方将未到期的已贴现票据向买入方转让的交易行为。质押式回购是指正回购方在将票据出质给逆回购方融入资金的同时，双方约定在未来某一日期由正回购方按约定金额向逆回购方返还资金、逆回购方向正回购方返还原出质票据的交易行为。买断式回购是指正回购方将票据卖给逆回购方的同时，双方约定在未来某一日期，正回购方再以约定价格从逆回购方买回票据的交易行为。

再贴现是指持有票据的金融机构在票据到期日前，将票据权利背书转让给中国人民银行，由其扣除一定利息后，将约定金额支付给持票人的票据行为。

电子商业汇票贴现、票据交易、再贴现业务中转让票据权利的票据当事人为贴出人，受让票据权利的票据当事人为贴入人。

电子商业汇票贴现利率由银行与企业商议确定；票据交易利率由银行与交易对手商议确定；再贴现利率由中国人民银行规定。

电子商业汇票贴现、票据交易、再贴现可选择票款对付或其他方式清算资金。票款对付是指票据交付和资金交割同时完成并互为条件的一种交易方式。

9.2.5 质押

电子商业汇票的质押是指电子商业汇票持票人为了给债权提供担保，在票据到期日前在电子商业汇票系统中进行登记，以该票据为债权人设立质权的票据行为。主债务到期日先于票据到期日，且主债务已经履行完毕的，质权人应按约定解除质押。主债务到期日先于票据到期日，且主债务到期未履行的，质权人可行使票据权利，但不得继续背书。票据到期日先于主债务到期日的，质权人可在票据到期后行使票据权利，并与出质人协议将兑现的票款用于提前清偿所担保的债权或继续作为债权的担保。

电子商业汇票质押，必须记载下列事项：出质人名称；质权人名称；质押日期；表明"质押"的字样；出质人签章。

电子商业汇票质押解除，必须记载下列事项：表明"质押解除"的字样；质押解除日期。

9.2.6 保证

电子商业汇票的保证是指电子商业汇票上记载的债务人以外的第三人保证该票据获得付款的票据行为。电子商业汇票获得承兑前，保证人做出保证行为的，被保证人为出

票人。电子商业汇票获得承兑后、出票人将电子商业汇票交付收款人前,保证人做出保证行为的,被保证人为承兑人。出票人将电子商业汇票交付收款人后,保证人做出保证行为的,被保证人为背书人。

电子商业汇票保证,必须记载下列事项:表明"保证"的字样;保证人名称;保证人住所;被保证人名称;保证日期;保证人签章。

9.2.7 付款

提示付款是指持票人通过电子商业汇票系统向承兑人请求付款的行为。持票人应在提示付款期内向承兑人提示付款。提示付款期自票据到期日起10日,最后一日遇法定休假日、大额支付系统非营业日、电子商业汇票系统非营业日顺延。银行可选择票款对付方式或其他方式向承兑人提示付款。

持票人在提示付款期内通过上海票据交易所提示付款的,由上海票据交易所代为发起提示付款,承兑人应当在提示付款当日进行应答或者委托开户行进行应答。

持票人在票据到期日前提示付款的,承兑人可付款或拒绝付款,或于到期日付款。承兑人拒绝付款或未予应答的,持票人可待票据到期后再次提示付款。

持票人在提示付款期内提示付款的,承兑人应在收到提示付款请求的当日至迟次日(遇法定休假日、大额支付系统非营业日、电子商业汇票系统非营业日顺延)付款或拒绝付款。持票人超过提示付款期提示付款的,接入机构不得拒绝受理。持票人在做出合理说明后,承兑人仍应当承担付款责任,并在上款规定的期限内付款或拒绝付款。

电子商业承兑汇票承兑人在票据到期后收到提示付款请求,且在收到该请求次日起第3日(遇法定休假日、大额支付系统非营业日、电子商业汇票系统非营业日顺延)仍未应答的,接入机构应按其与承兑人签订的"服务协议",进行如下处理:承兑人账户余额在该日电子商业汇票系统营业截止时足够支付票款的,则视同承兑人同意付款,接入机构应扣划承兑人账户资金支付票款,并在下一日(遇法定休假日、大额支付系统非营业日、电子商业汇票系统非营业日顺延)电子商业汇票系统营业开始时,代承兑人做出付款应答,并代理签章;承兑人账户余额在该日电子商业汇票系统营业截止时不足以支付票款的,则视同承兑人拒绝付款,接入机构应在下一日(遇法定休假日、大额支付系统非营业日、电子商业汇票系统非营业日顺延)电子商业汇票系统营业开始时,代承兑人做出拒付应答,并代理签章。

电子商业承兑汇票的承兑人在提示付款期内收到持票人通过上海票据交易所发起的提示付款请求,在提示付款当日同意付款的,接入机构应按与承兑人签订的《服务协议》,进行如下处理:承兑人账户余额足够支付票款的,则视同承兑人同意付款,接入机构应当代承兑人做出同意付款应答,于提示付款日向持票人付款。承兑人账户余额不足以支付票款的,则视同承兑人拒绝付款。接入机构应当于提示付款日代承兑人做出拒付应答并说明理由。

9.2.8 追索

追索分为拒付追索和非拒付追索。拒付追索是指电子商业汇票到期后被拒绝付款,持票人请求前手付款的行为。非拒付追索是指存在下列情形之一,持票人请求前手付款的行为:承兑人被依法宣告破产的;承兑人因违法被责令终止业务活动的。

银行作为持票在票据到期日前被拒付的,不应拒付追索。银行作为持票人在提示付款期内通过上海票据交易所被拒付的,可自次一工作日起通过上海票据交易所手动发起追偿。

追索时,追索人应当提供拒付证明。拒付追索时,拒付证明为票据信息和拒付理由。非拒付追索时,拒付证明为票据信息和相关法律文件。

持票人因电子商业汇票到期后被拒绝付款或法律法规规定其他原因,拥有的向票据债务人追索的权利时效规定如下:持票人对出票人、承兑人追索和再追索权利时效,自票据到期日起 2 年,且不短于持票人对其他前手的追索和再追索权利时效。持票人对其他前手的追索权利时效,自被拒绝付款之日起 6 个月;对其他前手的再追索权利时效,自清偿日或被提起诉讼之日起 3 个月。

【学习测试】

1. 电子商业汇票必须记载的事项有哪些？
2. 深圳微粒电子商务股份有限公司来 Y 行签约电子商业汇票，联系人崔健，联系人手机号码 159××××5897；签约完成后，Y 行为深圳微粒电子商务股份有限公司出票一张可再转让的商业承兑汇票，票据金额 20 400 元，期限为半年，承兑账号为该公司的基本户，收票人为深圳晟裕广告有限公司，收票人开户行号为 105584000193；持票人来 Y 行办理提示承兑申请业务，交易合同编号为 201711221630001，发票号码为 11221631，票据已被签收；持票人来 Y 行办理提示收票申请业务，票据已被签收；出票一个月后，持票人来 Y 行办理保证申请，保证人为深圳足迹旅游有限公司；票据到期日当天，持票人来 Y 行办理提示付款申请业务，代理申请标识为票据当事人自己签章。

请解释任务里的出票、承兑、转让背书、保证、提示付款等电子商业汇票的票据行为。

3. 请列出电子商业汇票的八种票据行为。

【学习评价】

1. 电子商业汇票必须记载的事项有：_____
_____
_____

2. 电子商业汇票的出票是指：_____
_____

电子商业汇票的承兑是指：_____
_____

转让背书是指：_____
_____

电子商业汇票的保证是指：_____
_____

提示付款是指：_____
_____

3. 电子商业汇票的八种票据行为分别是：_____
_____
_____

【能力拓展】

案例点评

2018年7月2日，力帆销售公司作为出票人，向力帆丰顺公司开具了一张可转让电子银行承兑汇票，票面金额300万元，承兑人为力帆财务公司，到期日为2019年1月2日。在该票据承兑信息栏处记载如下信息："出票人承诺：本汇票请予以承兑，到期无条件付款；承兑人承诺：本汇票已经承兑，到期无条件付款；承兑日期：2018年7月2日"。随后，案涉汇票经背书转让给陕西煤运黄陵分公司，最终持票人为芬雷选煤公司。2018年12月28日，芬雷选煤公司提示付款后，该汇票"付款或拒付"一栏中载明"同意签收"，"付款或拒付日期"一栏载明"2019年1月2日"。同时，汇票票据状态显示"结束已结清"。因案涉汇票未得到实际付款，芬雷选煤公司于2019年5月5日向力帆财务公司、力帆销售公司等邮寄《关于要求兑付电子银行承兑汇票的法律事务函》，称从2019年1月起多次要求兑付案涉到期汇票，但均遭到拒绝，至今尚未实际兑付，要求各票据债务人承担票据付款义务及相应法律责任。芬雷选煤公司后向重庆一中院提起票据纠纷之诉。审理中，力帆财务公司确认其至今尚未实际履行案涉电子银行承兑汇票的付款义务。

一审判决，力帆财务公司、力帆销售公司、力帆丰顺公司、陕西煤运黄陵公司等向芬雷选煤公司支付汇票款300万元及相应利息。宣判后陕西煤运黄陵分公司上诉。重庆高院二审驳回上诉，维持原判。

请对该案例进行点评。

子模块 3　了解电子票据业务流程与案例

【知识准备】

9.3.1　电子票据业务流程

企业或其他组织开立电票账户的条件：在银行开立人民币结算账户或在财务公司开立账户；具有中华人民共和国组织机构代码；具有数字证书，能够做出电子签名；与银行或财务公司签订《电子商业汇票业务服务协议》。

电子票据业务办理流程具体如下：客户提出业务申请，提交申请资料；银行进行审查审批；双方签订电子商业汇票相关业务协议；银行为客户提供相关服务。

银行承兑汇票出票业务、商业承兑汇票出票业务、背书转让业务、贴现业务（含银行承兑汇票、商业承兑汇票）业务流程分别如图 9-1、图 9-2、图 9-3、图 9-4 所示。

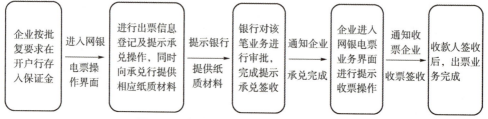

图 9-1　银行承兑汇票出票业务流程

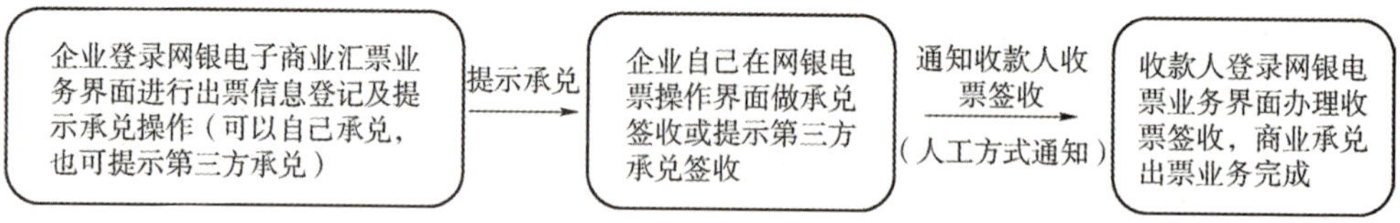

图 9-2　商业承兑汇票出票业务流程

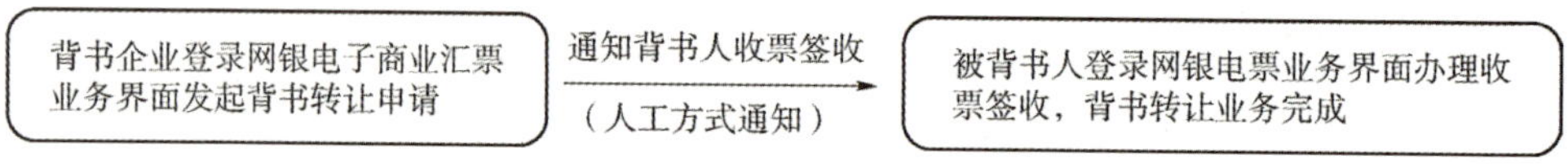

图 9-3　背书转让业务流程

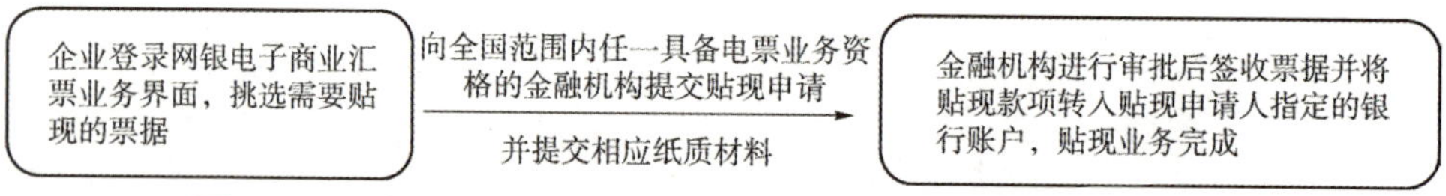

图 9-4　贴现业务（含银行承兑汇票、商业承兑汇票）流程

电子票据业务案例：中国电子投资集团公司电子汇票业务

1. 企业基本情况

（1）出票人。

中国电力投资集团公司简称"中电投集团"，是在原国家电力公司部分企事业单位基础上组建的国有大型骨干企业，经国务院同意进行国家授权投资的机构和国家控股公司的试点。集团公司注册资金120亿元。集团公司可控装机容量为5100万千瓦，权益装机容量为4012万千瓦；集团公司包括213家成员单位，15家参股企业，职工总数为104 018人。

集团公司资产分布在全国28个省、市、自治区及港、澳等地，拥有上海电力股份有限公司、山西漳泽电力股份有限公司、重庆九龙电力股份有限公司、吉林电力股份有限公司、中电霍煤露天煤业股份公司5家A股上市公司；拥有在中国香港注册的中国电力国际有限公司，并通过中国电力国际有限公司拥有在中国香港上市的中国电力国际发展有限公司；拥有承担流域开发的黄河上游水电开发有限责任公司和五凌电力有限公司；拥有在电力设备成套服务领域中业绩突出的中国电能成套设备有限公司；拥有大型煤炭企业中电投蒙东能源集团有限责任公司；拥有19个已建成的百万千瓦级以上的大型电厂；拥有控股的山东海阳核电项目、江西彭泽核电项目。

（2）收款人。

中国电能成套设备有限公司前身为水利电力部成套设备公司，1987年更名为水利电力部成套设备局，1999年改制为中国电能成套设备有限公司。

该公司是中国电力设备招标采购、设备成套、设备咨询、设备监理业务的发起者和引领者，是《国内火电设备招标范本》《输变电设备国际招标范本》的制定者，是《国家设备监理条例/标准》的主要起草单位之一。该公司拥有国内火电、水电、新能源发电、输变电发展历程中设备招标、设备成套、设备监理的最高纪录近20项，曾为全国近30个省的500多个项目提供过设备采购与咨询服务。

2. 银行切入点分析

中电投集团委托中国电能成套设备有限公司购买电力设备，每年交易金额巨大。

招商银行股份有限公司（简称招行）北京分行一直在重点拓展中电投集团，积极营销中电投集团在本行办理电子汇票业务。

3. 银企合作情况

招行成功营销中电投集团作为出票人，招行北京分行营业部作为承兑人，收票人为中国电能成套设备有限公司，首笔电票期限一年，金额1 000万元。通过期限长达一年的电子汇票，为中电投大幅降低财务费用。

【点评】

通过签发电子银行承兑汇票，由于期限长达一年，可以为中电投集团大幅降低财务费用。中电投集团在银行有大量的短期贷款，通过采用电子票据后，由于期限同一年期贷款一样，但是利率可以采用银行承兑汇票贴现利率，使得融资成本大幅下降。

对于一些非常强势的特大型电力集团，建立了现代企业制度，集团对资金成本考核非常严厉，这些大型企业受到了多家银行的追捧，在各家银行有着非常充实的闲置额度。银行必须有新思路，而这些客户对于金融创新非常关注，营销这些在电力设备采购过程中，银行应当充分使用最新的票据产品，尽可能帮助客户降低财务费用。大型集团客户要求的客户经理必须对产品非常精通，有着过人的敏锐。

【学习测试】

简述电子票据业务的办理流程。

【学习评价】

电子票据业务的办理流程具体如下：_____

_____

_____

_____

【能力拓展】

案例分析

2018年11月，中交一航局第一工程有限公司发布一则公告，关于出票人中交一航第一工程有限公司，收款人为天津星系商贸，开户行广东南粤银行的商业承兑汇票系虚假电票，中交一航第一工程有限公司不承担任何责任。从2019年6月开始，陆续有持票人起诉中交一航第一工程有限公司。据悉，中交一航第一工程有限公司律师团队给予以下答复：司法鉴定银行开户材料及印章均为假，建议一起起诉开户银行——广东南粤银行股份有限公司珠海分行。

中交一航第一工程有限公司案件发生之后，紧接着中铁二局、中交一公司、中建八局子公司、中国水利水电、恒大地产商票造假出现了一系列的案件。以上案件主要有两种造假方式：一种是伪造虚假企业材料及印章，冒开企业银行账户及电票系统。中交一航第一工程有限公司商票造假案例就是这类案件。不法分子通过伪造材料，去银行开立虚假账户，而开户银行没有做到对客户基本的真实性负审核责任，从而助推不法分子开立电子商业承兑汇票流向市场，持票人风控措施不够，导致巨额损失。另一种是不法分子利用工商登记信息的漏洞，盗用股东信息，伪造企业材料，开立假的工商材料，把企业包装成央企子公司或者其他有央企背景的公司，利用该公司开票。中建八局虚假子公司及虚假恒大江苏博雅置业有限公司案件就是最典型的案例。目前，中建八局已经通过公告在市场澄清此类案件，恒大江苏博雅置业有限公司也已经通过报警来处理假票案件。

请问：对于电子商业汇票造假，我们该如何做好风控措施，防范此类案件的发生呢？

请把分模块九的主要内容在本页通过思维导图的形式呈现出来。

模块五　现金管理

分模块十　现金管理业务

【分模块概述】

流动性管理是商业银行现金管理的核心,流动性管理的关键是做好银行的现金管理。发展现金管理业务对银行非常重要,首先,银行通过现金管理业务可以营销集团客户、系统性客户、行业上下游关联客户等企业,能融入企业经营活动价值链并获得更多价值企业;其次,现金管理业务还是维系银企关系的主要业务渠道、保持企业账户稳定的有效销售工具,为商业银行创造获得更多收入的机会。同时,对企业来说,现金管理业务在融资、投资等方面为客户提供了最佳的资本运作和资金有效的管理。

【分模块目标】

知识目标：理解现金管理业务的含义、服务对象与申请条件；
　　　　　理解和掌握现金管理业务产品及相关业务规定。
技能目标：能够适时进行现金管理业务的营销。
素质目标：培养依法合规、专业胜任、严守秘密的职业操守。

【知识地图】

模块五　现金管理 —— 分模块十　现金管理业务
- 子模块1　初识现金管理业务
- 子模块2　了解现金管理业务的主要内容、服务对象与申请条件
- 子模块3　熟知现金管理业务相关规定

子模块 1　初识现金管理业务

【知识准备】

10.1.1　现金管理业务的含义

现金管理业务指银行依托公司业务系统，通过银行柜面、网上银行和银企直联等渠道，以单位客户为对象、以流动性管理为核心、以多种产品组合为内容、以协助客户科学合理地管理资金为目的的银行综合金融服务。

银行向客户提供的现金管理服务渠道包括银行柜面和电子服务渠道。电子服渠道包括企业网银、银企直联和手机银行等形式。

10.1.2　现金管理业务的重要性

现金管理业务对商业银行和企业都很重要，主要体现如下：

对银行来说，现金管理业务可以通过收付款服务多类型客户，如集团客户、行业关联客户等，也是维系银企关系的主要业务渠道，能有效保持并维系企业账户稳定，同时也为银行创造更多的收入的机会。

对企业来说，可以对企业的投融资活动进行有效的管理，有利于企业的资本运作与资金管理，同时，也加快了企业财务结算效率，使企业效益最大化。

【学习测试】

1. 现金管理业务的价值分析。(可从文献资料、各大银行网站平台等进行收集分析)
2. 理解现金管理业务的内涵及办理途径。

【学习评价】

1. 查看现金管理业务的理论分析,你发现:_____
_____
_____
_____
_____

通过各大银行网站查找现金管理业务的开展情况,你发现:_____
_____
_____
_____

2. 现金管理业务是指:_____
_____
_____

办理途径:_____
_____
_____

【能力拓展】

选定一家商业银行,追溯分析其现金管理业务的开展情况以及存在的问题。

子模块 2　了解现金管理业务的主要内容、服务对象与申请条件

【知识准备】

10.2.1　现金管理业务的主要内容

银行现金管理业务主要包含账户管理、收付款管理、流动性管理、投融资管理和信息服务等。

1. 账户管理

账户管理是指银行为客户构建合理的账户体系，科学配置现金资源，方便其及时获取账户余额或交易信息所提供的服务。

账户管理包括账户梳理、账户体系构建、总分关系建立、账户支付限额控制、账户定向收支关系控制等。

2. 收付款管理

收付款管理是指银行通过银行柜面、网上银行和银企直联等渠道，为客户提供的各类收付款产品或服务。

3. 流动性管理

流动性管理是指银行为帮助企业在日常生产经营过程中保持适当的流动性，提高企业客户的整体资金效益，降低资金使用成本而提供的产品和服务。

流动性管理是现金管理的核心内容，具体包括单账户资金池、实体资金池、虚拟资金池、平均资金池和智能资金池、存款邮惠通、E清算等产品。

4. 投融资管理

投融资管理主要包含投资产品和融资产品。投资产品包括单位定期存款、单位通知存款、协定存款、定期大额存单、结构性存款、开放式基金和理财产品等。

融资产品包括法人账户透支、委托贷款和票据类融资业务等。

5. 信息服务

信息服务是指银行依托柜面渠道或其他电子渠道为客户提供各类信息服务。包括短信通知、对账单、各类数据查询，以及特殊凭证打印等。

10.2.2　现金管理业务的服务对象

这里以××银行为例。××银行规定经国家工商行政管理机关（或主管机关）核准登记、已办理年检、实行独立核算的企（事）业法人，其他经济组织以及政府机构，均可以向其申请办理现金管理业务。

现金管理业务的服务对象主要包括：各行业中居于领先地位的大型集团客户；全国或区域性证券公司、保险公司、财务公司等同业客户；财政、海关、税务、社保等机构类客户；与银行具有良好合作关系的地方学校、医院等企事业单位客户；其他优质的中小型企业客户。

10.2.3 客户申请开办现金管理业务的基本条件

以 ×× 银行为例,客户申请在开办现金管理业务,应当具备下列基本条件:已在 ×× 银行开立单位结算账户;经营状况良好,经营活动合法、合规;对外履约信誉良好,无不良信用记录;愿与 ×× 银行建立长期的业务合作关系,双方具有良好的合作前景。

【学习测试】

1. 现金管理业务的内容包括哪些?
2. 现金管理业务的服务对象有哪些?
3. 客户申请办理现金管理业务的基本条件是什么?

【学习评价】

1. 现金管理业务的内容包括:

   _____:_____
   _____
   _____:_____
   _____
   _____:_____
   _____
   _____:_____
   _____
   _____:_____

2. 现金管理业务的服务对象包括: _____
   _____
   _____

3. 客户申请办理现金管理业务的基本条件是: _____
   _____
   _____

【能力拓展】

通过现金管理业务内容的学习,选定一家大型集团公司进行现金管理业务的模拟设计。

子模块 3　熟知现金管理业务相关规定

【知识准备】

10.3.1　现金管理业务组织管理

现金管理业务实行"统一规划、集中管理、系统联动、协调运作"的组织管理模式。各级机构、部门和人员要按照职责范围，负责现金管理业务运行和维护。

1. 现金管理业务涉及机构与职责

现金管理业务涉及的机构可分为管理行、主办行、承办行和协办行。

（1）管理行。

管理行指总行、一级分行、二级分行和一级支行。跨一级分行（简称跨分行）现金管理业务的管理行为总行；一级分行辖内跨二级分行现金管理业务的管理行为一级分行；二级分行辖内跨一级支行现金管理业务的管理行为二级分行；一级支行辖内现金管理业务的管理行为一级支行。管理行的职责是：

①总行：负责全行现金管理业务的战略研究、规划和管理，研发和推广现金管理产品；制定全行现金管理业务规章制度，组织现金管理业务培训与专项交流；开展与战略合作伙伴的业务合作，签署全国重点行业客户总对总服务协议；审批跨分行客户现金管理业务，牵头营销跨一级分行客户；组织跨一级分行现金管理客户上线工作，保障和支持现金管理业务的正常运行；考核一级分行现金管理业务，实施全行内部收益分配方案；制定现金管理业务行内各级基本授权；协助价格管理部门做好现金管理业务产品定价等。

②一级分行：负责制定本行现金管理业务发展计划，部署、落实现金管理工作任务；签署辖内或授权客户现金管理服务协议；培训、考核和管理辖内各机构现金管理业务，营销辖内重点客户；拟定辖内实体资金池、虚拟账簿内部收益分配比率，组织协调辖内现金管理客户上线；审核、审批下级行上报的现金管理相关资料，维护操作系统现金管理业务数据；核查、上报辖内现金管理业务相关问题，定期总结本行现金管理业务发展情况等。

③二级分行和一级支行：负责制定本行现金管理业务发展计划，落实上级行和本行下达的各项现金管理任务；签署辖内或授权客户现金管理服务协议；培训、考核和管理辖内各机构现金管理业务，推介现金管理产品；拟订客户现金管理服务方案、服务价格、服务协议、上线计划等书面资料，审核、审批下级行现金管理业务，维护系统业务数据；收集各类现金管理业务的特殊需求，分析、总结本行现金管理任务目标的完成情况等。

管理行各部门的职责：

①交易银行部：负责现金管理业务的管理，研发和推广现金管理产品；制定和落实现金管理业务的各项规定，营销现金管理行业客户；审核、审批客户现金管理业务的上线申请，组织实施客户上线工作；指导经办行操作现金管理业务，制定、落实本行现金

管理培训计划；分析辖内机构现金管理业务的经营状况，检查和考核下级行现金管理业务等。

②运营管理部：负责现金管理业务涉及的实体结算账户管理工作；负责协助处理现金管理差错交易；负责运营管理部职责范围内的其他工作。

③法律事务部：负责按照行内法律审查工作管理制度的规定，负责对现金管理业务相关合同文本进行法律审查，提供法律支持等工作。

④科技部门：负责根据业务部门的需求制定并落实现金管理产品技术设计方案；负责现金管理及相关系统的技术开发与日常维护等工作。

⑤财务部门：负责现金管理业务的会计核算，审核业务部门提交的涉及现金管理业务收费项目调整及新增的方案。

（2）主办行。

主办行指负责营销和维护现金管理集团客户总部的经办行。主办行可指定为客户设立现金管理业务主账户的开户行为具体业务的承办行。

主办行、承办行的职责：

①营销现金管理业务，受理客户现金管理业务的开办申请，调查客户需求、业务经营与资信状况，起草现金管理服务方案和服务上线通知等文件资料。对洗钱风险等级为高风险的客户，应采取强化的客户尽职调查措施，根据调查结果决定是否与其建立现金管理业务关系，审慎办理相关业务。

②拟定现金管理服务协议，做好市场调研，与客户商定现金管理服务的执行价格，并报管理行审核批准。

③及时上报本行客户现金管理业务不能协调解决的问题。

④执行现金管理服务协议，提供优质服务，收集系统优化需求，维护好客户关系，防范业务风险等工作。

（3）协办行。

协办行指为集团客户下属单位或关联单位设立现金管理账户（简称子账户）服务的经办行及其所属分行。

协办行的职责：

①执行上级行下发的现金管理客户上线文件通知和服务协议，做好客户下属单位或关联单位账户的日常维护工作。

②执行管理行、主办行与客户达成的相关合作事宜，提供优质服务。

③及时搜集、传递客户信息，配合管理行做好业务风险防范。

现金管理业务系统数据维护主要由结算账户开户行、二级分行、一级分行和总行交易银行部操作（未设立交易银行部的机构由公司金融部承担）。

2. 开展现金管理业务人员配备要求

各行应保持现金管理队伍的稳定，按照"精简高效、满足工作需要"的原则，选配具有专业能力人员从事现金管理工作，其中一级分行至少配备2名专职人员，二级分行至少配备1名专职人员和1名兼职人员。

各行现金管理业务操作必须指定专人负责，应至少设立业务经办和业务审核二个角色，二者人员不可兼任。

（1）业务经办人员设置与职责。

业务经办人员设置：营业网点由前台柜员角色担任，一级支行、二级分行、一级分行和总行由交易银行部业务管理岗担任（未设立交易银行部的机构，由负责公司金融的业务管理岗担任）。

业务经办人员职责：

①交易银行部经办人员职责。

充分与客户沟通，挖掘整理客户现金管理业务需求，为客户制定现金管理服务方案，拟定现金管理服务协议、服务价格、上线计划和上线通知，指导客户填报现金管理各类上线申请资料。

执行国家金融政策和行内制度，审核现金管理客户申请资料，负责辖内线上现金管理业务数据的系统维护和线下相关业务资料的入档保管。

每日检查现金管理账户付费和资金归集等重要业务失败信息；结息日，核对现金管理账户计息清单，若发现异常应及时查实处理。对本行不能协调解决的现金管理问题，及时报上级行处理。

查询辖内现金管理业务数据，负责现金管理数据报表的下载、统计和经营分析。

研究现金管理业务发展动态，收集同业现金管理业务最新研发成果，整理目标客户特殊业务需求，撰写现金管理业务需求报告，参与现金管理项目的研发和培训等工作。

②营业网点经办人员主要职责。

参与现金管理业务培训，为客户提供高效、优质的服务。

按照相关制度规定，及时、准确地维护客户现金管理业务数据。

营业网点负责打印现金管理相关客户凭证和业务处理清单等。

（2）业务审核人员设置与职责。

业务审核人员设置：营业网点由业务主管担任；一级支行、二级分行和一级分行由交易银行部业务主管但任（未设立交易银行部的机构，由负责公司金融的业务主管担任）；总行由交易银行部现金管理处处长担任。

业务审核人员职责：

①交易银行部审核人员主要职责。

制定本级机构现金管理业务发展规划，落实业务考核指标。

审核、审批客户现金管理服务方案、服务协议、服务价格、上线计划、上线通知等书面资料，执行现金管理业务相关交易的授权。

检查、监督现金管理业务经办人员制度执行，做好跨部门或上下级行之间所遇问题的协调处理。

核实辖内现金管理业务数据，定期总结现金管理业务发展成果等工作。

②营业网点审核人员主要职责。

检查本单位现金管理业务制度执行情况。

按照相关制度规定，对经办人员相关操作进行审核或授权操作。

10.3.2 现金管理业务流程管理

办理现金管理业务的基本业务流程为：客户营销与方案设计 → 业务受理与审批 →

上线操作与运行 → 业务维护。

1. 客户营销与方案设计

主办行针对目标客户进行产品营销，在充分了解企业的财务管理情况和客户的具体需求后，为客户制定现金管理服务方案。

2. 业务受理与审批

若客户对现金管理服务方案满意，申请办理现金管理业务，应与银行签订现金管理服务协议，填写银行相关现金管理服务申请书（或比照申请书内容，提供银企双方认可的书面文件），按现金管理操作规程要求办理。

《现金管理服务协议》的签约主体，原则上依据业务涉及的服务范围确定。跨一级分行的服务协议，由总行审批并与客户签署；一级分行辖内，跨二级分行的服务协议，由一级分行审批并与客户签署；二级分行辖内的服务协议，由二级分行审批并与客户签署。经管理行书面请示批复，也可由主办行签署。

客户开通实体资金池、虚拟资金池和平均资金池等产品，须向管理行提出申请。申请材料包括客户背景、分支机构情况、现金管理服务方案和效益分析等书面说明。

客户通过现金管理项下委托贷款方式归集资金，必须与银行签订《现金管理项下委托贷款协议》。

3. 上线操作与运行

跨区域现金管理业务，在服务申请书及相关协议经管理行审批同意后，管理行应向辖内所有协办行下发上线通知文件，协办行接到通知后必须积极配合并遵照执行。

4. 业务维护

若客户要求新增或变更现金管理服务内容，需要向银行提交书面申请，填写相关业务申请表单，经办人员按照现金管理业务操作规程办理。

10.3.3 现金管理业务维护管理

现金管理业务维护包括客户关系维护、客户账户维护和系统运行维护。

1. 客户关系维护

主要由主办行（含承办行）和协办行交易银行、个人金融、网络金融、风险管理、授信管理、运营管理等部门或负责人员组成的服务团队共同承担，以谋求服务能力和服务收益的最大化，其中由主办行客户经理负责客户的日常维护和对应工作。

上述服务团队应定期拜访集团客户，并对重要会谈要形成书面记录，团队内部应建立有效的客户信息沟通机制。

2. 客户账户维护

按不同业务的经办权限，由结算账户开户行前台柜员或相关管理行业务主管承担。

3. 系统运行维护

对于异常数据的修改，主要由二级分行（含二级）以上操作人员通过运维管理平台上报事件单形式，统一提交至总行数据中心，经总行业务部门审批同意后，通过业务数据变更流程处理。

各级行、各部门在客户维护工作中不得推诿、拖延，如因领导不力、组织不当导致客户资源流失或因顾及局部利益而使全行利益受损的,管理行要追究有关人员责任并给予相应的处罚。

客户现金管理业务上线运行后,主办行和协办行客户服务团队负责客户日常关系维护,应定期走访客户,充分了解客户的使用情况,收集客户对系统运行的反馈意见和个性化需求,并定期向上级行汇报。

现金管理业务办理中出现的问题,由主办行或协办行服务团队人员负责解决;对业务办理或系统运行中出现跨行间的重大问题,由其管理行交易银行部协调会计、风险、技术、运营等相关职能管理部门解决。

10.3.4 现金管理业务产品管理

1. 虚拟账簿

虚拟账簿指客户在同一结算账户下按资金性质或用途等开设的分类核算登记簿。通过将结算账户的交易明细反映到各虚拟账簿中,实现结算账户的资金分类核算。账户与账簿共同构成母实子虚的资金池,故又称"单账户资金池"。

虚拟账簿编号是清分结算账户资金的唯一依据,使用虚拟账簿应遵循当地中国人民银行规定。已在中国人民银行账户管理系统报备的虚拟账簿办理结算业务,收付款凭证"账号"可填写结算账号加虚拟账簿编号;"户名"可填写虚拟账簿全称。未在中国人民银行账户管理系统报备的虚拟账簿办理结算业务,客户填写支票等付款凭证,付款账号和付款户名应依据实体账户账号和账户名称填写,待付款的虚拟账簿编号和虚拟账簿名称应在付款凭证"出票人签章"下方注明;客户填写进账单、信汇等结算凭证,"收款人账号"可将结算账号和虚拟账簿编号合并填写,"收款人全称"可填写虚拟账簿名称。

虚拟账簿产品主要适用于有资金独立核算要求的企事业单位客户,如财政、社保、医院等。

虚拟账簿"支取方式"分为统收统支、以收定支、超额定支和只收不付四种。

(1) 虚拟账簿统收统支是指依据结算账户余额与该账户下所有整存整取虚拟账簿余额加只收不付虚拟账簿余额之和的差额进行支付,即

$$可用余额 = 结算账户余额 - (\sum 整存整取虚拟账簿余额 + \sum 只收不付虚拟账簿余额)$$

(2) 虚拟账簿以收定支是指在结算账户可用余额内,依据虚拟账簿余额进行支取,虚拟账簿支付后余额最低只能为零,即

$$可用余额 = 虚拟账簿余额 \leq 结算账户余额 - 冻结或止付金额$$

(3) 虚拟账簿超额定支是指在虚拟账簿以收定支的基础上,再赋予一定的额度进行支付。其可用余额等于虚拟账簿余额加超额额度,并小于等于结算账户可用余额,即

$$可用余额 = 虚拟账簿余额 + 虚拟账簿超额额度$$

$$可用余额 \leq 结算账户余额 - 冻结或止付金额$$

(4) 虚拟账簿只收不付是指该虚拟账簿只能收入资金,不能支出资金。

使用虚拟账簿购买单位重要空白凭证,系统纳入结算账户统一管理。

虚拟账簿对外支付资金可以与结算账户共用印鉴,如需设立独立印鉴或支付密码,处理流程参照相关规定执行。

2. 实体资金池

实体资金池指银行根据与客户约定的账户层级关系、日期、方式和金额，为客户提供账户间资金自动汇划的一种产品。由于资金在不同账户间发生了实际转移，最终汇聚到一个真实的结算账户中，故又称资金归集，或物理现金池、多账户资金池。

实体资金池产品主要适用于同一集团下各分、子公司与总公司之间的资金集中管理，以及非同一法人之间存在的有贸易背景往来资金需求的公司或个人客户。对于上下级账户非同一法人的公司客户，也可选择委托贷款方式归集进行，并与客户签订《现金管理项委托贷款协议》和《现金管理项下委托贷款授权书》，避免集团或大股东未经约定占用下属企业上存资金。

根据《上市公司治理准则（2018）》要求：控股股东实际控制人与上市公司应当实行人员、资产、财务分开，机构、业务独立，各自独立核算、独立承担责任和风险。上市公司加入银行实体资金池产品，应履行内部审批流程与决策程序，向银行出具董事会、股东大会表决同意与其控股股东、实际控制人所在公司开展现金管理业务合作的书面说明或同意加入现金管理实体资金池的有关法律文件。

实体资金池产品主要特点：归集形式灵活多变；归集资金适时到达；账户支付严格控制；内部计息自由设置。

实体资金池最高账户必须为银行对公结算账户，子级账户可为银行结算账户或虚拟账簿。子账户加入实体资金池产品，需由子账户或其授权上级账户提交书面申请。

子账户退出实体资金池体系，需由子账户或其上级账户向银行提交书面申请；子账户上存资金的回拨处理，必须由其上级客户向银行提出书面申请。

实体资金池按归集类型划分，分为实时归集和批量归集。

（1）实时归集是指银行根据与客户约定的账户层级关系和金额，实时将下级账户的资金转往上级账户，或在下级账户发生支付时，上级账户实时将差额资金转往下级账户的一种自动划款方式。

（2）批量归集是指根据与客户约定的资金归集关系、限额、归集方向、归集时间等要素，在上下级账户之间进行资金划转。

实体资金池按归集方向划分，可分为向上归集、向下归集、双向归集和手工归集。

（1）向上归集是指子账户出现贷方余额时，只能向上归集资金。

（2）向下归集是指子账户出现借方余额时，只能从其上级账户向下归集资金。

（3）双向归集是指子账户发生余额变动时，资金既能向上归集也能从其上级账户向下归集。

（4）手工归集是指现金管理系统不提供自动归集功能，客户只能在网上银行或银企直联等电子渠道，选择现金管理项下资金汇划作手动处理。

实体资金池按归集金额划分，可分为全额归集、超额留底归集、超额全部归集、留底取整归集、余额百分比归集、收入百分比归集、最高累计上存余额归集、定额归集和差额归集。其中，下级子账户为个人或他行结算账户，仅适用全额归集、定额归集、差额归集和最高累计上存余额归集。

（1）全额归集是指当子账户出现贷方余额时，在约定时间全部划转其上级账户；当子账户出现借方余额时，由上级账户全额划转填平。该归集方式也称清零归集。

（2）超额留底归集是指当子账户余额超出最高限额时，将超出部分全额划转至上级账户；当子账户的余额低于最低限额时，上级账户将差额部分全额向下填平。

（3）超额全部归集是指当子账户余额小于最高限额时不发生归集；当子账户余额大于或等于最高限额时，该账户余额全部归集，归集后账户余额等于零。

（4）留底取整归集是指当子账户的余额核定超出最低留存限额时，对超出部分按设定整数单位倍数进行归集。

（5）余额百分比归集是指当子账户高于最高留存限额时，对高于留存的部分按设定的百分比归集。

（6）收入百分比归集是指按子账户一定期限内收入总额的百分比向上归集。

（7）最高累计上存余额归集是指当子账户归集余额低于设定的最高上存余额时，发生归集；超过最高累计上存余额时，停止归集。

（8）定额归集是指在一定时间内按子账户设定的固定金额向上或向下归集资金。

（9）差额归集是指当账户余额小于指定归集金额时，按账户余额归集；当账户余额大于指定归集金额时，按指定金额归集。

实体资金池子账户"支控方式"分为以收定支、超额定支、预算定支、统收统支、收支轧差和不控制六种。

（1）实体资金池子账户以收定支是指子账户发生支付业务时，依据自身上存余额支付（不含下级账户存放金额）。当本账户可用余额与上存资金余额之和，减去下级账户存放金额小于零时，不能支取，即

$$可用余额 = （本账户余额 - 冻结金额）+ 本账户上存余额 - \Sigma 下级账户存放金额$$

（2）实体资金池子账户超额定支是指子账户发生支付业务时，依据其上存余额和超额额度支付（含下级账户存放金额）。当支取金额大于本账户可用余额、上存余额与超额额度之和时，不能支取，即

$$可用余额 = （本账户余额 - 冻结金额）+ 本账户上存余额 + 超额额度$$

（3）实体资金池子账户预算定支是指子账户发生支付业务时，依据本期限内预算额度进行支付。当期限内预算额度不足或超过预算期限时，不能支取，即

$$可用余额 = 可使用预算定支额度$$

（4）实体资金池子账户统收统支是指子账户发生支付业务时，依据本账户和上级账户可用余额支付。当本账户可用余额加上级账户可用余额不足支付时，不能支付，即

$$可用余额 = （本账户余额 - 冻结金额）+ 上级账户可用余额$$

（5）实体资金池子账户收支轧差是指子账户对外支付时，依据其收入子账户上存余额加调整额度（正数表示调增、负数表示调减）与支出子账户上级下拨余额的差额进行支付。

$$支出子账户可用余额 = 收入子账户上存余额 + 支出子账户余额 - 支出子账户上级下拨余额 + 调整额度$$

（6）实体资金池子账户不控制是指子账户依据其账户可用余额进行支付，不受上存资金余额等条件限制，即

$$可用余额 = 本账户余额 - 冻结金额$$

3. 虚拟资金池

虚拟资金池指加入资金池的所有账户共享资金池内可用资金，在不发生资金实际转移的情况下，实现集团内部资金共享、风险共担、自行计价等功能的产品。

虚拟资金池产品主要适用账户为同一集团内，经书面授权的指定成员单位结算账户。

未开通智能资金池的单位定期存款一本通子账户，可以加入虚拟资金池产品；对已加入实体资金池、平均资金池、智能资金池产品或开通虚拟账簿产品银行计息功能的结算账户，不可加入虚拟资金池产品。

虚拟资金池产品主要特点：资金池可用额度共享；内部透支不发生资金转移；银行可对资金池统一计价；子账户支付、计息灵活控制。

虚拟资金池产品加入账户对外支付，按照风险控制程度不同，分为简单管理、常规管理和高端管理三种模式。在同一资金池内，三种模式可以并存。

（1）简单管理模式是指子账户不具备内部透支功能，只能根据本账户可用余额和资金池可用余额最小值对外支付，即

$$子账户可用余额 = 子账户余额 - 子账户冻结或止付金额$$
$$子账户可用余额 \leq 资金池可用余额$$

（2）常规管理模式是指子账户可开通内部透支功能，在其透支额度内，根据资金池可用余额对外支付，即

$$子账户可用余额 = 子账户余额 - 子账户冻结或止付金额 + 内部透支金额$$
$$子账户可用余额 \leq 资金池可用余额$$

（3）高端管理模式是指子账户开通内部透支功能，当子账户余额小于资金池可用余额时，在其透支额度内根据资金池可用余额对外支付；当子账户余额大于资金池可用余额时，根据子账户可用余额对外支付。

当子账户余额≤资金池可用余额时：

$$子账户可用余额 = 子账户余额 - 子账户冻结或止付金额 + 内部透支金额$$
$$子账户可用余额 \leq 资金池可用余额$$

当账户余额＞资金池可用余额时：

$$子账户可用余额 = 子账户余额 - 子账户冻结或止付金额$$

使用高端管理模式的客户，必须是银行 AA+ 授信评级客户。

虚拟资金池产品只有额度管理企业方可开通法人账户透支功能，所有子账户应根据客户书面申请开通内部透支功能。资金池使用额度的顺序是：资金池活期存款可用余额 → 单位定期存款余额 → 法人账户透支余额。

虚拟资金池产品设有资金池最低留存金额，该留存金额只有设置可使用"资金池留存金额"的账户才可使用。

4. 平均资金池

平均资金池指加入资金池各成员单位之间，在支付额度内，各子账户共享资金池内可用资金，日间子账户出现透支时，日终按客户设定的条件，采用正余额账户资金填平透支，次日初再将原透支资金自动归还正余额账户的产品。

平均资金池产品主要适用账户为同一集团内，经书面授权的指定成员单位结算账户。

已加入实体资金池、虚拟资金池、智能资金池产品或开通虚拟账簿产品银行计息功能的结算账户，不可以加入平均资金池产品。

平均资金池特点：资金池可用额度共享；子账户支付自行设置，内部透支发生资金转移，次日返还；银行可按结算账户或资金池计付利息；内部透支资金灵活计价。

平均资金池子账户出现负余额透支，日终处理时必须使用资金池内其他存款账户作资金填平处理。正、负头寸处理方式分别分为：账户优先、先大后小、先小后大和加权平均四种，正、负头寸填平方式需分别设置。

（1）账户优先是指按账户设定的从小到大的顺序号，日终以正头寸账户余额资金填平负余额账户资金。

（2）先大后小是指按账户资金余额从大到小的顺序，填平负余额账户资金。

（3）先小后大是指按账户资金余额从小到大的顺序，填平负余额账户资金。

（4）加权平均是指将集团内的可分配资金按一定权重，分配给每个负余额子账户。

日终处理方法：

$$正余额账户分配资金 = 正余额账户权重 \times \sum 负余额账户（负余额 + 隔夜透支）$$

$$正余额账户权重 = 正余额账户余额 / \sum 正余额账户余额$$

平均资金池子账户支控方式分为超额定支、预算定支和不控制三种，额度管理形式同实体资金池。

平均资金池产品设有额度管理企业账户，子账户加入、退出或开通内部透支功能时必须出具额度管理企业书面审批资料。

5. 智能资金池

智能资金池是指银行根据与客户的约定，将活期存款余额日终自动转为定期（或通知存款，简称定期），定活账户之间共同组成资金池，当结算账户余额不足支付时，可以使用资金池额度对外支付的产品。

智能资金池产品主要适用于日终银行结算账户存款余额较大，在保证资金流动性的前提下，对资金有保值、增值需求的客户。

下列账户不可使用智能资金池：

（1）已开通虚拟资金池产品的账户。

（2）已开通平均资金池产品的账户。

（3）已开通虚拟账簿银行计息产品的账户。

（4）实体资金池下级账户。

开通智能资金池产品所选取的存款种类，纳入银行单位定期存款统一管理，按单位定期存款规定存本付息。加入智能资金池的定期一本通账户，必须与结算账户为同一客户。

智能资金池种类按定期自动转活期处理流程不同，分为以下三种：不允许日间超额支付；日间超额支付实时处理；日间超额支付日终填平。

不允许日间超额支付是指当活期结算账户余额不足时，系统不支持自动使用资金池定期存款进行支付。

日间超额支付实时处理是指当活期结算账户余额不足时，对其差额部分，系统实时使用资金池内定期存款作提前支付处理。

日间超额支付日终填平是指当活期结算账户余额不足时，对其差额部分系统自动圈存资金池定期存款，活期账户作先行透支支付处理，日终再将圈存的定期存款转入活期账户，用于填平日间透支。

智能资金池定期子账户自动支取顺序分为起息日由近后远、起息日由远后近，共二种。

起息日由近后远是指提前支取时，对多笔定期存款按起息日由近后远顺序支付（即先进先出），遇相同起息日再按存款金额从大到小支付。

起息日由远后近是指提前支取时，对多笔定期存款按起息日由远后近顺序支付（即后进先出），遇相同起息日再按存款金额从大到小支付。

6. 账户透支

现金管理业务项下的账户透支，主要包含法人账户透支和集团内部透支。

法人账户透支是根据公司客户申请，银行在核定其账户透支额度及有效期限的基础上，在有效期限内允许其在结算账户存款不足以支付时，在核定透支额度内直接透支取得信贷资金的一种短期融资业务。

集团内部透支是指对开通实体资金池、虚拟资金池或平均资金池等产品的结算账户，额度管理企业分配给下级子账户一定内部透支额度，当子账户存款余额不足时，可在额度管理企业账户分配的内部透支额度内使用资金，透支后由额度管理企业账户负责归还的一种内部融资业务。

法人账户透支业务纳入客户统一授信管理。

集团客户账户开通内部透支功能必须由额度管理企业与银行签订《现金管理服务协议》，如《现金管理服务协议》中未对客户账户开通内部透支功能做出明确说明，须另行签订补充协议。对因司法冻结等形成的透支挂账，应明确透支本息收取方式和相关违约责任。下级账户开通透支功能，必须由下级账户（或额度管理企业客户）提出书面申请，并经额度管理企业书面审批同意。

7. 短信通

短信通是指银行根据单位结算账户余额变化情况，以手机短信形式向客户提供的一种账户动账通知、账户预警通知和账户余额汇总变动通知。

（1）账户动账通知是指银行以短信通知方式将签约账户的账务变动信息实时发送至客户指定手机。

（2）账户预警通知是指当签约账户余额低于或高于设定的预警金额时，银行将账户余额信息以短信通知方式发送至客户指定手机。

（3）账户余额汇总变动通知是指银行以短信通知方式，将签约账户的当日交易汇总信息，次日发送至客户指定手机。

短信通知可以按结算账户设置，也可以按虚拟账簿设置。

短信通知"夜间发送标志"控制时间设为21时至次日8时。如夜间发送标志选择"不发送"，从21时至次日8时期间发生的金融业务不发送短信，改由系统在8时后集中发送。

8. 存款×惠通与资金监管

存款×惠通是指银行对政府规定扶持客户或行内高端优质客户，免收其行内通存、通兑手续费的产品。

现金管理项下资金监管主要是指银行依据客户的委托，针对特定的资金使用方式，在传统结算业务的基础上引入监管机制，对资金进行安全保管、监督支付和信息披露的产品。

E清算是指银行根据客户商品交易或劳务供应等业务委托，通过信息网络参数设置，定期将客户待清算账户资金自动划转到指定收款人账户的一种监管类资金结算产品。

E圈存是指银行根据客户的委托，自动圈存每日收入资金，按设定的圈存天数逐日释放圈存资金的一种资金监管类产品。

9. 计息管理

开通虚拟账簿产品的结算账户按计息类型划分，可分为内部计息和银行计息。

（1）内部计息是指银行不改变现有结算账户计息规则，虚拟账簿结出的利息不在结算账户中反映，而是在其上下级虚拟账簿之间一借一贷同时反映。当所有下级虚拟账簿选择"不计息"或利息"不分配"时，结算账户利息计入"待清分虚拟账簿"；当下级虚拟账簿选择计息并分配利息时，结算账户利息计入"一级虚拟账簿"。

（2）银行计息是指银行对结算账户不计息，改由对虚拟账簿逐一计息，定期计提应付未付利息，虚拟账簿结出的利息再从银行应付未付利息账户直接转入结算账户及其指定的虚拟账簿。虚拟账簿银行计息包括活期、定期（含通知存款）和协定存款等计息方式。

虚拟账簿选择"内部计息"的，计息方式和计息利率均由客户自行确定；虚拟账簿选择"银行计息"的，存款期限、利率必须遵守银行单位账户管理和存款利率管理的制度规定，严禁高息揽存。

开通实体资金池、虚拟资金池和平均资金池等产品的结算账户银行存款计息，必须执行银行利率管理制度。对实体资金池引起的下级账户上存资金或上级账户下拨资金的内部资金计价，按客户书面申请文件选定的利率执行。

虚拟资金池、平均资金池产品可分为合并计息和非合并计息。

（1）合并计息是指银行对资金池进行汇总计息，子账户加入时先做清息处理，此后银行不再单独对该账户计付利息，改由按资金池存款统一计提、计付利息至额度管理企业结算账户，再由额度管理企业根据该账户每日余额做内部计息、分配处理。采用合并计息，资金池存款利率设定，必须执行银行利率管理制度。

（2）非合并计息是指加入资金池子账户按银行单位账户管理办法规定要求计提、计付存款利息，额度管理企业开户行无须对该子账户进行内部计息处理。

阶梯计价是指对实体资金池、虚拟资金池、平均资金池等产品的内部上存或周转资金，按不同金额段进行内部资金计价，执行不同的内部计价利率。阶梯计价适用于虚拟账簿选择协定存款计息方式处理。

10. 收费管理

现金管理业务的收费管理实行有偿服务、统一管理、严格执行的原则。

开通现金管理产品（除短信通产品外），现金管理系统均默认为免费，如需按协议定期向客户收取现金管理费用，必须按账号或产品编号对现金管理收费种类、费率进行维护。

对当年因维护不当或其他原因造成的现金管理多收费用，一级分行操作员依据经本级交易银行部和财务会计部负责人签章的《现金管理业务收入费用调整申请单》办理调账。

10.3.5 现金管理业务的风险管理

各级行办理现金管理业务，应严格遵守国家法律法规和银行相关制度规定，不得支持客户的违法、违规要求。

各级行为客户开通实体资金池、虚拟资金池、平均资金池、智能资金池等产品必须经管理行审批。跨一级分行客户由总行或由结算账户所属一级分行审核；跨二级分行客户由一级分行审批，一级分行原则上不得向下转授权；二级分行辖内的客户，可由二级分行审批。

办理现金管理业务时，涉及相关资产、负债和其他中间业务，按照银行相关规定操作，防止客户转移、隐匿资金，逃避银行监管，防范操作风险。

《现金管理服务协议》终止时，管理行要通知协办行终止为客户提供现金管理服务。发现客户有以下行为，各级行要及时报告管理行，管理行核实后，应立即暂停或终止为其提供现金管理服务：

（1）涉嫌"洗钱"行为，或从事违法经营活动。

（2）发生不良结算记录超过三次，并拒绝纠正。

（3）不按要求提供资料，拒绝履行现金管理服务等相关协议。

（4）连续三个以上收费周期未履约支付现金管理服务费用。

（5）发生其他违反业务管理制度的行为，经办行认为有必要暂停或终止为其提供现金管理服务。

管理行和各经办行要按业务档案管理规定妥善保存现金管理业务相关资料，包括《现金管理服务协议》以及各类业务申请书等。

10.3.6 内部收益分配

现金管理业务的行内收益分配遵循一级法人、利益兼顾、适度公平、易于操作原则。

现金管理收益分配主要适用实体资金池、虚拟账簿等产品。

管理行根据不同实体资金池业务的具体情况，制定行内收益分配政策，填写《现金管理业务内部收益分配申请书》，经一级分行交易银行部负责人员审批签章后，报总行实施。

结算账户开通虚拟账簿产品银行计息功能的单位定期存款或通知存款，总行按对应的FTP利率进行资金计价。

【学习测试】

1. 现金管理业务的组织管理模式是什么？
2. 现金管理业务设计的机构有哪些？
3. 开展现金管理业务的人员配备要求是怎样的？
4. 现金管理业务的基本业务流程是什么？
5. 现金管理业务维护管理包括哪些内容？
6. 现金管理业务产品有哪些？
7. 现金管理业务的内部收益分配原则是什么？

【学习评价】

1. 现金管理业务的组织管理模式是：_____
_____

2. 现金管理业务设计的机构有：_____
_____

3. 开展现金管理业务的人员配备要求：_____
_____

4. 现金管理业务的基本业务流程是：_____
_____

5. 现金管理业务维护管理包括：_____
_____

6. 现金管理业务产品有：_____
_____

7. 现金管理业务的内部收益分配原则是：_____
_____

【能力拓展】

试分析现金管理业务各产品的差异性、各自的优缺点。

请把分模块十的主要内容在本页通过思维导图的形式呈现出来。